SOBRE LUTAS E LÁGRIMAS

MÁRIO MAGALHÃES

SOBRE LUTAS E LÁGRIMAS

UMA BIOGRAFIA DE 2018

O ANO EM QUE O BRASIL FLERTOU COM O APOCALIPSE

1ª edição

EDITORA RECORD
RIO DE JANEIRO • SÃO PAULO
2019

Copyright © Mário Magalhães, 2019

Todos os esforços foram feitos para localizar os fotógrafos e os retratados nas imagens reproduzidas neste livro. A editora compromete-se a dar os devidos créditos em uma próxima edição, caso os autores as reconheçam e possam provar sua autoria. Nossa intenção é divulgar o material iconográfico, de maneira a ilustrar as ideias aqui publicadas, sem qualquer intuito de violar direitos de terceiros.

CIP-BRASIL. CATALOGAÇÃO NA PUBLICAÇÃO
SINDICATO NACIONAL DOS EDITORES DE LIVROS, RJ

M167s

Magalhães, Mário
Sobre lutas e lágrimas: uma biografia de 2018, o ano em que o Brasil flertou com o apocalipse / Mário Magalhães. – 1. ed. – Rio de Janeiro: Record, 2019.
322 p.; 23 cm.

Encarte
ISBN 978-85-01-11714-4

1. Magalhães, Mário – Retrospectiva. 2. Brasil – História – 2018. I. Título.

19-56372

CDD: 981.066
CDU: 94(81)"20"

Leandra Felix da Cruz – Bibliotecária – CRB-7/6135

NOTAS SOBRE FONTES

p. 20-21. A autuação do processo sobre Jair Bolsonaro no Superior Tribunal Militar ocorreu em 1988. O autor deste livro consultou os três volumes, em cópias digitais. O Conselho de Justificação a que o então capitão foi submetido no Exército recebeu o número 129-9.
p. 47. Sobre compra de ilha de Luciano Huck e Angélica: "Acostumado com festas, Joesley agora divide cela sem banheiro na PF", por Bela Megale, *Folha de S.Paulo* (FSP), 17/9/2017.
p. 64. Sobre declaração de Jair Bolsonaro: <www.youtube.com/watch?v=ghCP4r-hzYI>.
p. 99. Sobre afirmação de Jair Bolsonaro: "Os argumentos da juíza para condenar Bolsonaro por ofensa aos quilombolas", por Marina Rossi, *El País*, 5/10/2017; <www.youtube.com/watch?v=uF2EzmYSyz0>.
p. 221-222. Sobre juiz afastado: "CNJ afasta juiz que planejava mandar recolher urnas antes da eleição", por Gabriela Coelho, *Consultor Jurídico*, 28/9/2018; "CNJ afasta juiz que pretendia recolher urnas eletrônicas às vésperas da eleição", por Letícia Casado, FSP, 28/9/2018.
p. 222. Sobre proibição de entrevista: "Fux proíbe Folha de entrevistar Lula e determina censura prévia", por Reynaldo Turollo Jr., FSP, 28/9/2018.
p. 222. Sobre hipótese de anulação das eleições: "Fux diz que Justiça pode anular uma eleição se resultado for influenciado por 'fake news' em massa", por Renan Ramalho, G1, 21/6/2018.
p. 223. Sobre investigação do Conselho Nacional do Ministério Público: "Corregedoria investiga promotores de casos de Haddad, Richa e Alckmin", *Carta Capital*, 12/9/2018.
p. 225. Sobre plágio em 65 reportagens: "Carta aberta de apoio à jornalista Amanda Audi", Sindicato dos Jornalistas Profissionais do Paraná e outros, 28/9/2018.

Todos os direitos reservados. É proibido reproduzir, armazenar ou transmitir partes deste livro, através de quaisquer meios, sem prévia autorização por escrito.

Texto revisado segundo o novo Acordo Ortográfico da Língua Portuguesa.

Direitos desta edição adquiridos pela
EDITORA RECORD LTDA.
Rua Argentina, 171 – Rio de Janeiro, RJ – 20921-380 – Tel.: (21) 2585-2000.

Impresso no Brasil.

Seja um leitor preferencial Record.
Cadastre-se no site www.record.com.br e receba informações sobre nossos lançamentos e nossas promoções.

Atendimento e venda direta ao leitor:
sac@record.com.br

EDITORA AFILIADA

Para Maria, Ana e Daniel

"E quando é que nós vamos protestar, ê? Quando os soldados virarem professores e os alunos tiverem de ir às aulas com armas apontadas para a cabeça? Quando nós vamos protestar?"

Ifeoma, personagem de *Hibisco roxo*, romance de Chimamanda Ngozi Adichie (tradução de Julia Romeu)

"O real é miragem consentida, engrenagem da voragem, língua iludida da linguagem contra o espaço que não peço. O real é meu excesso."

Antonio Carlos Secchin, no livro *Desdizer*

SUMÁRIO

Prólogo – O ano que tão cedo não vai terminar   11

1. Sintomas da doença   35
2. Presidente Moro   39
3. A fantasia de Huck   45
4. A nova intervenção militar   51
5. Há cinquenta anos, mataram um estudante. E se fosse hoje?   57
6. Os generais manobram   63
7. Mataram Marielle!   69
8. A barricada dos mais pobres   77
9. Frente Ampla, uma boa ideia   83
10. Lula preso   89
11. O fantasma do esquecimento   95
12. Aécio ficou só   101
13. "Pra mim chega"   107
14. Lei da mordaça   113
15. "Tapa no bumbum do filho"   121
16. Canto de esperança no país do desalento   127
17. A "intervenção" dos caminhoneiros   133

18. A ascensão da extrema direita	141
19. Um candidato de classe	147
20. Na Copa, Neymar caiu	155
21. Doutor Bumbum, o militante	161
22. A censura de volta	167
23. Carta ao Futuro	175
24. Na terra da Ursal	181
25. "Papai mandou matar mamãe"	185
26. Getúlio inspira Lula	191
27. As cinzas do museu	197
28. A facada	203
29. A porrada do neonazista	209
30. "Projetinho de Hitler tropical"	215
31. Partido da Justiça	221
32. Tsunami eleitoral	227
33. Sangue nas ruas	241
34. Ensaio de ditadura	247
35. "Ninguém solta a mão de ninguém"	253
36. Imprensa intimidada	267
37. Transição prosaica	273
38. O furico alheio	277
39. A continência do síndico	281
40. Os ovos dos galinhas-verdes	287
41. O clã	291
42. Coautores	299
43. Sequelas	309
Agradecimentos	319

PRÓLOGO
O ANO QUE TÃO CEDO NÃO VAI TERMINAR

Marielle Franco e Monica Benicio foram as últimas pessoas a despertar, na manhã de 1º de janeiro de 2018, no sítio onde comemoraram a chegada do ano-novo com uma dezena de amigas e amigos. Sentaram-se sozinhas na mesa comprida da sala e conversaram sobre o passado recente e o tempo que viria. Não houve uma discussão de relação, a "DR" que Marielle apreciava, mas um "balanço geral", no dizer de Monica.

Tinham atravessado pela primeira vez um ano inteiro morando juntas, embora paixão e amor viessem desde as vésperas do aniversário de 19 anos de Monica, quando se deu o primeiro beijo. Até então, a virada de 2004 para 2005, conviviam como amigas crescidas no complexo de favelas da Maré. Nunca haviam beijado outra mulher.

Agora, com a vereadora Marielle aos 38 anos e a arquiteta Monica aos 31, trataram no café da manhã do casamento previsto para 7 de setembro. A data foi escolhida não devido à efeméride cívica, mas por causa da numerologia. Os sobressaltos no relacionamento haviam ficado para trás. A cerimônia com celebrantes religiosos seria realizada na praia, no balneário de Búzios, e madrinhas e padrinhos estavam definidos. As duas formalizariam a união estável.

PRÓLOGO

Cultivavam um projeto para depois do mandato de Marielle, que terminaria em 2020: um rebento gerado por ela, com material biológico de Monica. O bebê seria irmão de Luyara, a filha de Marielle, que aos 19 anos ingressava na universidade. A mãe da caloura era praticante de spinning e estava em boa forma. Monica corria 21 quilômetros, distância equivalente à meia maratona, nos fins de semana.

Ambas haviam estudado em colégios públicos. Graduaram-se na PUC-Rio, após frequentar o cursinho pré-vestibular comunitário da Maré. Na década de 1990, menos de um em cada cem moradores das 16 comunidades do complexo alcançava o ensino superior. Marielle formou-se em ciências sociais com bolsa integral. Era uma das alunas negras da faculdade, que se contavam nos dedos. Concluiu o mestrado em administração pública, na Universidade Federal Fluminense, defendendo a dissertação "UPPs: A redução da favela a três letras".

Vivia com a intensidade das Garotas Furacão 2000, as trepidantes dançarinas da popular equipe de bailes funks do Rio – na adolescência, Marielle havia sido uma delas. De família pobre, começara a trabalhar aos 11 anos. Por uma década foi catequista na Igreja católica, cujas missas dominicais não abandonou nem mesmo ao se encantar com religiões de matriz africana (vestia branco às sextas-feiras). Antes de libertar os cabelos que a faziam parecer ainda mais alta do que o seu 1,75 metro, alisava-os com bobes. Seu nome de batismo não era Marielle Franco. Na certidão de nascimento, lia-se "Marielle Francisco da Silva". Ela implicou com o "Francisco" e o abreviou para "Franco".

Na comunidade, engatinhou na militância pelos direitos humanos e contra a violência do Estado. Embicou para a esquerda e se alinhou ao feminismo. Participou de organizações não governamentais e se tornou assessora do deputado estadual Marcelo Freixo, que ministrara palestras no cursinho da Maré e fora professor de história de Anielle, a irmã mais nova de Marielle.

Na Assembleia Legislativa do Estado do Rio de Janeiro, ela coordenou a Comissão de Direitos Humanos. Era servidora da Casa quando Freixo presidiu em 2008 a Comissão Parlamentar de Inquérito que investigou os bandos paramilitares conhecidos como milícias. Em 2016, alçou voo solo e concorreu à Câmara Municipal pelo PSOL. Com 46.502 votos, elegeu-se em quinto lugar – o primeiro ficou com o ultradireitista Carlos Bolsonaro.

Trezentos e sessenta e cinco dias depois da posse, Marielle e Monica tomavam o primeiro café da manhã de 2018. Falaram sobre a educação de Luyara e em viajar mais. Especularam sobre a velhice. Monica imaginava ter uma pousada que servisse comida orgânica. Marielle arrancou risos ao enunciar seus planos para "depois que você morrer..."

Trocaram as festas de Réveillon por sossego, a convite de uma amiga dona do sítio bucólico perdido no meio do mato em Serrinha do Alambari, no sul fluminense. Em 31 de dezembro, posaram com as cabeças inclinadas para trás e encharcadas por delicada queda d'água. Marielle postou a fotografia no Instagram e saudou: "Gratidão 2017. Vem 2018!!!"

No ano que se despedia, ela presidira na Câmara a Comissão de Defesa dos Direitos da Mulher. Para enfatizar o caráter feminista e não personalista de seu mandato, chamou-o Mandata Coletiva Marielle Franco. Apresentou 13 projetos de lei, mais de um por mês. Um deles combate o assédio no transporte público. Um determina que o município garanta o aborto nas hipóteses em que a legislação o contempla. Outro cria espaços noturnos para cuidar dos filhos de mulheres que trabalham e estudam nesse período. Proposta por Marielle, foi aprovada a construção de mais estabelecimentos da rede de saúde formatados para partos naturais de baixo risco. Como vereadora, sua decolagem era tão bem-sucedida que o PSOL cogitava inscrevê-la como vice na chapa ao governo do estado.

PRÓLOGO

Em Serrinha, ela desacelerou. Na derradeira jornada do ano, terminou de ler *Americanah*, romance de Chimamanda Ngozi Adichie – no dia seguinte, iniciaria mais um livro da escritora nigeriana, *Hibisco roxo*, cuja leitura se estendeu até fevereiro. Caminhou por uma trilha rumo a uma cachoeira exuberante, onde a água represada desenha uma piscina. Lá, aquietou-se sobre pedras para meditar, em busca de "mais calma", como Monica não esqueceria. O isolamento proporcionado pelo sinal precário do celular contribuía para se distanciar das inquietações de militante.

A turma se divertiu com vários jogos. Em um deles, um cartão com nome desconhecido por Monica foi colado em sua testa. Perguntando aos presentes, seu desafio era adivinhar a identidade oculta. Haviam escrito "Malafaia", em referência ao pastor evangélico conservador Silas Malafaia. Estavam no sítio visitantes de diversas orientações sexuais, na maioria casais de mulheres. Fotografaram-se e legendaram a imagem como "A nova cara da família brasileira".

Para a confraternização da noite de 31 de dezembro, mantiveram o rodízio na cozinha, e Marielle preparou uma farofa de ovos. Monica cuidou da bebida e da música. Botou para tocar playlists que iam de Cartola, Nelson Cavaquinho e Zeca Pagodinho a Anitta, com "Vai malandra", e Pabllo Vittar, com o sucesso desencaixa-quadril "Todo dia" ("Eu não espero o Carnaval chegar pra ser vadia/ Sou todo dia, sou todo dia!").

No retorno da cachoeira, as duas tomaram um banho de pétalas de rosas brancas com alfazema. Mônica trajaria um vestido branco, e Marielle, um estampado. Acabaram trocando, sem necessidade de ajustes, porque Monica era apenas 1 centímetro mais alta que a companheira. Marielle compôs o conjunto com uma echarpe também branca.

Na varanda da casa, desejaram um 2018 "mais pra cima" ou "com menos agenda", Marielle guardando um pouco mais de tempo para si. A meia-noite se aproximou, e os convivas avistaram fogos encabulados, espocados em lugar distante. Marielle adorava gravar vídeos, e com o celular filmou a contagem regressiva. Um amigo abriu uma garrafa de espumante, ela e Monica se beijaram. Cearam e ficaram ali até o meio da madrugada, quando voltaram para o quarto e se amaram pela primeira vez no ano recém-nascido.

Este livro conta a história do ano de 2018 no Brasil. O título desta introdução e a abertura evocando o Réveillon reverenciam o livro *1968: O ano que não terminou*. Zuenir Ventura lançou-o duas décadas depois dos eventos narrados. O jornalista e escritor costuma falar em ano-personagem ao aludir ao seu objeto, tal a envergadura que ele ganhou.

Meio século mais tarde, 2018 está longe de sedimentar suas tramas e seus traumas, o que impede exame retrospectivo isento de incertezas relevantes. Mas se sabe que suas consequências influenciarão decisivamente o país por tempo prolongado. Por isso, tão cedo não vai terminar. Daqui a cinquenta anos, o 2018 brasileiro talvez tenha o peso histórico que hoje conferimos a 1968.

Os relatos a seguir foram escritos a quente, no olho do torvelinho. Com periodicidade quase sempre semanal, discorrem sobre os acontecimentos que nos abalaram logo que sucediam. Reconstituem a vida nacional por um ano. Se 2018, como 1968, é personagem, eis aqui uma biografia.

A maioria dos textos foi veiculada originalmente no site *The Intercept Brasil*. São publicados desta vez mais enxutos, sem desnaturar sua essência. Oito capítulos, entre eles os mais extensos, são inéditos, como o da caçada a macacos e o que se debruça sobre a Copa em que Neymar caiu. Combinam, além de ensaio, três gêneros jornalísticos: artigo (daí as opiniões), crônica e reportagem. Os protagonistas são Marielle Franco, Jair Bolsonaro e Luiz Inácio Lula da Silva.

PRÓLOGO

É um livro indignado em um tempo que exige indignação. Os editores dos dicionários britânicos *Oxford* apontaram "tóxico" a palavra do ano. Seu sentido aplica-se do comportamento ao poder. Como se verá, ou recordará, o Brasil de 2018 foi um insaciável produtor de toxicidade.

No debate de ideias, sobressaiu-se como expressão "intelectual adversativo". Cunhou-a o jornalista Paulo Roberto Pires, professor da UFRJ. Ela diagnostica aquele que, mesmo diante de um pregoeiro da barbárie, prefere acrescentar conjunções adversativas como "contudo" e "porém", relativizando – com a licença do neologismo – o irrelativizável.

Estas páginas não são obra de cientista político ou social, apesar de análises de numerosos acadêmicos e pensadores serem citadas amiúde para iluminar circunstâncias sombrias. Conto o que testemunhei, vivi, senti e pensei. Os passeios históricos, idas e vindas cronológicas, prestam-se a cotejar retóricas e ações do presente com pregações e práticas do passado, sobretudo de regimes totalitários e movimentos antidemocráticos. Para incorporar valores de outrora, não é preciso ser batizado como Benito, vir ao mundo na Emília-Romanha e envergar camisas pretas.

O professor de história da arte Jorge Coli assinalou, em novembro, na *Folha de S.Paulo*: "Discute-se se Bolsonaro é ou não nazifascista. Discussões abstratas não interessam aqui. Bolsonaro emprega um método dos nazistas e fascistas: o da denúncia nominal."

O docente da Unicamp não é um intelectual adversativo. Ao contrário do peruano Mario Vargas Llosa, prêmio Nobel de Literatura, que em setembro disse à repórter Ana Clara Costa que Bolsonaro *versus* PT equivalia a uma escolha "entre a aids e o câncer terminal".

A história copiosa em reveses dos partidários da civilização poderia resultar numa prosa lamurienta e depressiva. Todavia, o ano não foi exclusivamente isso. Assim como 1968 não se resumiu ao Ato

Institucional número 5, sendo também a época de confrontos destemidos contra a ditadura, milhões de brasileiros foram à luta em 2018 contra o obscurantismo. Suas batalhas constituíram passagens comoventes.

Jair Messias Bolsonaro mastiga palavras e engole letras ao falar. Dá trabalho a quem transcreve seus discursos emendar os fragmentos de frases em que sílabas são descartadas no caminho como o palito de um Chicabon. Sua prosódia peculiar contém um cacoete verbal ao fim das orações, indagando se está ok. Ouve-se "taoquei?" (ou "talquei?").

Na juventude, ele embolsou alguns caraminguás elaborando palavras cruzadas para o jornal *O Estado de S. Paulo*, do qual anos antes tinha sido entregador. Exprime-se como se pronunciasse idiomas de tom imperativo, desses em que uma declaração de amor soa como ordem para o pelotão de fuzilamento atirar. O capitão reformado do Exército repete como um velho disco de vinil empenado que sua política externa não terá "viés ideológico", contradizendo em seguida suas palavras, ao descrever o que será o Itamaraty ideologizado pelo desvario.

Desvirtuando palavras, fabricou-se a mentira que mais influenciou uma eleição no Brasil. "O kit gay foi uma catapulta na minha carreira política", disse Bolsonaro ao repórter Marcelo Godoy. O dito "kit gay" seria mais uma escaramuça comportamental entre conservadores e progressistas se não houvesse um senão: ele nunca existiu.

Como atesta profusa documentação, em 2010 o Ministério da Educação se preparava para distribuir material do projeto Escola Sem Homofobia. O conjunto reunia, ao pé da letra, um "kit composto" por um "caderno, uma série de seis boletins", "três audiovisuais com seus respectivos guias, um cartaz e uma carta de apresentação".

O projeto se propunha a "contribuir para a implementação e a efetivação de ações que promovam ambientes políticos e sociais favoráveis à garantia dos direitos humanos e da respeitabilidade das orientações sexuais e identidade de gênero no âmbito escolar". O caderno se destinava a "gestores, professores e demais profissionais da educação".

De início, o programa abrangia alunos desde o sexto ano do ensino fundamental (idade de 11 anos). Em abril de 2011, o governo restringiu-o ao ensino médio. A presidente Dilma Rousseff, pressionada por lideranças evangélicas, suspendeu o kit educativo em maio. O Brasil é o país onde mais são assassinados LGBTQI+ (lésbicas, gays, bissexuais, travestis, transexuais, transgêneros, queer, intersexo e demais identidades).

Dali a sete anos, em agosto de 2018, o candidato presidencial Bolsonaro respondeu a perguntas no *Jornal Nacional*. Queixou-se de o livro ilustrado *Aparelho sexual & cia.* ter feito parte do "kit gay", a forma como ele ainda espezinha o pacote anti-homofobia. Ocorre que a obra da francesa Hélène Bruller e do suíço Zep jamais foi recomendada ou adquirida pelo Ministério da Educação.

Bolsonaro dera a largada em 2010 à cruzada ficcional que afligiu mães e pais. Em janeiro de 2011, escreveu que o "kit gay" seria entregue "aos alunos da rede pública do primeiro grau" – o equivalente, no ciclo fundamental contemporâneo, a crianças a partir de 6 anos. Afirmou que o kit iria "estimular o *homossexualismo*" e "tornar nossos filhos e netos presas fáceis para pedófilos que rodeiam nossas escolas".

Denunciou, em maio de 2011, "a cartilha do governo que prega o *homossexualismo* nas escolas de primeiro grau"; "material pornográfico [...] para meninos e meninas a partir de 6 anos de idade". Com a transformação de um programa educacional contra a intolerância em, na versão deformada, lavagem cerebral para impor orientação sexual às crianças, a audiência política de Bolsonaro se expandiu.

Em janeiro de 2016, ele recorreu à mesma munição. Postou no Facebook mensagem alardeando que "LIVROS DO PT ensinam sexo para CRIANCINHAS nas ESCOLAS"; "Para o PT, brevemente a PEDOFILIA deixará de ser CRIME"; "O que vale mais: o CARTÃO BOLSA FAMÍLIA ou a DIGNIDADE do seu FILHO?" Sua publicação alcançou 40 milhões de usuários. Como à frente se detalhará, uma pesquisa descobriu que 84 em cada 100 eleitores dele acreditaram na caraminhola do "kit gay".

O ministro da Educação com quem Bolsonaro se defrontou em 2011 era Fernando Haddad, que viria a ser seu antagonista nas urnas. Na época, Haddad esclareceu o caráter pedagógico do projeto para habilitar professores "a cuidar das questões de diversidade que eventualmente surgissem nas salas de aula". Mirou Bolsonaro: "O Brasil está em busca de um estadista, e não de um palhaço."

Verdade e mentira se amalgamaram na manipulação das mentes em 2018. "Hoje a política é uma narrativa midiática", interpretou o marqueteiro Steve Bannon em entrevista à repórter Patrícia Campos Mello. O norte-americano atuou na campanha de Donald Trump e o assessorou na Casa Branca. Acercou-se da família Bolsonaro. Extremistas de direita espalharam que o deputado Jean Wyllys, do PSOL de Marielle, pretende descriminalizar a pedofilia. Não procede, mas o estrago foi feito. Quando mentira e verdade se confundem, não se reconhece nenhuma delas. O Brasil em transe relativizou até a verdade factual.

Como os aplicativos de mensagens permitem segmentar com precisão o público-alvo das informações, o efeito da difusão do medo se multiplica. O alerta sobre doutrinação sexual de uma criança há pouco saída da creche será mais devastador em grupos de WhatsApp de mães e responsáveis de alunos. Em maio, contavam-se 235 milhões de linhas de telefonia móvel, mais de uma por habitante. Bolsonaro não apenas enumerou ameaças, mas as fantasiou, com êxito assombroso. Expôs males, reais ou não, e se ofereceu para purgar o país.

Soube prescindir de intermediários na comunicação com o eleitorado, como Trump ensinara. Noutros tempos, fora signatário assíduo nas seções de cartas de jornais de prestígio. Dispensou os mensageiros. Nas redes, passou a transmitir suas catilinárias diretamente para quem queria atingir. Granjeou milhões de seguidores, um poderoso *digital influencer* da extrema direita. Explicou: "O poder popular não precisa mais de intermediação. As novas tecnologias possibilitaram uma relação direta entre o eleitor e seus representantes."

Entendeu o processo midiático. "Vocês [jornalistas] vão bater tanto em mim que vão fazer a minha campanha", vaticinou em *O Estado de S. Paulo*. Esmerou-se em fazer barulho. Sugeriu castração química para estupradores. Índio é "fedorento", reclamou. Falou que gastara o dinheiro público recebido como auxílio-moradia, mesmo possuindo apartamento próprio em Brasília, para "comer gente". Pediu "carta branca para a Polícia Militar matar". Virou *habitué* de atrações televisivas como *Pânico na Band*, evidenciando que o grotesco dá audiência. Seus fiéis o aclamaram como "Mito". Engajou-os em seu movimento. Eles avisaram que "é melhor *Jair* se acostumando".

Bolsonaro fabulou um outsider da política, mas estampa um arquetípico representante do baixo clero parlamentar mais fisiologista. Malhou os poderosos, enquanto a elite o patrocinava contra Haddad. Transmutou-se em liberal, em matéria de economia, sepultando o deputado que achincalhava a privatização da Vale como "traição da pátria". Candidatou-se por um partido nanico, reproduzindo o Fernando Collor de 1989.

Outra imagem projetada e desautorizada pelos fatos é a de egresso das Forças Armadas obstinado em restaurar a ordem. As 765 folhas do processo do capitão no Superior Tribunal Militar registram trajetória acidentada. Ao tomar conhecimento de que Bolsonaro dedicara férias ao garimpo de ouro, um oficial escreveu em 1983 que ele demonstrara "excessiva ambição em realizar-se financeira e economicamente". Um coronel observou "sua grande aspiração em poder desfrutar das comodidades que uma fortuna pudesse proporcionar". "É um mau militar", sentenciou o general Ernesto Geisel, ditador de 1974 a 1979, em depoimento a Maria Celina D'Araujo e Celso Castro.

Em 1986, Bolsonaro foi punido por seu comandante com prisão de 15 dias por "transgressão grave" – publicara na *Veja* artigo esperneando contra soldos baixos. Uma repórter da revista, Cassia Maria, informou no ano seguinte que ele urdia a explosão de bombas em quartéis para obter aumento. O capitão negou, e a repórter revelou um croqui em que Bolsonaro teria esboçado o plano. Era a letra dele, afiançou laudo da Polícia Federal.

Com uma batalha de perícias sobre a autoria do esboço terrorista empatada em dois a dois, o STM julgou-o "não culpado". Bolsonaro já estava noutra; em dezembro de 1988, deu baixa no serviço ativo. No mês anterior, havia sido eleito vereador do Rio com votos obtidos principalmente de militares e suas famílias. A melhor lembrança que deixou no Exército foi a de competidor de ponta no pentatlo militar. O desempenho como atleta rendera-lhe o apelido de "Cavalão".

Na política paroquial carioca, o paulista nascido em Glicério e criado em Eldorado ocupou o espaço do vereador Wilson Leite Passos. Jovem militante da União Democrática Nacional, Passos protocolara em 1954 o pedido de impeachment do presidente Getúlio Vargas. Em 1957, armou um salseiro no Teatro Municipal, inconformado com a "imoralidade" de *Perdoa-me por me traíres*, peça de Nelson Rodrigues. Portava então sua pistola Walther 7,65 milímetros. Gabava-se: "Como pertenceu a um oficial alemão da Segunda Guerra, deve ter matado muito russo, muito comunista."

Bolsonaro subtraiu pouco a pouco os tradicionais votos direitistas pró--Passos. Vitaminou-se, mas por décadas permaneceu na marginalidade política na Câmara dos Deputados, onde entrou em 1991. A ascensão sobreveio quando sua plataforma coincidiu com o espírito do tempo.

Radicais de direita com abordagem autoritária e até neofascista empalmaram o poder na Hungria, na Itália, na Turquia, nas Filipinas e nos Estados Unidos. "O populismo de centro-direita, conservador e nacional, é uma das tendências mais importantes do século XXI",

PRÓLOGO

ufanou-se Steve Bannon, omitindo a palavra adequada, "ultradireita". Ele é um dos ideólogos da "alt-right", ou "direita alternativa", coalizão fascistoide norte-americana.

A crise econômico-financeira de 2007 e 2008, com catastróficos resultados sociais, estimulou a erupção de movimentos de extrema direita. As Jornadas de Junho, no Brasil de 2013, mobilizaram nas ruas sentimentos difusos contra as estruturas políticas carcomidas e "tudo o que está aí". Os manifestantes gritavam: "Sem partido!" Amparada pelas dezenas de milhões de indivíduos que ela e Lula retiraram da pobreza aguda, Dilma logrou se reeleger em 2014.

Em seguida, desapontou sua base social ao implementar a agenda econômica derrotada nas urnas. Com ela, principiaram recessão e retrocesso social. O desenlace de 2013 não estava dado, mas desaguou em 2016 na deposição da presidente constitucional. Bolsonaro surfou nessa ressaca até recolher quase 58 milhões de votos.

Com todo esse vigor, enquanto o nome de Lula constou das pesquisas o ex-presidente sobrepujou o capitão com distâncias confortáveis. Em agosto, batia-o no segundo turno por 52% a 32%, estimou o Datafolha. Bolsonaro tinha muitos motivos para festejar quando o Tribunal Regional Federal da 4ª Região condenou o petista em 24 de janeiro: "[É] um tiro de [calibre] .50 na corrupção."

Em 2018, o ano não esperou o Carnaval para deslanchar.

Quando o Carnaval chegou, Marielle saiu às ruas distribuindo leques com o mote "Não é não" da campanha contra o assédio. Um mês antes, ela se solidarizara com o ex-presidente condenado: "Sou dessas que é oposição aos governos petistas desde 2003 [...]. Aqueles que querem derrotar Lula e lançam mão dos atalhos togados sentem náusea da democracia. [...] Hoje, defender a democracia é defender o direito à candidatura de Lula." Ela apoiava Guilherme Boulos para o Planalto.

Na quarta-feira 14 de março, a vereadora estava gripada. Monica também, com febre. A conjuntivite pegara Luyara. Na sexta, Maddox faria 12 anos. O cachorro que Marielle dera com menos de um mês de vida para a companheira era alvinegro, "por uma ser preta e a outra ser branca", relembraria Monica. O cão ganhou o nome de um filho da atriz Angelina Jolie. No domingo, elas receberiam amigos para a inauguração do jardim de 1,95 metro de largura por 8 metros de comprimento que Monica fizera para Marielle na casa da Tijuca onde moravam com Luyara.

Marielle não sobreviveu para o aniversário de Maddox, nem para a festa do jardim. Ela e o motorista Anderson Gomes foram assassinados dentro de um Agile. A assessora que os acompanhava e escapou ilesa, Fernanda Chaves, só tornou pública sua identidade em dezembro. O papa Francisco e Lula telefonaram para confortar a família. Bolsonaro silenciou sobre o atentado.

A investigação não terminou. A Polícia Civil deu a entender que milicianos cometeram os homicídios. O ministro da Segurança Pública, Raul Jungmann, disse que um "complô" dificulta a elucidação do caso. A Polícia Federal apura eventual obstrução de agentes públicos do Rio. O miliciano e ex-policial militar conhecido como Orlando de Curicica, em cana por outro crime, acusou policiais civis de coagi-lo para assumir as mortes. Em maio, o repórter Sérgio Ramalho antecipou que o autor da execução poderia ser um ex-PM do Bope, o batalhão de operações especiais. As suspeitas focam as milícias.

Em dezembro, a polícia interceptou um plano para matar o deputado federal eleito Marcelo Freixo. Outubro trouxera mais tristeza, com a morte de Maddox. Monica postou: "Hoje é dia de bagunça no céu. Tomara que ele não revire o lixo porque ela tinha pena de brigar com ele. Cuidem-se, amores, até a próxima vez."

Marielle Franco transformou-se em mártir de causas generosas. Foi homenageada em todo o mundo. Três assessoras dela se elegeram deputadas estaduais. A Mangueira escolheu seu samba para o

PRÓLOGO

Carnaval de 2019, quando desfilará o enredo "História para ninar gente grande". Serão cantados versos como "Desde 1500 tem mais invasão do que descobrimento/ Tem sangue retinto, pisado/ Atrás do herói emoldurado". Fala, Mangueira: "Brasil, chegou a vez de ouvir as Marias, Mahins, Marielles, malês."

Em entrevista à BBC, Bolsonaro abençoou grupos milicianos em 2008: "Oferecem segurança e, desta forma, conseguem manter a ordem e a disciplina nas comunidades. É o que se chama de milícia. O governo deveria apoiá-las, já que não consegue combater os traficantes de drogas. E talvez, no futuro, deveria legalizá-las."

A virulência do simpatizante das milícias é tal que até a direitista francesa Marine Le Pen esquivou-se: "[Bolsonaro] diz coisas extremamente desagradáveis." Em sua realidade paralela, o bolsonarismo mais fanático rebatizou como *The Communist* a revista britânica *The Economist*, bíblia liberal. O pecado do periódico foi criticar o "Mito".

Tacharam de desvairado esquerdista o cientista político Francis Fukuyama, fervoroso entusiasta do sistema capitalista. O norte-americano se espantou: "Muitos brasileiros parecem pensar que eu sou um comunista porque estou preocupado com a Presidência de Bolsonaro. E vocês acham que os americanos estão polarizados..."

O capitão aprendeu com a campanha eleitoral nos Estados Unidos. Imitou sem pudor cada gesto de Trump. Best-seller de não ficção em 2018, *Como as democracias morrem* foi escrito pelos cientistas políticos Steven Levitsky e Daniel Ziblatt. Os docentes da Universidade Harvard sustentam que "democracias podem morrer não nas mãos de generais, mas de líderes eleitos – presidentes ou primeiros-ministros que subvertem o próprio processo que os levou ao poder".

Eles relacionaram manobras de Trump. O movimento *birther* duvidou do nascimento de Barack Obama nos EUA (no Brasil, o bolsonarismo investiu no falacioso "kit gay"). Trump elogiou o presidente russo Vladimir Putin (o capitão incensou outro governante autoritário, o presidente norte-americano). O inquilino da Casa Branca "deixou no ar a sugestão sem precedentes de que poderia não aceitar os resultados da eleição" (Bolsonaro macaqueou-o). Afirmou que a concorrente Hillary Clinton "tinha que ir para a cadeia" (o deputado fez a mesma coisa com Haddad). Trump ameaçou retaliar a mídia crítica, conduta reeditada por Bolsonaro. O jornal *The Washington Post* calculou que, em 558 dias na Presidência, Trump fez 4.229 alegações falsas ou enganosas. Bolsonaro o superará nessa compulsão?

Os milicianos digitais não dariam sozinhos a vitória a Bolsonaro. Ele triunfou porque conquistou o eleitorado com renda de dois salários mínimos para cima. Prevaleceu nos cinturões operários, embalado por atitudes como a repulsa à reforma previdenciária impiedosa (na campanha, classificou como "falta de humanidade" a proposta de 65 anos para idade mínima de aposentadoria).

Beneficiou-se da frustração com o petismo, que se alastrou depois do primeiro mandato de Dilma. Dominou entre os evangélicos, que beiram os 30% do eleitorado, o triplo de três décadas atrás. Reivindicando-se católico, foi batizado pelo político evangélico Pastor Everaldo nas águas do rio Jordão, em Israel. Estava com os filhos que, à moda castrense, chama de Zero Um (Flávio), Zero Dois (Carlos) e Zero Três (Eduardo).

Pesquisa Latinobarómetro fixou o Brasil em último lugar, entre 18 países latino-americanos, no ranking de satisfação dos cidadãos com a democracia. Ao prender Lula, a Operação Lava Jato pavimentou o caminho do capitão. "Bolsonaro foi o cara certo, na hora certa, no lugar certo", avaliou seu vice, general Hamilton Mourão, na revista *Época*.

Quatro determinantes, além do bloqueio a Lula, propiciaram seu sucesso: pindaíba econômica (desemprego), desmoralização do sistema político (corrupção), caos da segurança pública (recorde de mortes) e costumes (comportamento, valores e códigos morais). A incapacidade do PT de reconhecer que próceres do partido executaram a mesma gatunagem em que se enlamearam outras agremiações ajudou Bolsonaro, talvez o mais notável fenômeno eleitoral no país em todos os tempos. O capitão é a maior ameaça, ungida pelo voto popular, à limitada democracia no Brasil. Quanto mais ele impuser seu ideário liberticida, menos democracia haverá.

Ao repórter Lucas Neves, a historiadora francesa Maud Chirio disse que Bolsonaro mantém uma "retórica recorrente a indicar que ele não aceitará a sobrevida política de uma oposição de esquerda, o que já basta para caracterizar como não democrático o regime que vai se instaurar". Especialista em militares brasileiros, a professora da Universidade de Marne-la-Vallée anotou: "Nos livros de história, vamos escrever: Nova República, 1985-2018."

É a mesma opinião de Angela Alonso. No caderno "Ilustríssima", a professora de sociologia da USP alinhavou um obituário: "Começada com camisetas amarelas, a Nova República com elas se encerra. As de 1984 diziam: 'Eu quero votar para presidente.' As de agora estampam a justiça divina e a pátria no lugar da igualdade e da liberdade."

Não bastasse o cenário favorável, a facada em Bolsonaro lhe permitiu escapulir dos debates com Haddad. Quando o candidato foi ferido em 6 de setembro, a multidão que o cercava em Juiz de Fora gritava: "Lula, ladrão, seu lugar é na prisão!" O autor do crime, Adélio Bispo de Oliveira, foi denunciado pelo Ministério Público Federal por "atentado pessoal por inconformismo político".

Bolsonaro encerrou dezembro ainda com a bolsa de colostomia, coletora de fezes, usada desde a facada. Na véspera do Natal, na ilha da Marambaia, ele segurou uma faca e fingiu furar a barriga de um churrasqueiro. A brincadeira desvelou seu balanço político: "Olha o tamanho da faca do cara. Se eu acertar uma dessa aqui em você, você vai ser presidente [secretário-geral] da ONU!"

"Para prender o Lula, vai ter que prender muita gente, mas, mais do que isso, vai ter que matar gente." A bravata foi pronunciada em janeiro pela senadora Gleisi Hoffmann em entrevista ao repórter Rodrigo Zuquim. No cair da noite de 7 de abril, o correligionário mais ilustre da presidente do Partido dos Trabalhadores foi preso por policiais federais em São Bernardo do Campo, onde ninguém matou ninguém. Ex-ministro de Dilma, o petista Gilberto Carvalho disse em julho ao repórter Leonardo Fernandes que "só um levante popular" livraria o ex-presidente do cativeiro.

O levante faltou ao encontro, e Lula terminou o ano sozinho em sua cela no quarto andar da sede da Polícia Federal em Curitiba. Do lado de fora, na noite de 31 de dezembro, participantes da vigília Lula Livre gritaram seu nome. O PT divulgou pouco antes da virada para 2019 uma mensagem do ex-presidente: "Como diz a canção do grande Chico Buarque: 'Amanhã vai ser outro dia'."

Vigília e acampamento em solidariedade a Lula tinham sido montados na capital paranaense desde abril. O petista redigiu bilhetes e cartas sofregamente, e milhares delas lhe foram remetidas; serão matéria-prima de estudos acadêmicos e filmes. Pela sua liberdade, sete militantes de movimentos populares se arriscaram numa greve de fome de 26 dias. Em outubro, Bolsonaro discursou por telefone para eleitores que se concentravam na avenida Paulista. Dirigiu-se a Lula: "Você vai apodrecer na cadeia!"

No cárcere, o prisioneiro leu livros como *Feminismo em comum*, de Marcia Tiburi; *Um defeito de cor*, de Ana Maria Gonçalves; *Dois cigarros*, de Flavio Gomes; e *O sol na cabeça*, de Geovani Martins. Assistiu à Copa do Mundo pela TV da cela e comentou-a para o programa *Papo com Zé Trajano*, na TVT. Transmitiu por escrito suas opiniões; na estreia da seleção brasileira, reclamou de "falta não marcada" sobre o zagueiro Miranda no gol suíço.

Durante o Mundial, acompanhou o noticiário sobre o resgate de 12 garotos tailandeses de 11 a 16 anos, do time de futebol Javalis Selvagens, e seu treinador; a chuva alagara a caverna onde eles passeavam. Na operação que os salvou, depois de duas semanas em perigo, um mergulhador morreu. Como o planeta inteiro, o preso se surpreendeu em novembro com o cientista chinês que anunciou ter editado dois bebês geneticamente.

No ano em que Lula acabou atrás das grades, a pergunta mais frequente dos usuários do Google no Brasil, no quesito "O que é", foi "O que é fascismo?"; "O que é intervenção militar?" ficou em segundo. Quando o petista entrou na cadeia, nenhuma empresa valia US$ 1 trilhão. Em agosto, a Apple passou a valer.

Lula e seus pares se prepararam para a eleição, perceberam observadores, como o general que se arma para a próxima guerra supondo que ela mimetizará a anterior. Um dos conselheiros de maior confiança do ex-presidente constatara que o aumento do percentual de habitantes comparecendo às urnas nos pleitos presidenciais redundara no crescimento da votação em candidatos mais à esquerda. A curva estatística sorria para o PT, desde que, advertiu o conselheiro, o partido conseguisse "lidar com os grandes problemas das multidões". Ignoravam, contudo, o arsenal oponente. E superestimaram a capacidade de Lula transferir integralmente para um apadrinhado os sufrágios que se destinavam a ele, e não ao partido.

Em 15 de agosto, o PT registrou no Tribunal Superior Eleitoral a candidatura Lula, num ato que mobilizou milhares de apoiadores. Dois dias depois, o Comitê de Direitos Humanos da ONU se manifestou a favor do direito democrático de o ex-presidente concorrer. "Decisão obrigatória", argumentou o brasileiro Paulo Sérgio Pinheiro, que ocupara várias funções nas Nações Unidas. O TSE discordou e, ao enquadrar Lula na Lei da Ficha Limpa, barrou-o. Assim, em 31 de agosto, definiu a eleição, impedindo a expressão soberana da vontade popular.

Depois de 17 reveses judiciais em recursos pró-Lula candidato, o PT protocolou Fernando Haddad como substituto. Sua pinta pacata, em contraste com um adversário doidivanas, prenunciava rejeição menor. Deu-se o contrário: na vertigem do WhatsApp, milhões de incautos eram informados, e acreditavam na mentira, que o ex-prefeito de São Paulo e ex-ministro da Educação tencionava legalizar a pedofilia.

Este livro inventaria sentenças e acórdãos que proscreveram Lula, seus critérios e ritmos peculiares. Com o Judiciário agente no embate eleitoral, o *Jornal Nacional* assemelhou-se em 2018 à TV Justiça, tamanha a compreensível atenção às cortes. Espectadores se habituaram a ouvir o adjetivo "teratológico", costumeiro nas sessões.

O nome dos juízes dos tribunais superiores é mais conhecido do que o dos ministros do Executivo. A República de Curitiba, epicentro da Lava Jato, firmou-se como expressão crítica da Justiça com métodos idiossincráticos em relação a Lula. Seu batismo deriva da República do Galeão, investigação paralela da Aeronáutica sobre o atentado político em que assassinaram um major-aviador em 1954.

A controvérsia acerca dos procedimentos de Sergio Moro na condução do processo que retirou Lula do pleito teve epílogo esclarecedor: o juiz largou a magistratura para ser ministro da Justiça do capitão que se elegeu graças à ausência do favorito. Com as aparências dispensadas, o bolsonarista Floriano Amorim, futuro chefe da Secretaria de Comunicação Social, confirmou a regra do jogo: "Tenho minhas dúvidas sobre a capacidade cerebral da esquerda. Vejamos: estão querendo tirar a alegria de Moro por ter sido escolhido ministro de Bolsonaro. Se conseguirem, ele ficará puto e vai descontar em quem? No LULA, cambada de jumento!"

PRÓLOGO

"A prisão de Lula viola a Constituição", disse em junho o ministro Marco Aurélio Mello, do Supremo Tribunal Federal. Em dezembro, ele reconheceu a harmonia entre o Código Penal e a Constituição, que determina encarceramento somente depois de esgotarem os recursos. Sua liminar implicaria a libertação do petista, mas foi suspensa pelo presidente do STF, José Antonio Dias Toffoli.

No rebuliço provocado pela decisão de Marco Aurélio, o Exército movimentou-se como se as Forças Armadas tutelassem os Poderes. O Alto Comando se reuniu em videoconferência, e dois generais contaram ao repórter Luis Kawaguti que o momento era "de observação". Um procurador da República tuitou: "Basta um jipe, um cabo e um soldado" para fechar o Supremo. Hordas de timbre fascista impulsionaram a hashtag #umcaboeumsoldado. A fórmula golpista "um cabo e um soldado" para interditar o STF havia sido aventada em julho pelo deputado Eduardo Bolsonaro.

Em abril, na véspera do julgamento pelo Supremo do habeas corpus de Lula contra a prisão iminente, o comandante do Exército, Eduardo Villas Bôas, intimidara os ministros com um recado público. O general admitiria ao repórter Igor Gielow: "Nós estivemos realmente no limite [...]. Sentimos que a coisa poderia fugir ao nosso controle se não me expressasse." O general Mourão conversou com a repórter Mônica Bergamo: "Está na Constituição: as Forças Armadas não podem deixar o país ir para o caos. A libertação do Lula instalaria o caos? Não sabemos."

O ano ofereceria outra cena elucidativa do tratamento reservado pelo Judiciário a Lula. Por duas horas e meia, em 14 de novembro, o réu foi interrogado pela juíza Gabriela Hardt. A substituta de Moro na 13ª Vara Federal de Curitiba assumiu o processo em que o ex-presidente foi denunciado por receber vantagens indevidas de empreiteiras por obras num sítio que ele frequentava e do qual não é acusado de ser proprietário. A julgar pela carência de provas de corrupção, aparenta ser mais um episódio de promiscuidade entre público e privado, e não crime.

Lula bebeu duas garrafas e um copo plástico de água, e a juíza quebrou o protocolo ao tratá-lo cinco vezes com a segunda pessoa do singular (uma procuradora empregou dez vezes "te" ou "você"). O interrogado, de 73 anos, perguntou "Eu sou dono do sítio ou não?", e a juíza retrucou: "Se o senhor começar nesse tom comigo, a gente vai ter problema." "Eu sou vítima de uma mentira", alegou Lula, e Gabriela Hardt calou-o. Ele afirmou que o doleiro Alberto Youssef, delator na Lava Jato, "era amigo do Moro desde o Caso Banestado". Sem ser parte na ação, a magistrada contrariou-se: "Não vai fazer acusações ao meu colega aqui"; "É melhor o senhor parar com isso."

O petista encarou um procurador: "Você não acha muito engraçado alguém fazer uma obra que eu não pedi, e depois alguém negociar uma delação, sob a pressão de que é preciso citar o Lula, e vocês colocam isso como se fosse uma verdade?"; "Eu era um troféu que a Lava Jato precisava entregar."

Antes do término do interrogatório, um dos advogados do preso teve de partir e desejou "a todos aí um bom feriado [de Proclamação da República]". Depois de segundos de silêncio, Lula gracejou, baixinho: "Me leva com você." Insistiu: "Não quer me levar, não?" O ex-presidente levou as duas mãos ao rosto, como se o lavasse, e cofiou o bigode.

Ao voltar da ilha da Marambaia, onde havia passado o Natal com o marido, Michelle Bolsonaro usou uma camiseta estampada com a frase reduzida da juíza Hardt: "Se começar nesse tom comigo, a gente vai ter problema."

A três semanas do fim do ano, o escritor amazonense Milton Hatoum recebeu em Paris o prêmio literário Roger Caillois. Na cerimônia, vaticinou: "No horizonte [do Brasil], eu vejo uma espécie de laboratório do delírio, sob a tutela de militares e de uma parte da Justiça."

O vírus do delírio mostrara em outubro que seu contágio avançava. Roger Waters reverenciou no Maracanã a memória de Marielle Franco.

PRÓLOGO

O músico inglês disse ao microfone que, "de muitas maneiras, Marielle é líder deste país". No palco, ladeavam-no a filha, a viúva e a irmã da vereadora. Uma fração da plateia, alucinada, vaiou a homenagem. O veterano da banda Pink Floyd reagiu: "Marielle acreditava nos direitos humanos. A maioria de vocês, também. Infelizmente, nem todos."

O ódio devastou vínculos afetivos. Estremeceu a tradição de celebração natalina familiar porque muitos se recusaram a confraternizar com quem se associara à beligerância que Bolsonaro sintetizou, apregoando que "as minorias se adéquam ou simplesmente desapareçam" – a admissão do extermínio. Opositores das almas hidrófobas estabeleceram uma distinção: nem todo parente é família; família é quem cultiva amor e amizade, aceita a diferença e consagra a tolerância.

No mundo convulsionado por Trump e seus primos ideológicos, a cultura não colecionou utopias, e sim distopias. A de George Orwell inspirada no terror do stalinismo e do fascismo, *1984*, reapareceu na lista de livros mais vendidos no Brasil. A HBO lançou nova versão cinematográfica de *Fahrenheit 451*, de Ray Bradbury. Romance e filme (agora dirigido por Ramin Bahrani) devaneiam uma era em que é proibido ler e livros são incinerados. Aqui, bolsonaristas patrulham e delatam leitores de livros divergentes.

Com um ano de atraso, chegou ao país a primeira temporada da série televisiva norte-americana *O conto da aia*. É uma adaptação do romance de Margaret Atwood, que se desenrola numa sociedade que subjuga as mulheres. No protesto de 29 de setembro #EleNão, contra Bolsonaro, manifestantes feministas vestiram no Rio figurinos iguais aos das personagens oprimidas da TV. A Netflix estreou o longa-metragem *22 de julho*, de Paul Greengrass. O filme trata da matança de 77 pessoas, em 2011, na Noruega. O assassino execrava, segundo ele próprio, "marxistas", "multiculturalismo" e imigrantes.

A ascensão de Bolsonaro me lembrou do romance *Complô contra a América*, como conto no capítulo "A porrada do neonazista". Eu ainda desconhecia que um capítulo do livro *Como as democracias morrem*, que só li mais tarde, também abre recordando a obra aterrorizante de Philip Roth sobre os EUA governados por um cupincha de Hitler.

No ambiente de anti-intelectualismo estimulado pelos radicais mais ressentidos, sobreveio o rebaixamento intelectual. Passou a ser necessário enunciar obviedades como o caráter de direita, e não de esquerda, do regime nazista. Disseminaram o conceito vulgar "antiglobalismo" e a teoria conspiratória "marxismo cultural". O espírito do iluminismo se eclipsou. O neomacarthismo tropical elaborou listas de artistas e intelectuais a serem boicotados por terem rejeitado Bolsonaro. São detratados como inimigos do povo.

Uma nova publicação, *Anuário Todavia*, estampou em setembro na capa da primeira edição: "Apocalipse?" Os editores André Conti e Michel Laub assinalaram na introdução: "O ponto de interrogação no tema *Apocalipse?* indica tanto o horror de certos impasses quanto a beleza de alguns dos caminhos abertos."

Eles citaram um breve ensaio veiculado pela revista, "Uma nova arquitetura do sexo". A autora é a crítica cultural Adriana Azevedo, que escreveu: "Toda destruição deve prever uma reconstrução"; "Há um fetiche contemporâneo com a distopia apocalíptica e com a destruição de tudo e de todos, esse fetiche de nos arrancarem a potência de vida. Precisamos agarrá-la e persistir em uma vida que se põe, no presente, em um movimento constante de criar sobre as ruínas".

O ano de 2018 flertou com o apocalipse. As ruínas se tornaram mais ostensivas depois do segundo turno eleitoral. Só não as viu quem relativizou a tragédia representada por Jair Bolsonaro e as ideias que o movem. Em meio aos destroços da tormenta, encontraram a ilusão que o Brasil jamais cederia de novo às trevas.

A bola foi cantada em janeiro, na capa da revista *piauí*. O cartunista Adão Iturrusgarai ilustrou-a com o personagem Amador, um masoquista

PRÓLOGO

paramentado conforme a etiqueta: calcinha e bota de salto alto. Seus testículos escapolem da roupa íntima, a mão esquerda puxa uma coleira que aperta o pescoço, e a direita ergue um chicote. Embevecido, Amador proclama: "2018 vai ser demais!"

O ano que não decepcionou o personagem de Iturrusgarai está contado a seguir.

I. SINTOMAS DA DOENÇA

30 DE JANEIRO, TERÇA-FEIRA

Perturbado com o provincianismo da cidadezinha argentina onde cresceu, e cujo atraso se conserva invicto na visita que o filho renomado lhe faz depois de uma eternidade ausente, o escritor Daniel Mantovani, prêmio Nobel de Literatura radicado em Barcelona e protagonista do filme de ficção *O cidadão ilustre*, abespinha-se com os conterrâneos que, abalados por seu comportamento, acossam-no com palavras hostis e arremesso de ovos: "Continuem sendo uma sociedade hipócrita e estupidamente orgulhosa de sua ignorância e sua brutalidade!"

Terra de 207.660.929 habitantes estimados pelo IBGE, o Brasil principiou o ano com uma caçada brutal a bugios, macacos-pregos, saguis e até micos-leões-dourados, os primatas cabeludos ameaçados de extinção que enfeitam as cédulas de R$ 20. Centenas de animais apareceram esfaqueados, apedrejados, queimados, envenenados, alvejados por espingardas de chumbinho e espancados com paus e ferros. Todos mortos.

Na bancada revestida com placa de aço do laboratório do município do Rio de Janeiro que necropsia os cadáveres dos macacos, as cientistas da vigilância sanitária contaram 144 deles em janeiro – provenientes de diversos lugares do estado, vários apresentaram fraturas múltiplas. No mesmo mês do ano passado, haviam somado sete. Dos 602 espécimes mortos no território estadual em 2017, 42% foram abatidos de propósito, e não fragilizados por moléstias. Agora, 69% não escaparam à fúria humana.

As bestas-feras perseguem os macacos porque os supõem portadores do mal. Seriam os transmissores da febre amarela, cujo surto o Ministério da Saúde temerariamente anunciara findado em setembro. A doença infecciosa viral provocara a morte de 147 pessoas de julho de 2016 a junho de 2017. No período de julho do ano passado até janeiro de 2018, contabilizaram 81 [seriam 483 até julho, salto anual de 229%: 203 no estado de São Paulo, 181 em Minas Gerais e 97 no estado do Rio de Janeiro].

Os algozes dos bichos agem como quem dedetiza o mata-mosquitos em vez de pulverizar a nuvem de insetos. Os macacos são vítimas. Hospedam o vírus, como os seres humanos, a quem não o transferem. Biólogos e veterinários os prestigiam como sentinelas. Quando os animais adoecem ou morrem de febre amarela, alertam para o perigo. Em outubro de 2017, a descoberta de bugios sem vida levou ao fechamento do Horto Florestal de São Paulo. Dias atrás, também na capital paulista, foi a vez do zoológico e de outros parques. Com a profusão de macacos contaminados, magotes de ignorantes se empenham em trucidá-los, apesar de campanhas educativas ensinarem que os caçados não são vilões.

Milhões de brasileiros acorreram neste mês aos postos de vacinação. As filas se formavam na véspera. Multidões suportaram mais de 24 horas de espera com cadeiras, barracas e colchões esparramados nas calçadas. Empurra-empurras na disputa por senhas degeneraram em bofetões, e sobraram sopapos para funcionários públicos. O governo fracionou em cinco a dose da vacina, imunizando mais gente.

30 DE JANEIRO, TERÇA-FEIRA

As autoridades sanitárias buscam proteger antes as comunidades vizinhas a florestas e matas. Desde 1942 inexistem ciclos epidemiológicos de transmissão urbanos. Eles são rurais. Infectou-se quem, sem proteção vacinal, embrenhou-se no matagal. Lá, os mosquitos transmissores, tanto para seres humanos quanto para macacos, são o *Sabethes* e o *Haemagogus*. Nas cidades, o *Aedes aegypti*.

Mesmo sem registro urbano da enfermidade há três quartos de século, populações distantes de selvas e matos se acotovelam nas filas com a carteira de vacinação. Dá-se o caos onde a vacina não é urgente, e são insuficientes as taxas de vacinação em áreas mais vulneráveis. O pânico ronda bairros e cidades. Em 2018, o medo entrou cedo em cena.

Enquanto a febre amarela silvestre se alastra e as vozes rumorosas dos bugios calam por doença ou paulada, estimularam um público gigantesco a fugir da vacina como se, em vez de salvar, ela condenasse. No dia 31 de dezembro de 2017, uma instabilidade retirou brevemente o WhatsApp do ar, afligindo quem tentava antecipar os votos de feliz ano novo. Em janeiro, o aplicativo de mensagens e as redes antissociais funcionam como instrumento para irradiar um vírus contagioso e mortal: o da desinformação e da tapeação.

Um canal no YouTube associa a vacina a um "projeto de redução populacional que a elite prescreve". O narrador apavora: "Esse lixo dessa vacina na verdade é a doença. [...] Você está colocando em seu corpo um agente nocivo." Exterminar brasileiros seria maquinação da "nova ordem mundial", cuja munição seriam os antígenos: "A vacina é tão letal quanto a febre amarela." Nenhuma prova ampara o diagnóstico estrambótico, referendado por milhares de *likes*. O canal divulga "ter como objetivo mesclar os eventos da atualidade com as profecias bíblicas". O vídeo chegou a 75 mil exibições.

Um fracasso de audiência, comparado a outro canal que tratou do assunto, em peroração que rompeu a marca de 1 milhão de visualizações. Um homem calvo e de escassos cabelos brancos, que se descreve como terapeuta holístico e graduado em filosofia, sataniza a vacina. Não consta ter cursado medicina. Ele contraria a fina flor da ciência: "Uma pessoa bem nutrida e higiênica, mesmo que seja picada por um mosquito infectado, jamais contrairá a febre amarela." Inverte a mão do caminho conhecido: a doença inicia "sempre na cidade, onde algum infectado a leva para o mato".

Vacinas "não imunizam", assegura o terapeuta. Como ele aprendeu isso? Graças à "sabedoria do inconsciente". Por trás da tramoia está – o delírio atinge o estatuto de surto – a tal "nova ordem mundial", que planeja enxugar a população. Dezenas de milhares de polegares virtuais apontados para cima o endossam. A investida amedronta e convence, sabotando o alcance da campanha de vacinação.

Os sintomas da febre amarela se manifestam de três a seis dias depois da infecção. Vêm febre, calafrios, fadiga, dores no corpo. Brutalidade e ignorância, no país-continente de parentesco existencial com a província de Daniel Mantovani, são sintomas de outros distúrbios. Há muito ano pela frente para descobrir quais são eles.

2. PRESIDENTE MORO

31 DE JANEIRO, QUARTA-FEIRA

Como aprendem os escribas, inclusive os dedicados às cartas de amor, ironia costuma ser risco. Sem a voz para evidenciá-la, é comum a mensagem ser lida literalmente. Em 2016, gracejei no Twitter: "Ao golear o Haiti por 7 a 1, a seleção brasileira calou os críticos do 7 a 1 da Alemanha." Nunca apanhei tanto, pois leram como pitaco sério o que não passava de chiste.

Para prevenir mal-entendidos, recomenda-se no jornalismo parcimônia em tiradas irônicas. A não ser que se adote um recurso insultuoso aos interlocutores capazes de percebê-las: o aviso "contém ironia" ou o mais viçoso "SQN" ("só que não"). Proclamar o propósito irônico é rebaixar o outro a parvo.

Esse circunlóquio destina-se a sublinhar não uma ironia, o que ofenderia a inteligência alheia, mas a ausência dela. Eu considero mesmo que a candidatura do juiz federal Sergio Fernando Moro à Presidência da República seria um serviço à democracia. O calendário não empecilha para concorrer em outubro, pois até abril o magistrado poderia se filiar a partido político.

PRESIDENTE MORO

Não lhe faltariam eleitores. Pesquisa Datafolha do finzinho de setembro de 2017 estabeleceu Moro como o único antagonista, num segundo turno renhido, que lograria empatar com o agora possivelmente inelegível Luiz Inácio Lula da Silva. Igualados pela margem de erro, o ex-presidente recolheria 44%, e o juiz, 42% dos sufrágios. Lula bateria Geraldo Alckmin, João Doria, Marina Silva e Jair Bolsonaro. O levantamento foi feito antes da condenação do petista a 12 anos e um mês de prisão, por corrupção e lavagem de dinheiro, no Tribunal Regional Federal da 4ª Região. E depois da decisão de primeiro grau em que Moro o sentenciou pelos dois crimes.

O titular da 13ª Vara Federal de Curitiba ofereceria perspectiva de triunfo ao eleitorado que, determinado a derrotar Lula, rejeita Bolsonaro como extremista. Ou não reconhece no viúvo mais choroso da ditadura o contendor capaz de sobrepujar o antigo metalúrgico (a confiar no Datafolha divulgado hoje, o ex-presidente superaria o capitão por 49% a 32%).

A prioridade desses eleitores é vencer Lula ou, com seu impedimento, alguém alinhado com o sucessor de Fernando Henrique Cardoso. Moro seria uma opção competitiva para os brasileiros que apoiaram – e ainda apoiam – postulantes do PSDB, agremiação que conquistou duas vezes o Planalto, nos pleitos de 1994 e 1998 (com FHC), e amargou o vice em 2002 (José Serra), 2006 (Alckmin), 2010 (Serra) e 2014 (Aécio Neves). No Datafolha recém-saído do forno, Lula atropela Alckmin com 19 pontos de distância, 49% a 30% a favor do antecessor de Dilma Rousseff. Nem os aduladores cogitam Aécio e Serra presidenciáveis.

Com a foto de Moro na urna, o empresariado graúdo encerraria a procura por um candidato com roupagem de centro e envergadura política para confrontar Lula ou um abençoado pelo ex-presidente. Ganharia um microfone possante para propagandear as reformas patrocinadas

31 DE JANEIRO, QUARTA-FEIRA

por Michel Temer. O magistrado das camisas pretas seria concorrente de centro-direita, mais conservador do que Fernando Henrique em suas bem-sucedidas campanhas.

Não se resume ao placar eleitoral, com êxito ou revés, a contribuição cívica que Sergio Moro daria ao país disputando o Planalto – o juiz tem reiterado que descarta a candidatura. E sim na explicitação de sua categoria de adversário de Lula, percebida por vastidões de cidadãos que nada entendem das leis e seus códigos, mas sabem o que são justiça e injustiça.

No tempo em que Dilma periclitava na Presidência, às vésperas do impeachment, ela nomeou Lula ministro da Casa Civil. Em reação à iniciativa, Moro proporcionou a divulgação de conversa telefônica interceptada, no instante em que foi gravada, sem permissão judicial. O Supremo Tribunal Federal vetou Lula no ministério, selando o infortúnio da presidente. A mesma corte autorizaria, em situação semelhante, a promoção de Moreira Franco a ministro de Temer, assegurando ao ex-governador do Rio de Janeiro o foro especial que protege os réus com morosidade reptiliana.

Moro ordenou a condução coercitiva de Lula para depor à Polícia Federal. O petista, nas convocações anteriores, apresentara-se por vontade própria. Não foram poucos os que reconheceram no procedimento judicial o intuito de humilhação. Quando multidões tomaram as ruas xingando Lula e aclamando Moro, o juiz emitiu nota de agradecimento pelo apoio. Até outro dia, saudação a manifestantes parecia mais apropriada a ativistas políticos do que a magistrados. Estes deveriam se preservar acima das partes em conflito.

No julgamento no TRF-4, pronunciou-se um assistente de acusação, em nome da Petrobras. Associava-se, portanto, ao Ministério Público Federal, que batalhava pela condenação de Lula. Portanto, MPF mais Petrobras, coautores da ação, *versus* o réu Lula (sem falar nos demais acusados). Moro, responsável pela sentença em primeiro grau, sentiu-se confortável ao palestrar, semanas antes, em evento promovido por uma das partes, a Petrobras.

Assim como se mostrou cômodo confraternizando com Aécio em convescote público. Os rolos do senador derrotado por Dilma em 2014 não correm na jurisdição de Moro, mas soa excêntrica a camaradagem do juiz protagonista da Lava Jato com um contumaz investigado na operação.

A candidatura presidencial de Moro poderia representar o ideário de parcelas do Judiciário. No tribunal de Porto Alegre, os três juízes federais esbanjaram elogios ao magistrado de Curitiba. Ao confirmar a condenação anterior e aumentar a pena de Lula, o juiz Victor Laus pontificou: "Quem responde por crime tem que ter participado dele. E, para ter participado, alguma coisa errada ele fez."

E o princípio constitucional da presunção de inocência ("ninguém será considerado culpado até o trânsito em julgado de sentença penal condenatória")? O *Houaiss* informa que "responder", na acepção jurídica do verbete, significa "oferecer resposta, contestação, defender-se em juízo". Se um réu responde em juízo, "tem que ter participado" de crime? Em caso de resposta afirmativa, inexistiriam inocentes.

O juiz Ricardo Leite, que na semana passada mandou apreender o passaporte de Lula, disse que aliados do ex-presidente buscariam a "politização de processos judiciais". Quando as partes politizam, lamenta-se, mas se entende o objetivo: influenciar a decisão da Justiça. E quando magistrados politizam? O juiz Marcelo Bretas, da Lava Jato, critica em rede social, e não nos autos, correligionários de Lula.

Presidente do TRF-4, o juiz Carlos Eduardo Thompson Flores Lenz valorizou como "irretocável" a sentença de Moro no processo do triplex do Guarujá. Mais tarde, reconheceu que não tivera acesso ao processo. A politização judicial se combina com a judicialização da política. Bem fez o ministro Joaquim Barbosa. Aposentou-se do STF para só mais à frente ensaiar o ingresso na arena político-partidária.

31 DE JANEIRO, QUARTA-FEIRA

O desconforto com o ativismo político judicial não coincide necessariamente com a convicção de inocência de Lula nos processos em que foi denunciado. É possível que o petista seja culpado, ao menos em parte, das acusações. Mas, provas são imprescindíveis, para além de opiniões preconcebidas.

No processo do triplex, não tive a impressão de existirem provas cabais. Li e reli a sentença de Moro e assisti à sessão fatal do TRF-4, ouvindo os argumentos de promotores, advogados e juízes. Não encontrei menção a prova convincente – indício é outra coisa – de propriedade do imóvel e de ato de Lula em troca da alegada propina. Ao contrário dos claros indícios e evidências de promiscuidade do ex-presidente com a construtora OAS, detentora de contratos com a União. Promiscuidade pode resultar em crime. Nem sempre resulta. Pode ter havido crime? Sim, mas não foi provado.

O acórdão do TRF-4 deve impedir Lula, o favorito à Presidência, de se submeter ao voto popular. E ameaça levá-lo à prisão. O episódio remete a um *affaire* de mais de meio século. O ex-presidente Juscelino Kubitschek morava num apartamento novo construído por empreiteira que tocara uma obra concedida por seu governo. JK visitara o imóvel durante a construção, sua esposa Sarah pediu alterações no projeto arquitetônico, e um mestre de obras foi afastado devido a broncas que ela lhe dera.

O apartamento diante do mar de Ipanema estava registrado em nome do banqueiro Sebastião Pais de Almeida, que havia sido ministro de Juscelino. A ditadura parida em 1964 e seus porta-vozes na imprensa alardearam que JK seria o dono oculto. A história demonstrou que não, consagrando a versão do ex-presidente. A relação revelou-se imprópria, promíscua (de governante com empresa contratada pelo governo). Mas não criminosa.

A roubalheira na Petrobras e outras farras que o PT herdou de governos passados e manteve com apetite são outros quinhentos. Provas inequívocas se acumularam. O partido se "lambuzou", na definição do petista Jaques Wagner, conjugando um verbo indulgente. Se Lula chefiou ou participou dos esquemas de corrupção, é algo a provar, se prova houver, acima de dúvida razoável.

Para que a Justiça não apenas seja em tese justa, mas igualmente pareça justa, seria aconselhável que os magistrados se contivessem, na conflagração política que sacode o Brasil. E que Sergio Moro trocasse a toga pela candidatura a presidente. Teria o respaldo dos milhões de brasileiros que simpatizam com ele ou o idolatram. Os milhões que dele divergem ou desconfiam não poderiam mais se queixar de que o juiz faz política na tribuna errada.

3. A FANTASIA DE HUCK

15 DE FEVEREIRO, QUINTA-FEIRA

Fantasias bem boladas pululuram no Carnaval. Na avenida, o vampiro enlaçado pela faixa presidencial só não teve nome, Michel Temer, para quem não quis ver. Nas ruas, foliões se vestiram de War, a guerra de tabuleiro; "Vai malandra", o traje da cantora Anitta no videoclipe do seu hit; álbum de figurinhas de jogador de futebol; e, agora com até 280 caracteres, tuíte. Unicórnios superaram chuveiros. Cocares celebraram a cultura indígena e a tradição carnavalesca. Um rosto cobriu-se com a imagem dupla da face do humorista Jô Soares, e a reprodução da embalagem do achocolatado Toddynho serviu de camisa. Assim, recriou-se a cantora Jojo Todynho.

Da fantasia realista da escola Paraíso do Tuiuti à fantasia literal que festejou a funkeira de "Que tiro foi esse", abundou criatividade. Mas não houve inteligência criativa capaz de evitar o malogro da fantasia que desfilou no noticiário junto com blocos, patos e mijões: Luciano Huck enroupado como "novo na política", o quarentão com ares de garoto que arejaria a campanha presidencial.

A FANTASIA DE HUCK

Ao lado de amigos que colecionou em sua vida política, o apresentador da TV Globo e empresário é mesmo novo. Tem 46 anos. O ex-presidente Fernando Henrique Cardoso, com saúde de astronauta, chegou aos 86. O senador José Serra completou 75. O senador Aécio Neves, 57. Huck já tratou Aécio como seu "irmão de sangue". Acarinhou Serra como "grande amigo". FHC, com quem costuma jantar, como "a cabeça mais moderna do Brasil". "Sou muito próximo dele", ostenta.

Presidente de honra do PSDB, Fernando Henrique observa em Huck o "estilo" do partido. Mas FHC jura fidelidade ao correligionário Geraldo Alckmin, que alonga e aquece para entrar em campo. O desconsolo do governador de São Paulo é que ele aparenta má forma, como um boleiro barrigudo. No Datafolha mais recente, em cenário sem Lula, Alckmin estaciona em um dígito, 8% das intenções de voto. O desempenho é idêntico ao de Huck, ainda que o animador do *Caldeirão* não se apresente como candidato.

Foi esse o ramerrão que evoluiu no reinado de Momo: se o marido de Angélica se lançará ou não. Os prognósticos variam, em contraste com a arenga comum e constante: sua força proviria do caráter moderno e renovador em meio a um ambiente de políticos e politicagem putrefatos.

Sobre políticos e politicagem, nada ou pouco a acrescentar. Mas Luciano Huck como neófito político é um diagnóstico tão confiável quanto o goleiro Muralha ou o tapa-sexo da madrinha de bateria da X-9. Ele já pelejava em campanhas eleitorais em 2002, o ano em que o smartphone BlackBerry surgiu nas lojas. Ou dois anos antes do aparecimento do Facebook, e a três da estreia do YouTube.

Em setembro de 2002, foi mestre de cerimônias em comícios de Serra, candidato a presidente, e Aécio, a governador de Minas. "Caldeirão tucano", titulou uma reportagem da *Folha de S.Paulo*. Huck esquentou a plateia em Teófilo Ottoni: "Boa noite! Não ouvi 'boa noite'! Aí, galera do fundão!" E discursou no palanque.

15 DE FEVEREIRO, QUINTA-FEIRA

O apresentador promovido em 2018 como calouro político integrava, 16 anos atrás, o grupo que elaborou propostas de governo e uma "agenda jovem" para Serra. Noutra cidade mineira, Capelinha, Huck cabalou votos para Serra e Aécio, elogiados pelo jovem empresário como "gente honesta e morrendo de vontade de fazer um Brasil melhor para todos nós".

Contradizem-se a imagem de iniciante na política e a condição real de veterano nos embates político-partidários. Em sua casa no Rio, como lhe assistem o direito e a democracia, Huck recepcionou encontros pró-Aécio em campanhas ao Senado e à Presidência. Em 2014, votou vestindo uma camiseta azul estampada com o mote da campanha do peessedebista, "Muda, Brasil". Com um adesivo do número 45 grudado no pulôver, acompanhou ao lado de Aécio a apuração do segundo turno.

A fornida iconografia que documenta sua relação com o neto de Tancredo Neves flagra-o de camisa da seleção, camiseta esportiva, camisa social, terno e gravata. Não eram meros companheiros de ocasião, e Huck não ocultava a militância. Fotos desapareceram de suas redes depois da divulgação da conversa do senador pedindo R$ 2 milhões ao empresário Joesley Batista.

Entre os retratos sumidos está um em que Joesley e Huck confraternizam a bordo de um iate. O bambambã da Friboi comprara do casal Huck e Angélica uma ilha em Angra dos Reis. O negócio expõe o mundo em que vive e prospera o apresentador cotado para a Presidência. É o do poder e da fartura, no país cuja desigualdade de renda a ONU classifica entre as dez maiores do planeta. A nação obscena onde a riqueza de seis biliardários equivale à dos 100 milhões de brasileiros mais pobres.

No Twitter, em 2010, Huck enalteceu o empresário Eike Batista: "Podem falar o que quiser, mas qtos + @eikesbatista s no Brasil, melhor. Gosto da sua visão de mundo. Do orgulho de fazer direito. E de ajudar." Na mesma rede, chaleirara chefões do MDB: "Vale um parabéns especial para Eike Batista, Eduardo Paes e Sérgio Cabral. Só somando forças é possível construir um Rio mais justo."

Enquanto as escolas desfilavam e os blocos pipocavam, o blog *Tijolaço* revelou que em 2013 Huck recorrera a empréstimo de R$ 18 milhões do BNDES para comprar um jatinho para uma empresa sua. O empréstimo, com juros de 3% ao ano, engasga a preleção liberal do empresário que se queixa de excessiva presença estatal na economia.

Como um virgem chocado com os costumes do bordel, Huck escreveu em novembro, num artigo na *Folha*: "O Brasil está sofrendo demais – especialmente os mais pobres, mas não apenas eles – para ficarmos privados e reféns deste sistema político velho e corrupto." Referiu-se às "necessidades da gente. Da nossa gente". Ecoou Fernando Collor: "Minha gente..."

Huck sugeriu ser o avesso do "velho". Oito meses antes, desfraldara sua bandeira: "É hora de a minha geração ocupar os espaços do poder." A possível candidatura, que alguns supõem aventureira, carece de impulso juvenil. É hipótese cultivada há muitas estações. Em 2011, em entrevista à revista *Alfa*, Huck cogitou-a: "Agora, não. Daqui a dez anos, talvez eu tenha mudado a resposta."

Ele demorou menos do que previra para preconizar, em março de 2017: "Bicho, vamos colocar a base da ética, da transparência." E insinuar: "Se vou ser eu, não faço a menor ideia." Em novembro, também na *Folha*, desistiu: "Contem comigo. Mas não como candidato a presidente." Em evento da *Veja*, exclamou: "Não vou ser político nunca! Não quero ser político!"

No mês passado, irrompeu no *Domingão do Faustão*. Comportou-se como candidato e exibiu credenciais: "Estou há dezoito anos viajando por esse país." Não anunciou o sim, mas nada descartou. Acionado na Justiça Eleitoral, oscilou mais uma vez, por meio dos seus advogados: "Luciano Huck [...] reitera que não será candidato no pleito de 2018."

15 DE FEVEREIRO, QUINTA-FEIRA

Em seguida, FHC esclareceu, na Rádio Guaíba, que o amigo considera se candidatar.

Ao colega Fausto Silva, Huck disse não acreditar em direita e esquerda. Não é original. Silvio Santos antecedeu-o na abordagem. Em seus breves dias de campanha em 1989, antes de o TSE retirá-lo do páreo, o homem do Baú prometeu governar com "todos": "Os homens mais capazes deste país vão se juntar a mim, porque sabem que eu tenho boas intenções."

A TV tocava o jingle com a melodia característica do programa dominical: "Silvio Santos já chegou, e é o 26/ Silvio Santos já chegou, e o Brasil ganhou." Há quase trinta anos, o dono do SBT era candidato dele mesmo e de suas "colegas de trabalho". Huck seria de uma coalizão poderosa. O empresariado procura alguém com potencial para em outubro vencer Lula ou um partidário do petista.

Querem um presidente que mantenha a política econômica do vampiro da Sapucaí. Temem que soçobrem Alckmin, o ministro Henrique Meirelles, a ex-ministra Marina Silva e os deputados Jair Bolsonaro e Rodrigo Maia. Não gostam de Ciro Gomes. Na essência, Huck defenderia em 2018 o que Aécio defendeu em 2014.

Ele tem se aconselhado com a caciquia do Democratas, agremiação parceira habitual do PSDB. O DEM é a sucessão histórica do PFL, que antes constituíra um naco do PDS, cuja denominação anterior era Arena, o partido da ditadura. Se direita e esquerda inexistem, então o Democratas não é de direita. Para disputar a eleição, o Partido Popular Socialista estendeu a Huck seu tapete, cujo vermelho desbotou.

As ideias de Huck podem ser boas ou ruins, a depender da cachola de cada um. É inequívoca sua longa trajetória como agente político. Ele representa a continuidade de um projeto, tão legítimo e controverso quanto outros. Se a renovação tem a cara de Luciano Huck, já nasce enrugada. É fantasia rasgada, ilusão de Carnaval.

4. A NOVA INTERVENÇÃO MILITAR

21 DE FEVEREIRO, QUARTA-FEIRA

Certos tipos celebrados como videntes políticos exercitam um truque manjado. Enquanto os ingênuos supõem que o futuro se descortina aos aparentes profetas, o que estes dominam é o passado. Conhecem seus segredos e escrutinam seus mistérios. Miram o espelho retrovisor para aprender com a história e especular sobre o porvir, embora simulem vislumbrar vaticínios em bolas de cristal.

Qualquer mortal pode mimetizar os falsos adivinhões e, prescindindo de afetações charlatãs, não se surpreender com os caminhos da recém-iniciada intervenção federal-político-militar no estado do Rio de Janeiro. Basta olhar para trás e perscrutar a Operação Rio, desenvolvida nos dois derradeiros meses de 1994. Governos, circunstâncias e protocolos mudaram, mas não discursos, métodos e encenações.

"General limpará as polícias", titulou o jornal *O Dia* em 4 de novembro de 1994. Dali a uma semana, atualizaram o tempo verbal e o ufanismo: "Exército passa o rodo na polícia." Em 2 de novembro, *O Globo* antecipara: "Exército anuncia operação de faxina na polícia do

Rio." (Esses e demais títulos de 1994 citados a seguir foram pescados na dissertação de mestrado "Operação Rio: O ritual da guerra no jornalismo", obra da jornalista e professora universitária Fernanda Melo da Escóssia.)

No que deu tanta promessa? Em mais promessas das autoridades, 24 anos mais tarde. No domingo 18 de fevereiro de 2018, *O Globo* manchetou: "Combate à corrupção policial será prioridade da intervenção." Submeterá agentes públicos corruptos uma intervenção entrechada por Michel Temer e Moreira Franco, correligionários dos presidiários Sérgio Cabral e Geddel Vieira Lima?

A Operação Rio, no século XX, foi um convênio entre União e estado que entregou ao Comando Militar do Leste o controle da segurança pública estadual. Considerou "a situação da criminalidade no estado, com a atuação de grupos de delinquentes, estruturados em torno de tráfico local de drogas e fortemente armados". Pretextou fatos que ameaçavam "gravemente a ordem pública".

A intervenção do século XXI alega "o objetivo de pôr termo ao grave comprometimento da ordem pública". Limita-se "à área de segurança pública", contudo o interventor, subordinado ao presidente da República, "não está sujeito às normas estaduais que conflitarem com as medidas necessárias à execução da intervenção".

O decreto assinado esclarece que "o cargo de interventor é de natureza militar". Quem o exerce é o chefe do Comando Militar do Leste, general de exército Walter Souza Braga Netto. Em agosto, o oficial de cavalaria manifestou "reservas" em relação ao emprego das Forças Armadas em conflitos internos. Não se tratava de contrainformação.

O Tico e o Teco não precisaram tabelar. Bastou um só neurônio para se dar conta do caráter de manobra política do que da boca para fora se apregoa como ação contra o crime. Com a intervenção e a criação do Ministério Extraordinário da Segurança Pública, Temer tenta se cacifar num jogo em que tem poucas fichas (o Datafolha cravou em janeiro humilhante 1% de preferência por ele para o Planalto).

21 DE FEVEREIRO, QUARTA-FEIRA

A intervenção prosseguirá até dezembro. A eleição presidencial está marcada para outubro. A hipótese de Temer vencê-la é igual à de o Botafogo conquistar este ano a Copa Libertadores da América, competição que o clube não disputa. Mas o velho companheiro de Eduardo Cunha pretende influenciar a campanha. Se a criminalidade mais explícita sossegar até outubro, o governo venderá a intervenção como um sucesso.

Em 1994, a Operação Rio foi deflagrada entre o primeiro e o segundo turnos da eleição para o governo fluminense. Em 3 de outubro, com apoio do presidente Itamar Franco, Fernando Henrique Cardoso se elegera para sucedê-lo. No Rio, classificaram-se ao mata-mata decisivo Marcello Alencar, do mesmo PSDB de FHC (e do então deputado Sérgio Cabral), e Anthony Garotinho, ainda no PDT do ex-governador Leonel Brizola. O governador Nilo Batista fechava com Garotinho.

O Globo veiculou opiniões opostas. De um lado, "FH defende intervenção na polícia do Rio", "FH apoia intervenção e diz que 'o Rio está se desmilinguindo'" e "FH anuncia esforço para salvar o Rio". De outro, "Governador denuncia ação política". Pressionado, o pedetista Nilo firmou o convênio.

Um dia antes, publicou a *Folha de S.Paulo*, Brizola se queixara ao Tribunal Superior Eleitoral de "ações perturbadoras para a normalidade das eleições". Noutras palavras, da iminente Operação Rio. Criticou "operações militares espetaculosas". Apontou "condenáveis expedientes com o propósito ilícito de desestabilizar o governo do Rio" e "criar dificuldades" para Garotinho. Em 15 de novembro, Marcello, de apelido "Velho Barreiro", bebeu 56% dos votos válidos. Garotinho, na época um político em ascensão, 44%.

É difícil estimar a consequência, nas urnas, da Operação Rio (seu legado na luta contra o crime é nulo). Como será com a intervenção militar de 2018? Em comum, o calendário maroto, coincidente nas duas iniciativas: as tropas atuam até as eleições e partem semanas depois.

Braga Netto, indagado sobre a gravidade da situação no Rio, alfinetou: "Muita mídia." Se o general de quatro estrelas insinuou que a crise é ficção encapada como informação, enganou-se. No entanto, as estatísticas o amparam, caso tenha pensado em estados onde a violência castiga ainda mais, sem merecer a devida atenção do jornalismo.

Reportagem de Henrique Araújo contou que no Ceará, de 2016 para 2017, os homicídios aumentaram 50%. Os assassinatos de mulheres cresceram 73%, acelerando no fim do ano. O *Anuário Brasileiro de Segurança Pública*, com base em números do ano retrasado, antes da deterioração de 2017, situava o Ceará como o décimo estado brasileiro com mais mortes violentas intencionais (taxa sobre 100 mil habitantes). O Rio de Janeiro ficou em 11º lugar. Por que Temer interveio no Rio, e não nos líderes do ranking de mortandade, Sergipe, Rio Grande do Norte e Alagoas?

O presente reprisa o passado. A intervenção foi precedida por episódios de violência e crueldade de vasta exibição. São fatos sinistros do cotidiano do Rio que só costumam tornar-se escândalo quando acontecem em bairros de classe média para cima. A tragédia é a mesma, porém a cantam com estridências distintas de acordo com o palco.

Em 1994 foi semelhante. Noticiava-se a "escalada da violência", com "guerra ao tráfico", "guerra entre torcidas", "a guerra que mancha o Rio de sangue". Em 18 de outubro daquele ano, policiais civis mataram 13 pessoas, algumas em execuções sumárias, numa chacina na favela Nova Brasília. *O Globo* interpretou: "Polícia invade duas favelas e mata 13 bandidos."

A Operação Rio foi recebida com esperança por amplos segmentos da população. Mas logo se evidenciou a disparidade: no asfalto, entusiasmo; nos morros e noutras comunidades pobres, temor. Em novembro de

21 DE FEVEREIRO, QUARTA-FEIRA

1994, um editorial da *Folha* forneceu pistas sobre o motivo: "Poucos resultados efetivos e muito abuso de autoridade. É assim que se pode definir a primeira intervenção mais direta do Exército no combate à criminalidade no Rio."

As vítimas de abuso de autoridade, como prisão sem flagrante ou ordem judicial, não eram os cariocas mais abonados. Se vingar o plano de Temer, com mandados de busca e apreensão coletivos, as ameaças aos direitos dos cidadãos serão maiores. Que magistrado bancará ordem para invadir na marra todos os prédios e apartamentos da orla de Ipanema e Leblon? A favela, suas famílias e suas crianças serão ainda mais vulneráveis à arbitrariedade.

O comandante do Exército, Eduardo Villas Bôas, reivindica para os militares "garantia para agir sem o risco de uma nova Comissão da Verdade". A comissão investigou crimes contra os direitos humanos. O general sugeriu que vêm aí novas violações?

A intervenção em vigor sobrevém ao crepúsculo do projeto de Unidades de Polícia Pacificadora. O principal motivo do malogro foi tratar violência e segurança exclusivamente como questões policiais, e não, sobretudo, sociais. As promessas se cobrem de pó: "Exército começa a invasão social", deu *O Dia* em dezembro de 1994. A tal invasão deve ter se inspirado na Batalha de Itararé, de 1930, aquela que não houve.

O governador Pezão é herdeiro de Sérgio Cabral. O consórcio emedebista que destruiu o estado teve muitos sócios, incluindo oponentes de hoje, como PT e PC do B, partidos que participaram das administrações Cabral e, na Prefeitura do Rio, Eduardo Paes. O prefeito Marcelo Crivella, em seus viajantes vídeos recentes, não parecia na Alemanha, na Áustria ou na Suécia, e sim em Amsterdã.

Em 13 de dezembro de 1994, em plena Operação Rio, *O Dia* saiu com uma primeira página do melhor jornalismo. No alto, a manchete: "*Elle* escapou: 5 a 3." Por maioria, acolhendo a tese de falta de provas, o STF absolvera Fernando Collor de Mello e seu tesoureiro Paulo César

Farias da acusação de corrupção passiva. Abaixo da boa-nova para o ex-presidente, o jornal imprimiu a foto de um brasileiro atrás das grades, com a chamada "Ladrão de galinha na cadeia."

Nos próximos meses, não faltarão ladrões de galinha em cana. Não será surpresa os capitalistas do narcotráfico e os *capi* das milícias serem preservados. Cazuza cantou que "o tempo não para". Às vezes, parece que o tempo não passa – ou tudo se repete demais.

5. HÁ CINQUENTA ANOS, MATARAM UM ESTUDANTE. E SE FOSSE HOJE?

28 DE FEVEREIRO, QUARTA-FEIRA

Fez tanto calor em 27 de março de 1968 que muitos cariocas, sentindo-se como um sorvete do Morais derretendo, desconfiaram da temperatura máxima certificada pelo serviço de meteorologia, 37,4ºC em Bangu. Parecia mais, e os oitenta novos casos de desidratação contabilizados pelos hospitais do Rio lastreavam a suposição. O sufoco tinha data para acabar. Previa-se para a noite do dia 28 a chegada de uma frente fria.

Março demorara um pouquinho mais para começar. Um dia, porque o ano era bissexto. E uma hora, porque a "hora de verão", como se falava, expirara à meia-noite de 29 de fevereiro, quando os ponteiros voltaram sessenta minutos. O mês seguinte seria, no Brasil, o estopim das maiores conflagrações de 1968. A bomba, ou a tragédia, explodiria no então estado da Guanabara.

Cinquenta anos atrás, o mês começou no Rio com a costumeira crônica bipolar de promessa de vida e fim do caminho. O Maracanãzinho fervilhou no dia 1º, aniversário da cidade, com a apuração do desfile das escolas de samba, blocos, frevos, ranchos e sociedades. Revelou-se uma bicampeã, a Mangueira. Dali a horas, as águas de março alagaram as ruas e foram mais impiedosas com a Lapa e os bairros da zona norte. Um buraco abriu em Quintino, e um homem morreu afogado ao cair nele. Em Madureira, um carro despencou ao se chocar com outro, e a correnteza do rio Ninguém engoliu um passageiro.

Os cariocas se debatiam com um surto de gripe e, em Copacabana, com os ataques de abelhas africanas hospedadas na abóboda do Cine Roxy. Perturbava-os outro perrengue, o arrocho promovido pelo governo. O poder aquisitivo no Rio despencara 40% em 1967, calculou a Fundação Getulio Vargas. Não à toa se liquefazia na cidade-estado a aprovação ao presidente da República, o marechal Arthur da Costa e Silva. Para 72% dos cidadãos, verificou pesquisa Marplan, o governo era péssimo, ruim ou regular. E olha que, com a ditadura asfixiando o Brasil, muita gente temia responder aos entrevistadores o que de fato pensava.

Em março de 1968, o governo renovou a proibição de várias peças de teatro e vetou outras. O ditador se envaideceu por censurar *Santidade*, de José Vicente de Paula. Julgou-a "forte". A Polícia Federal desautorizou a montagem de *Barrela*, de Plínio Marcos. O ministro da Justiça, Gama e Silva, barrou *Cordélia Brasil*, de Antônio Bivar. Em protesto, artistas acamparam dia 18 nas escadarias do Teatro Municipal. Não faltaram Norma Bengell, Hugo Carvana, Odete Lara, Cláudio Marzo, Tônia Carrero, Dias Gomes, Joana Fomm e Miriam Pérsia.

Os estudantes davam seu recado. Em janeiro, 14 haviam sido detidos ao se manifestarem contra a gororoba do restaurante Calabouço, que servia refeições para jovens com grana curta. Dias depois, a garotada identificou um espião do Dops campanando-a e o botou para correr. Em São Paulo, Maceió, Rio e outras cidades, passeatas reivindicavam aumento de vagas nas universidades. Alunos ocuparam a reitoria da USP.

28 DE FEVEREIRO, QUARTA-FEIRA

Desde a deposição do presidente João Goulart, os sindicatos, sob o controle ou não de pelegos, estavam vigiados e imobilizados. Sindicalistas tinham sido afastados, cassados e presos. Entidades de trabalhadores anunciaram em março a intenção de sair às ruas em defesa dos salários.

No que restava de política institucional, a altivez sobrevivia. No dia 8 de março, os membros da CPI da Câmara sobre ensino superior expulsaram um agente da polícia política que tentava gravar o depoimento do estudante Honestino Guimarães, da Universidade de Brasília.

O ano de 1968 já ardia mundo afora. A guerrilha vietnamita lançara em janeiro a Ofensiva do Tet contra as tropas dos Estados Unidos e seus aliados do Vietnã do Sul. Em 16 de março, soldados norte-americanos trucidaram centenas de civis, na infâmia que passou à história como o Massacre de My Lai. Por igualdade e liberdade, estudantes lutavam contra governos de tons diversos, do Equador à França, do México à Polônia, da Espanha à Rodésia (atual Zimbábue). Na Tchecoslováquia, um novo chefe do Partido Comunista, Alexander Dubček, empenhava-se em afinar socialismo com democracia. Florescia a Primavera de Praga.

Chegara a hora do Brasil, no dia 28 de março.

O estopim foi uma bala disparada no peito do estudante Edson Luís de Lima Souto, logo depois do pôr do sol. Ele tinha 18 anos, era paraense e ganhava a vida faxinando restaurantes. Cursava o equivalente ao atual ciclo do ensino fundamental que vai do 6º ao 9º ano. Comia no Calabouço, onde um choque da Polícia Militar atacou comensais que se manifestavam por melhorias na cozinha e nas instalações.

O general Osvaldo Niemeyer, da superintendência da Polícia Executiva da Guanabara, relativizou, conforme a reconstituição do *Jornal do Brasil*:

"A polícia estava inferiorizada em potência de fogo."
Um repórter indagou: "Potência de fogo? É arma?"
Niemeyer: "É tudo aquilo que nos agride. Era pedra."

O general da Idade da Pedra viria a culpar pela morte o aspirante Aluísio Azevedo Raposo, que comandava o choque. O responsável fora o general, por ter insistido em reprimir os jovens, reagiria o aspirante. No país da impunidade, ninguém foi punido.

O corpo de Edson Luís foi levado pelos estudantes até a Santa Casa, a centenas de metros do Calabouço. Confirmado o óbito, carregaram-no nos braços até a sede da Assembleia Legislativa, na Cinelândia, onde hoje funciona a Câmara Municipal. Gritavam "Polícia assassina!" Universitários decretaram greve nacional. A notícia alcançou os teatros durante as sessões, encerradas no meio. Ao informar ao público o motivo, os artistas foram aplaudidos de pé. Diziam: "Mataram um estudante. Ele podia ser seu filho."

No velório, os estudantes cobriram o corpo de Edson Luís com bandeiras dobradas do Calabouço e do Brasil. Seu peito ficou nu, expondo a perfuração. O rosto de menino lembrava o de Garrincha quando jovem. Deixaram junto ao cadáver uma folha em que se lia: "Esta é a justiça da ditadura. Pedimos comidas e eles atiram contra nós."

Dois funcionários do Instituto Médico Legal apareceram para transportar o morto para a autópsia, nos termos da lei. Os estudantes, em desobediência civil, não permitiram. Antes da meia-noite, a polícia arremessou duas bombas de gás contra a multidão na praça diante da Assembleia. Uma faixa chorou: "Um estudante foi assassinado. Ele poderia ser seu filho."

De 10 a 50 mil pessoas, a depender da estimativa, acompanharam o cortejo fúnebre na tarde do dia 29. O caixão foi carregado nos ombros de estudantes até o cemitério São João Batista. Ao surgir na porta da Assembleia, lenços brancos se agitaram. Um coro gigantesco cantou o

28 DE FEVEREIRO, QUARTA-FEIRA

Hino Nacional. Flores foram atiradas do alto dos prédios da Cinelândia. O Cine Império exibia o filme *A noite dos generais*.

Uma palavra de ordem frequente foi "O povo organizado derruba a ditadura!" (no meio do ano ressoaria mais forte "Só o povo armado derruba a ditadura!"). As vozes só não eram mais ruidosas porque as lágrimas as sabotavam. Três bandeiras dos EUA foram queimadas. No cemitério, abriram a faixa em que se lia: "Os velhos no poder, os jovens no caixão." Na saída, botaram fogo em um Aero Willys a serviço da Aeronáutica.

Em Belo Horizonte, um ato público mobilizou 10 mil pessoas. Em Brasília, a polícia não poupou nem parlamentares. Mário Covas, líder da oposição na Câmara, e a deputada Júlia Steinbruch receberam golpes de cassetete. Manifestantes destruíram os palanques instalados na capital para o festejo dos quatro anos do golpe. O general Jayme Portella de Mello, chefe do Gabinete Militar da Presidência, afiou os dentes: "Temos de ser duros. Não podemos deixar que eles tomem conta da situação."

O país se comoveu. Alceu Amoroso Lima, pensador católico conhecido como Tristão de Athayde, pregou: "O povo brasileiro é humilde e ordeiro, mas quando injustiçado – como no episódio da morte do estudante – tem todo o direito de reagir com violência."

Qual seria a reação do Brasil letárgico de 2018 a um assassinato covarde como o de Edson Luís? Difícil dizer, numa época em que a rebeldia em larga escala parece hibernar. Dois anos atrás, uma CPI do Senado concluiu que um jovem negro, de 15 a 29 anos, é assassinado a cada 23 minutos. Lamento existe, embora não disseminado. Comoção? Rara ou nenhuma.

Antes de março de 1968, cozinhavam-se as tensões em banho-maria. No dia 28 daquele mês, a meteorologia acertou o tempo, não a metáfora. A frente fria atingiu o Rio, mas o clima esquentou na cidade e no Brasil. Março incendiou o ano. Em abril, a ditadura matou manifestantes e baniu a coalização oposicionista Frente Ampla.

Os protestos engrossaram, e a eles se incorporaram muitos que em 1964 haviam marchado ao lado da família com Deus pela liberdade. Em meados do mês, a organização guerrilheira do ex-deputado Carlos Marighella e do jornalista Joaquim Câmara Ferreira estreou em assalto a banco, arrecadando fundos para combater a ditadura. O auge do movimento popular seria em junho, com a Passeata dos Cem Mil.

Ronaldo Bastos e Milton Nascimento, tocados pela desgraça de Edson Luís de Lima Souto, compuseram a canção "Menino". A elegia para o garoto morto deplora os contemporâneos que capitulam: "Quem cala sobre teu corpo/ Consente na tua morte."

6. OS GENERAIS MANOBRAM

7 DE MARÇO, QUARTA-FEIRA

Há um aspecto salutar na origem da ignorância jornalística contemporânea sobre as Forças Armadas. Pouco sabemos a respeito delas porque os militares perderam, ao se limitar às suas atribuições constitucionais, o poder hipertrofiado de que se investiram de 1964 a 1985. No tempo da ditadura, todo repórter atinado conhecia tanto a composição do ministério quanto a do Alto Comando do Exército.

Mas não precisamos exagerar. Erramos ao escrever "Armas" no lugar de "Forças". O Exército Brasileiro, a Marinha do Brasil e a Força Aérea Brasileira são Forças (Armadas). No caso da Força Terrestre, armas são infantaria, cavalaria, artilharia, engenharia e comunicações. "General *do* Exército" é pleonasmo, a não ser que se pretenda diferenciá-lo do general da banda. "General *de* exército" é o oficial com quatro estrelas nos ombros, o ápice da carreira. Coronel, tenente-coronel e major são postos, e não patentes, palavra sinônimo de latrinas. Ok, o dicionário aceita "patente", porém a denominação incomoda. Um militar quase octogenário, ao contrário do publicado domingo por um jornal, não integra a reserva militar. É reformado, ultrapassou a idade máxima de convocação para a guerra.

A despeito dos nossos desconhecimentos, temos consciência de que na hierarquia o capitão situa-se andares abaixo do general. Mais exatamente, quatro. Em 1999, o capitão Jair Bolsonaro já deixara o serviço ativo do Exército e era deputado. Ele verrinou, mirando o então presidente Fernando Henrique Cardoso: "Através do voto você não vai mudar nada nesse país. Nada, absolutamente nada. Só vai mudar, infelizmente, no dia [em que] nós partirmos para uma guerra civil aqui dentro. E fazendo um trabalho que o regime militar não fez, matando uns 30 mil, começando com o FHC."

Na semana passada, ao passar para a reserva, o general Antonio Hamilton Martins Mourão defendeu "expurgar da vida pública" figuras como Michel Temer. Não explicou como. Numa palestra organizada por uma loja maçônica em 2017, descobriu o repórter Rubens Valente, Mourão dissera que o Alto Comando do Exército cogitava uma "intervenção militar", no caso de a Justiça "não solucionar o problema político". Referia-se a corruptos: "Ou as instituições solucionam o problema político, pela ação do Judiciário, retirando da vida pública esses elementos envolvidos em todos os ilícitos, ou então nós teremos que impor isso."

Golpe de Estado com guilhotina e morticínio, como receitou Bolsonaro, é mais violento do que golpe sem ameaça de sanguinolência. No entanto, é mais assustador ouvir o disparate golpista na boca de um general quatro estrelas, no século XXI, do que na de um ex-oficial no século XX.

Na cerimônia do adeus, o general Mourão louvaminhou a memória do coronel Carlos Alberto Brilhante Ustra. Aclamou-o "herói". Ustra comandou o maior campo de concentração da ditadura, o Destacamento de Operações de Informações do 2º Exército, em São Paulo. Foi a dependência dos governos militares onde mais torturaram, mataram e desapareceram com cadáveres de oposicionistas. Sobretudo na gestão, 1970 a 1974, do à época major Ustra.

Seus crimes estão documentados. Somente os negacionistas, filhos dos europeus que negam ter havido o Holocausto na Segunda Guerra, apregoam a ausência de provas contra Ustra. Elas são fartas. O coronel foi declarado torturador pela Justiça, mas morreu impune. Seus camaradas tentam equiparar personagens históricos de condições distintas e inconciliáveis, a de torturador e a de torturado. São donos de consciências para as quais, se forem coerentes, os assassinos de Reinhard Heydrich, o "Açougueiro de Praga", seriam bandidos. Não eram. Bandido foi o genocida nazista abatido no atentado de 1942.

Dois dias depois de Mourão reverenciar Ustra, *O Globo* publicou um artigo do jornalista, escritor e ex-deputado Fernando Gabeira. Intitulado "A luta contra fantasmas", endossa a intervenção no Rio. Fustiga, com a autoridade de guerrilheiro baleado e torturado na ditadura: "Não tenho o direito de encarar o Exército com os olhos do passado, fixado no espelho retrovisor. [...] Nesse momento de intervenção federal, pergunto-me se o Exército, para algumas pessoas de esquerda e mesmo alguns liberais na imprensa, ainda não é uma espécie de fantasma que marchou dos anos de chumbo até aqui, como se nada tivesse acontecido no caminho."

Deixo de lado, para o conforto de Gabeira, classificações ideológicas. E recomendo que ele cobre outros, como o general Mourão e seus partidários. Porque as conspirações do general não se divisam no retrovisor, e sim no para-brisa. É Mourão quem fala como se o tempo tivesse congelado. O veterano oficial planeja se dedicar à chefia do Clube Militar e à promoção de candidaturas de camaradas de armas nas eleições de outubro. A começar pela de Bolsonaro, ao Planalto.

Em 1964, outro general Mourão se autorretratou: "Em matéria de política, não entendo nem falo nada. Sou uma vaca fardada." Ao botar suas tropas na estrada, em Juiz de Fora, Olímpio Mourão Filho desatara o golpe contra Jango. Não há parentesco, além do extremismo político, de Mourão Filho com Hamilton Mourão.

Em 2018, depois de glorificar um violador dos direitos humanos na ditadura, Mourão foi enaltecido pelo comandante do Exército. No Twitter, o general Eduardo Villas Bôas afagou o amigo como "soldado na essência d'alma" e "liderança pelo exemplo". No dia seguinte, noutro tuíte, Villas Bôas elogiou o artigo de Gabeira como "muito sensato". Acrescentou: "É chegada a hora de parar de procurar em cada ação desencadeada pela Força Terrestre uma oportunidade de crítica inconsistente e de base ideológica ao @exercitooficial."

Nas alegações apreciadas pelo general, Gabeira argumenta: "Houve um certo drama porque os pobres foram fotografados por soldados. Quem dramatiza são pessoas da classe média que vivem sendo fotografadas, na portaria de prédios, na entrada de empresas. Por toda a parte alguém nos filma."

O "certo drama" não foi *apenas* o fato de soldados do Exército fotografarem moradores da Vila Kennedy, na zona oeste do Rio. Os cidadãos foram fichados, sem ordem judicial que os obrigasse. E proibidos de ir e vir, porque sem documentos não podiam sair para trabalhar. Em bairros de bacanas ou nem tanto, não se veem operações assim. Nunca ouvi falar de prédio de classe média com morador impedido de partir se não topasse ser fichado. Fernando Gabeira ouviu?

Jornalista profissional, Gabeira silenciou sobre a intimidação dos militares contra repórteres que flagraram a sessão compulsória de fichamento. Os soldados os afastaram e os mandaram se postar a centenas de metros. Os repórteres Sérgio Rangel e Danilo Verpa relataram que, em inversão de papéis, um militar se queixou dos jornalistas por estarem "intimidando" o Exército. Com olhos do passado ou do presente, o procedimento tem nome: cerceamento à imprensa.

7 DE MARÇO, QUARTA-FEIRA

Numa entrevista coletiva de generais trajando uniforme camuflado, os repórteres sofreram novo constrangimento. Tiveram de informar por escrito a pergunta que fariam. A truculência se chama censura – e não fantasma. Os militares têm o direito de omitir dados sensíveis sobre futuras operações. Não o de vetar perguntas.

Os generais presentes na entrevista no Centro Integrado de Comando e Controle eram Walter Braga Netto, comandante Militar do Leste e interventor no estado; Mauro Sinott, chefe do gabinete de intervenção; e Richard Nunes, secretário estadual de Segurança. Braga Netto anunciou o Rio como "um laboratório para o Brasil". Para entender o que isso significa, seria útil que o interventor esclarecesse um episódio ocorrido em novembro, no complexo do Salgueiro, conjunto de favelas na região metropolitana.

Oito homens apareceram mortos a bala depois de uma operação de militares do Exército com uma tropa de elite da Polícia Civil. Haviam se defrontado com "resistência armada", sustentou a primeira versão oficial. Mais tarde, a história mudou: não haviam trocado tiros. Os corpos já estariam feridos, no chão, ao serem encontrados.

Os 17 militares que lá estavam não depuseram no inquérito policial. Desde o ano passado, eventuais crimes cometidos por eles contra civis, em missões de segurança pública, são julgados pela Justiça Militar. Todos os mortos receberam disparos nas costas, conforme os laudos de necropsia cujo conteúdo foi antecipado pelo repórter Rafael Soares. Peritos identificaram características de execução.

A organização Human Rights Watch denunciou "obstrução das investigações por parte do general Braga Netto". A atitude evidenciaria "a falta de comprometimento real em garantir justiça às vítimas nesse caso e mostra um flagrante desrespeito às autoridades civis". Testemunhas descreveram disparos feitos por homens com a cabeça protegida por capacete e empunhando fuzil com mira a laser. Viram fantasmas? Nos "anos de chumbo", para empregar a expressão adotada por Gabeira, a ditadura difundia versões falsas sobre mortes. A chacina no complexo do Salgueiro, em São Gonçalo, é de 2017, não de 1975, quando o Exército encenou um suicídio depois de ter torturado até a morte o jornalista Vladimir Herzog.

Desde a ditadura os militares não concentravam tanto poder, observou o jornalista João Filho. Temer atropelou a tradição democrática de escalar um civil na cabeça do Ministério da Defesa. Nomeou o general Joaquim Silva e Luna. Tripudiou sobre a boa-fé alheia, ao se jactar da intervenção como "uma jogada de mestre". Jogada política e eleitoral, bem entendido. Um dos ministros mais influentes é o general da reserva Sergio Etchegoyen, do Gabinete de Segurança Institucional.

Os militares brasileiros não são burros ou ineptos. A jogada de Temer os surpreendeu e dividiu, conta o repórter Fabio Victor na *piauí*. Soldados retratam o improviso ao usar celulares pessoais para fotografar moradores da Vila Kennedy. É digno do Recruta Zero supor que um traficante, por mais abobado que seja, caminhe serenamente até uma barreira militar depois de avistá-la ao longe.

A presença ostensiva das Forças Armadas deve reduzir por um período os índices de criminalidade e aumentar a percepção de segurança. Quando os militares regressarem aos quartéis, tudo será como antes, ou pior. O modelo é inócuo, como um dia reconheceu o general Villas Bôas. No sábado, assistimos a um trailer: soldados do Exército removeram 16 barricadas erguidas por traficantes para bloquear vias da Vila Kennedy; dali a horas, após a retirada da tropa, os criminosos reinstalaram obstáculos ao trânsito.

No domingo, *O Globo* imprimiu a manchete "Exército levará ação social às favelas". Em novembro de 1994, na Operação Rio, *O Dia* estampara títulos com promessas semelhantes: "Vai começar a 'ocupação social'" e "Exército começa a invasão social."

O clichê miserável espreita: já vimos esse filme.

7. MATARAM MARIELLE!

21 DE MARÇO, QUARTA-FEIRA

A noite de 14 de março começou feliz para Marielle Franco. Na Casa das Pretas, na Lapa carioca, ela coordenou a roda de conversa "Jovens negras movendo as estruturas". Citou a poeta norte-americana Audre Lorde, negra, lésbica e feminista: "Não sou livre enquanto outra mulher for prisioneira, mesmo que as correntes dela sejam diferentes das minhas." Com o sorriso rasgado, a vereadora se levantou da cadeira e encerrou o encontro com um brado de estímulo às mulheres presentes ou que lhe assistiam pela internet: "Vamo que vamo, vamo junto ocupar tudo!"

O fim daquela quarta-feira tinha tudo para ser ainda melhor para Marielle. Seu clube de coração, o Flamengo, disputaria em Guayaquil uma partida decisiva contra o Emelec. O rubro-negro virou, com dois gols do garoto Vinicius Junior. A primeira vitória fora de casa, pela Libertadores, em quatro anos. Marielle não teve tempo de vê-la na TV. No domingo, a equipe jogaria de luto, com laço preto costurado à camisa. O time e a torcida homenagearam a memória de Marielle Franco e do motorista Anderson Pedro Gomes.

MATARAM MARIELLE!

Às 21h04 da quarta, os dois haviam deixado a rua dos Inválidos, na Lapa, em um Agile branco. Acompanhava-os uma assessora da vereadora do PSOL. Imagens de uma câmera mostram o automóvel, mais à frente, seguido por um Cobalt de cor prata. Dali a minutos, no cruzamento das ruas João Paulo I e Joaquim Palhares, o Agile foi alvejado por 13 balas de submetralhadora calibre 9 milímetros. Tudo indica que disparadas por um matador a bordo de outro carro. Quatro projéteis atingiram a cabeça de Marielle. Três, as costas de Anderson. Ambos morreram na hora. A assessora sobreviveu.

A quinta-feira amanheceu entorpecida pela desesperança. No metrô, não foi figurativo o silêncio sepulcral dos passageiros. O pranto da cerimônia na Cinelândia se misturou, pouco a pouco, a proclamações de rebeldia e luta. Cinquenta anos após o assassinato do estudante Edson Luís por um policial militar, o Centro voltou a ser ocupado por uma multidão sedenta de justiça. "Marielle!", convocavam as líderes dos protestos. "Presente!", respondiam os manifestantes. Repetiam a liturgia, com o nome de Anderson.

Quem matou Marielle para calá-la teve de ouvir muita gente gritando em nome dela. O coro compartilhou suas ideias, celebrou seus ideais, reviveu seus combates. Vozes que hibernavam em mudez, na cidade e no país de infindos 7 a 1, esgoelaram-se contra a covardia. Uma réstia de esperança iluminou o fim da noite.

"Um país comovido é de uma beleza dramática que a história não é pródiga em oferecer", escreveria dias depois o jornalista Janio de Freitas. No Rio de Anderson e Marielle, a comoção dominou a Cinelândia. Ali, o Cine Odeon exibia o filme *Torquato Neto: Todas as horas do fim*. A Câmara Municipal abriu suas portas para o velório, restrito a parentes e amigos. Em 1968, no mesmo lugar, Edson Luís havia sido velado com o corpo à mostra, como denúncia do tiro no peito. O corpo de Marielle teve de repousar em caixão fechado, pois as balas desfiguraram seu rosto.

21 DE MARÇO, QUARTA-FEIRA

No início da tarde, os ataúdes chegaram à Câmara carregados por companheiras e companheiros de vida e militância. Por volta das 15h, partiram para o enterro, em meio a um corredor protegido por correntes de braços dados. A palma das mãos doeram com os aplausos. Milhares de pessoas se abraçaram, choraram e soluçaram. Um amigo murmurou no ouvido da Jessie: "Professora, é só derrota." Com os olhos encharcados, ela previu: "E vai piorar."

A Jessie estava com o Colombo, perto da Eli e do Léo. Na escadaria da Câmara, apareceu o Lúcio. Logo, a Chandelly e o Humberto. Da jornada do 15 de março, de manhã, à tarde ou à noite, participaram a Mayara, o Leonardo, a Ana Carolina, o Oscar, a Rita, o Daniel, o Marcelo, o Ricardo, o André. Mães e filhos ficaram juntos. A Karina, com o Antônio e a Alice. A Elvira, com a Cecília. A Solange, com a Laila. Os mais jovens contarão, aos que vierem, que estiveram lá.

A Ana estava com a Dulce. Aos 21 anos, a Ana testemunhara em 29 de março de 1968 o velório e o cortejo fúnebre de Edson Luís. Ela lembrou que, meio século atrás, quase todos os homens trajavam gravata. "Começava-se a trabalhar muito cedo." Moços vestiam camisas Volta ao Mundo, um *must* da época, e ternos comprados na Ducal.

No adeus a Marielle e Anderson, a estética afro do pessoal do movimento negro coloriu a Cinelândia como a vereadora coloria seu cotidiano com blusas e vestidos estampados. Uma mulher cobriu os seios nus com mensagens de indignação. Um rapaz de barbichinha sentou-se diante do portão da Câmara, principiou a chorar e não parou. Artistas sobre pernas de pau desfraldaram a faixa "Marielle gigante". Alunos do Colégio Pedro II surgiram de uniforme, como o Leozinho, evocando os secundaristas personagens da minissérie *Anos rebeldes*, de 1992.

Quando os historiadores se debruçarem sobre a quinta-feira, não conseguirão cravar quantas cidadãs e quantos cidadãos acorreram à manifestação no Rio. Os números publicados são chute. Não encomendaram projeção científica, com base em imagens aéreas e quantificação de indivíduos por metro quadrado.

Com certeza a soma alcançou dezenas de milhares. O ápice deve ter sido entre as 18h30 e as 19h. A maior concentração plantou-se em frente à Assembleia Legislativa. Mas uma aglomeração expressiva aguardava a mil metros, na Cinelândia, para o ato final. Entre um local e outro, milhares de pedestres engarrafavam as calçadas, indo e vindo em busca dos protestos de quem recusou o silêncio.

Eram tantos na Alerj, com os oradores no chão e a estátua de Tiradentes no pedestal, que eu não escutei o Chico Buarque dar o seu recado. Como acontece em demonstrações massivas, só mais tarde vim a saber de outros amigos que perambulavam por perto. Marielle e Anderson proporcionaram, em sua despedida, um beijo, um abraço, um aperto de mão entre aqueles que o destino distanciara.

"Ainda bem que você não mudou de lado", alguém disse, meio de brincadeira, meio à vera.

"Do luto à luta" é mote consagrado pelas famílias das vítimas do incêndio, em 2013, na boate Kiss. Na semana passada, o lema encorajou o país. Nas capitais, municípios metropolitanos e do interior, multidões engrossaram os protestos. No Rio, berraram por justiça. No sábado, o jornal *O Globo* deu a entender em editorial que os cariocas não esbravejaram "Fora, Temer!" Errado. Na rua da Assembleia, o grito reverberou nas fachadas dos prédios. Foi ouvido diante da Alerj e da Câmara. O jornalista Merval Pereira contrariou-se: "Aproveitar essa tragédia para gritar 'Fora Temer' chega a ser doentio."

Os manifestantes, esses "doentes", reivindicaram mais: "Não acabou/ Tem que acabar/ Eu quero o fim da Polícia Militar!" Condenaram, como a vereadora, a ação federal no estado do Rio: "Por Marielle/ Eu digo não/ Eu digo não à intervenção!"

À pujança dos atos públicos sobreveio a reação hidrófoba. Marília de Castro Neves Vieira, desembargadora no Rio, pontificou no Facebook: "A questão é que a tal Marielle não era apenas uma 'lutadora'. Ela estava engajada com bandidos! Foi eleita pelo Comando Vermelho e descumpriu 'compromissos' assumidos com seus apoiadores." O Movimento Brasil Livre disseminou a falsidade.

Na mesma rede, o perfil de um delegado da Polícia Civil de Pernambuco acusou: "Se envolve com o narcotráfico, vira mulher de bandido, troca de facção criminosa, é assassinada pelos 'mano', aí vem a esquerda patética pôr a culpa nas instituições policiais. Vá se fu, dona Marielle. Já foi tarde." O dono do perfil, delegado Jorge Ferreira de Souza, negou ter postado a ignomínia.

O deputado federal Alberto Braga, do DEM, da Bancada da Bala e coronel da reserva da Polícia Militar do Distrito Federal, tuitou: "Conheçam o novo mito da esquerda, Marielle Franco. Engravidou aos 16 anos, ex-esposa do Marcinho VP, usuária de maconha, defensora de facção rival e eleita pelo Comando Vermelho, exonerou recentemente seis funcionários, mas quem a matou foi a PM." Depois de a desqualificação se espalhar, o deputado apagou a calúnia.

As mentiras foram desmascaradas ponto a ponto.

"Somos todos Marielle" é um desejo afetuoso, não uma possibilidade.

No terreno civilizatório, nem todos os gatos são pardos. Certo jornalismo omite ou pasteuriza a trajetória política de Marielle. Suas causas e batalhas o constrangem. O *Fantástico* exibiu entrevistas emocionantes da assessora que sobreviveu, da viúva, da filha, da irmã e dos pais de Marielle, da viúva de Anderson. Tudo com notável valor jornalístico. Ao fim da cobertura, um repórter de Brasília informou que o governo engordaria as verbas para a intervenção no Rio. Os espectadores mais atentos se indagaram: o que Marielle achava da intervenção? O programa da TV Globo não esclareceu.

"A tal Marielle", como menosprezou a desembargadora, nascera semanas antes da Lei da Anistia, em 1979. Em fevereiro de 2018, tornou-se relatora da comissão da Câmara Municipal que vai monitorar a intervenção. Ela postou no Facebook: "Nós temos lado e somos contra essa intervenção. Já nos posicionamos sobre isso. Sabemos que ela é uma farsa, com objetivos eleitoreiros."

Defendia os direitos LGBTQI+. Era feminista. Confrontou o machismo e o racismo. Devotou sua existência aos direitos humanos. Nas comunidades mais vulneráveis, desafiou a violência, em particular a do Estado contra os moradores. Ajudou famílias de policiais.

No sábado que antecedeu sua morte, Marielle insurgiu-se no Twitter: "O que está acontecendo agora em Acari é um absurdo! E acontece desde sempre! O 41º Batalhão da PM é conhecido como batalhão da morte. CHEGA de esculachar a população! CHEGA de matarem nossos jovens!"

Na véspera do atentado, Marielle peleou noutro front. Mencionou um episódio ocorrido no Jacarezinho: "Mais um homicídio de um jovem que pode estar entrando para a conta da PM. Matheus Melo estava saindo da igreja. Quantos mais vão precisar morrer para que essa guerra acabe?"

Ninguém é obrigado a acolher as opiniões de Marielle, mas suprimi-las do noticiário não exprime virtude jornalística.

O que ela pensava sobre a destituição de Dilma Rousseff? Na antevéspera da morte, reiterou: "Aí, no sábado, Temer visita a presidente do STF, Cármen Lúcia, e é recebido assim na sua casa. E eu só consigo lembrar do áudio do Jucá: 'Num grande acordo nacional, com Supremo, com tudo.' Alguém ainda tem a audácia de falar com [que] não foi golpe?"

Postou uma foto de Sergio Moro cochichando com Aécio Neves e gracejou: "Bom domingo pra quem acha que a justiça é igual pra todos. Rs." Saudou a chapa presidencial psolista, Guilherme Boulos-Sônia Guajajara: "Vamos mostrar que é possível construir um projeto de país sem desigualdade."

A intervenção cobrou sua atenção: "Sabe o nome cotado para Sec. Seg? Richard Nunes? A MARÉ CONHECE! Comandou a ocupação das Forças Armadas na Maré, entre dez de 2014 e fev de 2015, mês de bar-

baridades. Uma delas quando os soldados atiraram contra o carro em que estava Vitor Santiago, hj sem uma perna e paraplégico."

Perseverou: "Quando o @MichelTemer fala que o crime organizado tomou conta do Rio de Janeiro, ele tá falando do @PMDB_Nacional com Cabral, Pezão, suas milícias e esquemas de corrupção? #IntervençãoÉFarsa". Não afinava para Jair Bolsonaro: "Bolsolixo." Paralisação de juízes para manter o auxílio-moradia? Ela criticava a mamata.

São convicções controversas. Essa era a autêntica Marielle Franco. Como assinalou o jornalista Glenn Greenwald, Marielle foi "uma radical, no melhor e mais nobre sentido da palavra". Se não a tivessem executado, ela estaria apoiando os pais do menino Benjamin, morto com uma bala na cabeça na sexta passada. Benjamin tinha 1 ano e 7 meses. Foi atingido no Complexo do Alemão durante, segundo a versão oficial, um tiroteio entre traficantes e PMs. Desesperada, sua mãe interpelou um policial: "Por que você matou meu filho?"

Anderson tinha 39 anos. Fazia um bico dirigindo para Marielle. Seu sonho era ser mecânico de avião. Casado com Ágatha Reis, deixou o filho Arthur, de 1 ano de idade.

Os assassinos dispensaram fingimento de assalto. Escancararam o atentado de caráter político, cujo alvo era Marielle (Anderson estava na linha de tiro). A munição usada pertenceria na origem à Polícia Federal, de onde teria sido desviada. Foi empregada na maior chacina do estado de São Paulo. Três policiais militares e um guarda civil foram condenados pelas 17 mortes de 2015. As características da emboscada em que a vereadora e o motorista foram tocaiados são de execução premeditada e conduzida com técnicas profissionais.

Uma das suspeitas dos investigadores da Polícia Civil recai sobre milícias. Esses agrupamentos paramilitares ilegais são associados ao aparato estatal. Seus principais componentes são PMs e ex-PMs. Exploram e oprimem moradores de bairros e comunidades pobres. São degradantes como os traficantes de drogas que alegam desprezar, mas que são seus concorrentes. Os milicianos vendem votos para políticos.

As mortes tingem ainda mais de sangue um dos quatro países onde mais matam ativistas de direitos humanos. O crime alvejou os valores da democracia. O contexto é o de degeneração social e política no Brasil onde milhões de seres humanos regressam à miséria que haviam superado. Temer é o presidente mais rejeitado do planeta (com 7% de aprovação). Pezão representa a devastação do Rio de Janeiro. Crivella está preocupado com a vista que os motoristas terão da favela da Rocinha ao trafegar pela estrada Lagoa-Barra.

A covardia dos assassinos fala sobre a cidade. O Rio é alma ambivalente, do acolhimento mais fraterno à perversidade mais sádica. Na Casa das Pretas, Marielle ouviu a sentença da escritora Ana Paula Lisboa: "O Rio é cruel."

Algumas sensibilidades conservadoras repelem relembranças de Edson Luís. Talvez lhes aflija um espectro: em 1968, a morte do estudante não foi epílogo, mas prólogo das grandiosas mobilizações daquele ano. Reclamam de politização de um crime... político. Foi o governo quem explorou as mortes de Marielle e Anderson como argumento de propaganda da intervenção que ela refutava.

Na noite de 15 de março de 2018, velas ardiam em mãos de manifestantes nas escadarias da Câmara Municipal. Por quanto tempo suas chamas durarão?

8. A BARRICADA DOS MAIS POBRES

28 DE MARÇO, QUARTA-FEIRA

No dia seguinte ao primeiro turno da eleição de 2014, quando Dilma Rousseff e Aécio Neves se classificaram à finalíssima, participei ao lado do jornalista Josias de Souza de uma entrevista com Fernando Henrique Cardoso. Pedimos ao ex-presidente uma análise, com timbre mais de sociólogo do que de dirigente político, sobre a votação massiva da petista entre o eleitorado de menor renda. FHC, pró-Aécio, respondeu: "O PT está fincado nos menos informados, que coincide de ser os mais pobres. Não é porque são pobres que apoiam o PT, é porque são menos informados."

Quatro anos mais tarde, os brasileiros mais pobres, ou "menos informados", impediriam Jair Bolsonaro de se tornar presidente. Se dependesse dos mais ricos, ou "mais informados", o deputado de extrema direita venceria a eleição. Em três simulações de segundo turno da pesquisa mais recente do Datafolha com a presença do capitão, ele prevaleceu no segmento de eleitores com renda familiar mensal de dez salários mínimos (R$ 9.540,00) para cima. Superou Lula por 43% a 32%. Marina Silva, por 42% a 34%. Geraldo Alckmin, por 38% a 31%.

Todavia, malogrou entre os entrevistados com renda familiar de até dois salários mínimos (R$ 1.908,00): perdeu do ex-presidente, um passeio de 60% a 25%. De Marina, por 46% a 26%. De Alckmin, por 36% a 28%. Na amostra do instituto, os eleitores com renda familiar de até dois salários correspondem a 47%.

Lula é o candidato com mais chances de frustrar a empreitada fascistoide encarnada por Bolsonaro. Nos cinco cenários de primeiro turno que incluem os dois, são eles os contendores que passam ao último round.

É curioso ouvir que os brasileiros pobres impulsionam Bolsonaro. Sucede o contrário: eles concentram a resistência à selvageria representada pelo capitão que já sugeriu pau de arara para torturar depoente em CPI e disse que fecharia o Congresso. Escolaridade não equivale, necessariamente, a sabedoria. Cada um sabe onde o calo incomoda. No momento, a maioria dos cidadãos mais pobres não identifica em Bolsonaro alguém que mitigaria sofrimentos e promoveria progressos em sua vida.

A base social da extrema direita no Brasil situa-se tradicionalmente na classe média, como a que hoje tem renda familiar mensal acima de dez salários mínimos. Foi assim no vigor do integralismo, na década de 1930, e na postulação presidencial de Plínio Salgado, em 1955. O veterano integralista amealhou 8% dos votos válidos no país; no Paraná, conquistou 24%; na cidade do Rio de Janeiro, 5%; Juscelino Kubitschek ganhou a eleição.

Na semana que passou, Lula conduziu uma caravana pelos estados do Sul, os menos seduzidos pela sua – cada vez mais improvável – candidatura. Grupos de extremistas de direita organizaram protestos violentos. Queimaram pneus e interditaram estradas. Arremessaram pedras, rojões e ovos. Não eram bolinhas de papel. Uma pedrada acertou o ex-deputado Paulo Frateschi. Outros foram feridos. Um manifestante agrediu com relho, sinônimo de chicote e chibata, um partidário do ex-presidente. Um segurança de Lula socou o repórter Sérgio Roxo, de *O Globo*. A

28 DE MARÇO, QUARTA-FEIRA

violência conheceu o paroxismo no Paraná. Três balas alvejaram dois ônibus da caravana. Desprezando eufemismos, foi um atentado político. O fascismo deu seu recado. Quer sangue.

O Tribunal Regional Federal da 4ª Região deixou o nome de Lula mais distante das urnas ao rejeitar, anteontem, os recursos da defesa. O ex-presidente foi condenado a 12 anos e um mês de reclusão por corrupção e lavagem de dinheiro no caso do triplex. Uma liminar do STF evitou o começo do cumprimento da pena. O juiz Sergio Moro terá de esperar pelo menos até 4 de abril para ordenar a prisão.

Na quinta-feira, o Supremo adiara a decisão sobre o habeas corpus requerido por Lula. A sessão plenária iniciara pouco depois das 14h. Antes das 20h, encerraram-na. Entre os pretextos, uma viagem do ministro Marco Aurélio Mello ao Rio. Outra desculpa foi o cansaço dos ministros caso a sessão perdurasse. Os membros do Poder Judiciário usufruem de férias anuais de dois meses. Em 2015, os ministros não reclamaram, pelo contrário, do aumento de 70 para 75 anos da idade máxima para o exercício do cargo. Vendiam saúde. Não teriam fôlego para apreciar o habeas corpus?

Não marcaram a sessão seguinte, ou a continuação da anterior, para a semana vindoura. Pularam-na, afinal a semana em curso é a da Páscoa, e os ministros são filhos de Deus (outros filhos, menos abençoados, trabalham sem descanso). Como Lula poderia ser prejudicado pela incapacidade de o tribunal se pronunciar a tempo, ofereceram-lhe o salvo-conduto de 13 dias.

Nas desinteligências sobre riscos institucionais e vaivéns de jurisprudência, o que mais impressiona é a omissão ou a relativização da letra constitucional. A Carta determina que "ninguém será considerado culpado até o trânsito em julgado de sentença penal condenatória". Não seria obrigatória a prisão de condenado em segunda instância – os réus, como Lula, preservam o direito de apelar a tribunais superiores. Não é preciso ser iniciado em direito penal para compreender o escrito.

A presidente do Supremo, Cármen Lúcia, vangloria-se por não aceitar pressões. Ignoro se a ministra se sente pressionada pela Constituição. A ministra tem dado entrevistas exclusivamente – ou quase – a veículos de comunicação cujas opiniões coincidem com as dela. Um dia antes da sessão sobre o habeas corpus, recebeu em seu gabinete representantes do Vem Pra Rua, movimento direitista contrário ao pedido de Lula.

Dois sábados antes, Cármen Lúcia recepcionara em casa Michel Temer. O ministro Luís Roberto Barroso havia acabado de quebrar o sigilo bancário do presidente. Cármen Lúcia opõe-se a mudar o entendimento da corte de pôr em cana condenado em segundo grau. No ano passado, foi dela o voto de desempate em mudança de atitude do STF sobre afastamento de parlamentares. A decisão colegiada tranquilizou Aécio Neves.

Na véspera da sessão que não se definiu sobre o habeas corpus, o ministro Luiz Fux suspendeu o julgamento sobre o auxílio-moradia a juízes. O pagamento prossegue, a magistrados e membros do Ministério Público. Já consumiu R$ 5 bilhões da União e dos estados. Esquentaram as rinhas no plenário. Barroso espinafrou o ministro Gilmar Mendes como "mistura do mal com o atraso e pitadas de psicopatia". Gilmar contra-atacou insinuando: "Vou recomendar ao ministro Barroso que feche seu escritório de advocacia."

Nota para os historiadores do futuro: a maioria dos ministros do STF foi indicada pelas administrações Lula e Dilma.

Hoje o assassinato de Marielle e Anderson completa duas semanas. Em Maricá, na região metropolitana do Rio, a polícia desconfia que foram milicianos os chacinadores de cinco jovens na madrugada do domingo. Patrick, Marco Jhonatan, Sávio e os dois Matheus tinham de 16 a 20 anos. Integravam um movimento cultural de rap e rimas. Foram mortos no conjunto residencial Carlos Marighella, depois de voltarem de um show do rapper Projota.

A Justiça fez justiça e retirou do ar páginas na internet que disseminaram mentiras sobre Marielle, ligando-a a traficantes de drogas.

28 DE MARÇO, QUARTA-FEIRA

Descobriu-se o vínculo do mantenedor das páginas com o Movimento Brasil Livre, grupo expoente no mercado de mentiras, na campanha pela deposição de Dilma e na pressão pela prisão imediata de Lula. A imprensa fustiga as mal denominadas *fake news* – se são falsas, não são notícias. Mas um prócer do MBL, Kim Kataguiri, foi colunista da *Folha de S.Paulo* até março do ano passado.

A memória de Marielle Franco não foi espezinhada somente pelos difusores de torpezas. Em episódio menos grave, Marina Silva tropeçou. A ex-ministra usou fotografia da vereadora morta para divulgar a estreia da série *O mecanismo*, de José Padilha. A obra produzida pela Netflix se inspira na Operação Lava Jato, objeto de críticas acerbas de Marielle. Marina reconheceu o "sentido distorcido da arte" que promovia a série e a apagou das redes.

O mecanismo tem um personagem que o roteiro e a direção associam a Lula. No quinto episódio, o personagem imita hábito do Lula original ao cofiar a barba e diz: "Eu sei é que a gente precisa estancar essa sangria." "Estancar essa sangria" é expressão consagrada pelo emedebista Romero Jucá em conversa com seu correligionário Sérgio Machado. O contexto foi a conspiração para escapar de punições e derrubar Dilma Rousseff. Portanto, uma articulação para abater a aliada e sucessora de Lula. Colocar as palavras na boca de um Lula dramatúrgico configura fanfarronice histórica. A condição ficcional da série não faz irrelevantes essa e outras licenças. Na Europa, um filme atribuindo a Hitler, e não a Churchill, as palavras "sangue", "sofrimento", "lágrimas" e "suor" seriam tratadas como ofensivas ou ridículas.

José Padilha dirigiu e produziu ao menos dois filmes ótimos, *Tropa de elite 1* e *2*, e uma série muito boa, *Narcos*. É direito dele interpretar o país como quiser, contá-lo como bem entender, veicular seus filmes e séries pelo canal que escolher e esgrimir livremente suas ideias. Mas seria demais o cineasta esperar silêncio e cumplicidade diante de uma fraude histórica, no Brasil castigado por dores e inflamado por paixões.

9. FRENTE AMPLA, UMA BOA IDEIA

4 DE ABRIL, QUARTA-FEIRA

Não sou chegado a teorias conspiratórias. Acho que foi Lee Oswald quem matou JFK, que Neil Armstrong pisou na Lua, Eva Braun morreu em 1945 e Elvis Presley deu o último suspiro em 1977. Mas recusar fantasias verossímeis ou delirantes não me impede de perceber sinais que contradigam meus mal-ajambrados prognósticos. Não profetizo para depois de amanhã mais um golpe de Estado no país que cultiva com capricho o golpismo. Mas que suas sementes têm sido plantadas, ah, isso têm.

Em fevereiro, *O Globo* especulou sobre a queda do presidente a ser eleito em outubro. Eis a abertura da reportagem "Para analistas, novo governo terá pouco tempo": "A não aprovação da reforma da Previdência este ano redobra a responsabilidade do próximo presidente, que, se não viabilizá-la rapidamente, verá sob risco a continuidade de seu mandato. Essa é a avaliação consensual entre seis economistas ouvidos pelo GLOBO."

Com a naturalidade de quem conta não ter encontrado queijo bola na padaria, a economista-chefe da XP Investimentos, Zeina Latif, refletiu:

"O custo-benefício de aprovar a reforma para o governo seguinte é definir se ele terminará o mandato ou não. Sem a reforma, podemos ter uma reviravolta no ambiente macroeconômico, com mais rebaixamentos por agências de risco, descumprimento de amarras constitucionais que, no limite, podem comprometer o próprio mandato."

Uma leitura possível da declaração é a de chantagem: caso não imponha a reforma previdenciária nos termos preconizados pelo *mercado*, o governo vindouro cairá. Na semana passada, o jornalista Ricardo Noblat tuitou: "Um ministro muito próximo do presidente Michel Temer duvida que haja eleições em outubro próximo. Acha que o agravamento do quadro de tensão política no país não permitirá." Noblat não nomeou o ministro duvidoso.

Dois dias antes, Temer havia supliciado a história, ao recapitular o golpe de 1964 e a ditadura que o sucedeu: "Em 64 novamente o povo se regozijou, porque, novamente, uma centralização absoluta do poder que, mais uma vez, durou de 64 a 88. É interessante quando se diz: 'Ah, mas não houve golpe de Estado. Houve um desejo de centralização.' A ideia do povo era de que deveria haver uma concentração do poder, como houve nesse período todo."

Falar sobre o passado é também se pronunciar sobre o presente. Ao ser golpeado, ao contrário do que sugeriu o morador do Jaburu, o presidente João Goulart preservara popularidade expressiva. Temer entende de golpes. Foi beneficiário do que depôs Dilma Rousseff, sob a alegação de manobras contábeis rotineiras nos governos que a antecederam. Só ela foi punida. No feriado da Páscoa, amigos íntimos do vampiro da Sapucaí penaram na prisão, de onde logo saíram. Os negócios de Santos fedem mais do que as águas do porto.

Tem mais. Juiz dos processos da Operação Lava Jato no Rio, Marcelo Bretas saiu-se com esta: "Não se sabe ainda a solução necessária pro Brasil, nem de onde ela virá, mas uma coisa é certa: ela não virá através de agentes públicos temporários, interessados em manter-se

4 DE ABRIL, QUARTA-FEIRA

ou em investir-se no poder. Além de outros motivos, a sociedade está descrente em promessas."

"Agente público temporário" talvez seja o eleito por sufrágio universal, feito o presidente da República. Em seu lugar, quem governaria? Um magistrado escolhido por magistrados?

Irrigam a cultura autoritária no cenário em que Bolsonaro lidera as pesquisas presidenciais, quando o nome de Lula não aparece. O deputado um dia se revelou: "Não há a menor dúvida [de que fecharia o Congresso se chegasse ao Planalto]. Daria golpe no mesmo dia." Alguém supõe que o capitão linha-dura mudou?

O golpismo insinuado ou exposto coincide com o tempo de dois episódios obscuros. Um, o atentado a tiros contra ônibus da caravana do ex-presidente. Outro, a sordidez da reação, ou não reação, à investida. Previsível, mas não menos insultuoso, Bolsonaro cocoricou: "O Lula quis transformar o Brasil em um galinheiro e agora está colhendo ovos pelo Brasil todo." Geraldo Alckmin prescindiu das afetações de bom-moço: "Acho que eles estão colhendo o que plantaram." Lula e seus correligionários seriam, no julgamento do governador de São Paulo, corresponsáveis pelo crime.

Falangistas disseminaram invencionices e boatos, imputando aos petistas os disparos contra a caravana do PT. Das dez notícias mais compartilhadas no Facebook sobre o ataque, seis eram falsas ou sem lastro factual, de acordo com o Monitor do Debate Político no Meio Digital.

A mentira não prosperaria sem mentes dispostas a se fiar nela e retransmiti-la. É a mesma gente que tentou enxovalhar a memória de Marielle Franco com empulhações. Na crônica dos horrores que Marielle combatia, o ajudante de pedreiro Davidson Farias de Sousa foi morto quinta-feira na Rocinha. Balearam-no nas costas, quando ele segurava no colo o filho de 6 meses. O bebê caiu, sem se ferir gravemente. A família sustenta que o autor do disparo foi um policial militar.

FRENTE AMPLA, UMA BOA IDEIA

PMs também são mortos. A soma de policiais assassinados no estado do Rio rompeu a casa das três dezenas neste ano. Eles são tratados como bucha de canhão. Pagam pela desastrosa política de "guerra às drogas" e por negligências.

Houve no Brasil uma época macabra em que os valores da tolerância e da civilização sofriam uma goleada atrás da outra. Quer dizer, houve várias épocas assim. Mas, no período 1966-1968, uma coalizão inusitada reuniu velhos inimigos em torno de causas comuns: desafiar a ditadura e batalhar pela democracia. Seus protagonistas, à luz do dia, foram os ex-presidentes Juscelino Kubitschek e João Goulart e o antigo governador Carlos Lacerda. Na moita, o clandestino Partido Comunista Brasileiro associou-se ao trio.

A aliança era improvável. Lacerda mobilizara-se para impedir a posse de JK na Presidência. Maldissera-o como ladrão e "cafajeste máximo". Foi o mais estridente arauto do golpe contra Jango em 1964. Num programa de TV, afirmou que chifres ornamentavam a cabeça do então presidente Goulart. Juscelino fabricara uma legislação para vetar a presença de Lacerda na TV e no rádio. Jango buscou o estado de sítio para, confirmaram seus partidários, expulsar Lacerda do governo da Guanabara. Aliados de JK e Goulart amaldiçoavam Lacerda como "Corvo golpista", "governador mata-mendigos" e incendiário de barracos de favelas, o "Nero da Guanabara".

Contra o ceticismo generalizado e as restrições de seguidores, os três estabeleceram um pacto batizado como Frente Ampla. Nos anos pré-1964, Jango estivera mais à esquerda; JK, ao centro; Lacerda, à direita. Contra a ditadura, falaram línguas consonantes. O governo cassara os direitos políticos de Juscelino e de Goulart, que partiu para o exílio. Com o fim da eleição presidencial direta, Lacerda moveu-se de vez para as casamatas da oposição.

4 DE ABRIL, QUARTA-FEIRA

Numa manhã de novembro de 1966, ele entrou no apartamento de JK em Lisboa. Levou-lhe de presente um disco de Chico Buarque com a canção "A banda". Almoçaram no restaurante Tavares, outrora frequentado por Eça de Queirós. Emitiram uma declaração conjunta em defesa de "paz" e "liberdade". Estimularam a construção de um "grande partido popular" para derrotar o "reacionarismo".

Dez meses depois, Jango recebeu Lacerda à tardinha em Montevidéu, no seu apartamento da calle Leyenda Patria. O visitante fumou cachimbo, e Jango, cigarros uruguaios, observou o repórter Carlos Leonam. Firmaram um manifesto se comprometendo a "lutar pela libertação e grandeza do Brasil". Reivindicaram eleições diretas, atacaram "grupos externos e internos que sangram e exploram" os trabalhadores, esconjuraram a "usurpação total do poder civil".

Titubeante, a Frente Ampla só viria a levar multidão para a rua em março de 1968, num protesto em São Caetano do Sul. Em 5 de abril, o ministro da Justiça, Gama e Silva, pretextou "subversão da ordem" e baixou uma portaria proibindo a organização. Em 14 de dezembro, Kubitschek e Lacerda acabaram na cadeia.

A frente não empolgou as massas. O deputado cassado Leonel Brizola rejeitou o acordo com o "assassino de Getúlio Vargas". Os lacerdistas mais radicais, sobretudo na caserna, romperam com seu mentor. As lideranças estudantis não se encantaram com políticos que lhes pareciam tradicionais demais e moderados em excesso. A esquerda do PCB, empenhada na luta armada contra a ditadura, julgou vexatória a tabelinha com Lacerda.

Amanhã a extinção da Frente Ampla faz meio século. De sua breve existência, sobreviveu o exemplo: os mais encardidos antagonistas podem, em defesa do interesse público, conciliar em nome de princípios e ceder em questões acessórias. Tal exemplo deveria inspirar quem hoje se opõe às regressões sociais e democráticas em curso no Brasil. A frente não exigiria a renúncia de candidaturas presidenciais. Na configuração ideal, seria mais ampla do que a rascunhada na semana passada, em Curitiba, no comício com a participação de Lula, Manuela D'Ávila (do PC do B) e Guilherme Boulos.

Uma das premissas do movimento seria admitir que, sem unidade, novas goleadas virão. Uma delas poderia se chamar "Bolsonaro presidente". Além da esquerda, segmentos de centro comporiam o frentão pró-democracia, contra a direita fascista. Na Campanha das Diretas, em 1983 e 1984, foi mais ou menos assim.

Como consequência de um terremoto na Bolívia, a terra tremeu anteontem em várias cidades do Brasil. A natureza oferece metáforas à alucinação nacional.

10. LULA PRESO

11 DE ABRIL, QUARTA-FEIRA

Foi assim que aconteceu, conforme o registro taquigráfico da história.

Na noite de 2 de abril, uma segunda-feira, Luiz Inácio Lula da Silva estrelou um ato público no Rio. No palco do Circo Voador, na mesma Lapa da última noite de Marielle Franco, o ex-presidente discursou fitando a posteridade: "Eles não vão prender meus pensamentos, não vão prender meus sonhos. Se não me deixarem andar, vou andar pelas pernas de vocês. Se não me deixarem falar, falarei pela boca de vocês. Se meu coração deixar de bater, ele baterá no coração de vocês."

(Em sua carta-testamento, de 1954, o presidente Getúlio Vargas se dirigira aos trabalhadores: "Quando vos humilharem, sentireis minha alma sofrendo a vosso lado. Quando a fome bater à vossa porta, sentireis em vosso peito a energia para a luta por vós e vossos filhos. Quando vos vilipendiarem, sentireis no meu pensamento a força para a reação.")

No dia seguinte, antes de encerrar o *Jornal Nacional*, o apresentador William Bonner leu a notícia: "E uma última informação. Sem citar o julgamento do habeas corpus de Lula pelo Supremo amanhã, o comandante do Exército, general Villas Bôas, fez um comentário em repúdio à impunidade numa rede social. Ele escreveu: 'Asseguro à nação que o Exército Brasileiro julga compartilhar o anseio de todos os cidadãos de bem de repúdio à impunidade e de respeito à Constituição, à paz social e à democracia, bem como se mantém atento às suas missões institucionais. Nessa situação que vive o Brasil, resta perguntar às instituições e ao povo quem realmente está pensando no bem do país e nas gerações futuras e quem está preocupado apenas em interesses pessoais."'

(Sobreveio o protocolar "boa noite". Com a chantagem do senhor das armas, a noite nada teve de boa. O general mencionou impunidade, mas não os impunes torturadores que serviram à ditadura. Ao retuitar a mensagem golpista de Eduardo Villas Bôas, o general Cristiano Pinto Sampaio, comandante da 16ª Brigada de Infantaria de Selva, citou o "consagrado historiador Gustavo Barroso". Fascistoide antissemita, Barroso notabilizou-se na década de 1930 como chefe das milícias da Ação Integralista Brasileira.)

Na quarta, o empresário Oscar Maroni reiterou uma promessa: "Se o Lula for preso, até a meia-noite a cerveja é de graça." O dono do Bahamas Hotel Club foi além: "Agora, se matarem ele, o mês todo a cerveja é de graça. Se matarem lá na cadeia." Seus interlocutores exultaram.

(Ato contínuo, o autoproclamado "magnata do sexo" retratou-se sobre a recompensa: "Ontem eu estava num boteco, enchi um pouco a cara"; "eu estava bêbado"; "eu quero que ele fique vivo, [que] ele sofra".)

Aos 46 minutos da quinta-feira, o STF concluiu o julgamento em que, por seis votos a cinco, negou habeas corpus a Lula no processo do triplex. Isso ocorreu apesar de o inciso 57 do artigo 5º da Carta de 1988 determinar que "ninguém será considerado culpado até o trânsito em julgado de sentença penal condenatória". Falanges festejaram.

(Pegadinha da história: a sessão do STF terminou cinquenta anos depois de a ditadura proibir a Frente Ampla, em 5 de abril de 1968.)

Passadas poucas horas, o presidente do TRF da 4ª Região, Carlos Eduardo Thompson Flores Lenz, esclareceu: "A defesa do ex-presidente deve interpor um novo recurso de embargo de declaração. [...] Esgotados

11 DE ABRIL, QUARTA-FEIRA

os recursos na segunda instância, pode-se passar ao cumprimento da pena. Se forem interpostos esses novos embargos de declaração, uma vez eles sendo julgados, a partir daí o relator poderá comunicar ao juiz Sergio Moro o cumprimento da decisão que já existe."

(Repetindo: "[...] uma vez eles sendo julgados, a partir daí...")

Indagado sobre prazo para julgamento de novos embargos, Thompson Flores respondeu: "Não há um prazo. [...] Os embargos anteriores, os primeiros embargos de declaração da defesa do ex-presidente Lula foram julgados mais ou menos em 30 dias."

Sem esperar um mês, nem sequer um dia, às 17h31 juízes do TRF-4 autorizaram Moro a executar a pena de Lula.

(Dezesseis horas e 45 minutos após a sessão do Supremo.)

Dezenove minutos depois, às 17h50, Moro decretou a prisão do seu réu mais famoso. Deu-lhe menos de 24 horas para se apresentar em Curitiba.

(Nunca, em processo da Lava Jato, Sergio Moro havia sido tão expedito ao decretar a prisão para cumprimento de pena de réu solto, considerando a data em que ele o condenara.)

Às 19h10, Lula chegou à sede do Sindicato dos Metalúrgicos do ABC, em São Bernardo do Campo. Milhares de militantes e simpatizantes acorreram, iniciando uma vigília. O comício se estendeu até a madrugada da sexta-feira. Pelas 2h, Lula acenou de uma janela.

(O petista dormiu lá, como nas greves operárias que mudaram a história do Brasil na virada dos anos 1970 para os 1980.)

Às 17h da sexta venceu o prazo estipulado por Moro. A massa se esgoelou na contagem regressiva para o horário limite e desafiou: "Não tem arrego! Não tem arrego!" Lula não arredou pé de sua trincheira velha de guerra.

No sábado, uma cerimônia religiosa combinada com ato político encheu ainda mais as ruas defronte ao sindicato. Era 7 de abril, aniversário de nascimento de Marisa Letícia, a esposa de Lula, morta em 2017. Um grupo musical tocou, a pedido do viúvo, o samba "Deixa a vida me levar". Ele havia decidido se apresentar a Moro, mas os manifestantes imploravam: "Não se entrega! Não se entrega!" No palanque, Lula teve a companhia de correligionários como Dilma Rousseff. Abraçou os pré-candidatos presidenciais Manuela D'Ávila e Guilherme Boulos.

Durante 55 minutos, começando pontualmente ao meio-dia, falou para a história: "Eu sou um construtor de sonhos"; "eu não sou mais um ser humano, eu sou uma ideia"; "a morte de um combatente não para a revolução"; "Quanto mais dias eles me deixarem lá [na cadeia], mais Lula vai nascer nesse país"; "os poderosos podem matar uma, duas ou três rosas, mas jamais conseguirão deter a chegada da primavera".

Confrontou certo jornalismo: "O sonho de consumo deles é a fotografia do Lula preso. Ah, eu fico imaginando *a* tesão da *Veja* colocando a capa minha... preso. Eu fico imaginando *a* tesão da Globo colocando a fotografia minha preso. Eles vão ter orgasmos múltiplos."

Ao meu lado, em frente à TV, o Daniel perguntou: "Pai, o que é orgasmo?"

Ao descer do palco, Lula chorou ao ser carregado pela multidão em que muitos também choravam.

(Na noite de 30 de março de 1964, João Goulart fez no Automóvel Club do Brasil seu derradeiro discurso em território brasileiro. Não é prognóstico, mas hipótese: em 7 de abril de 2018, Lula pode ter falado pela última vez em praça pública. As antologias de discursos históricos ganharam capítulo novo e dramático.)

É outono, e não primavera, no Brasil. Pelas 17h da tarde nublada, os manifestantes bloquearam o portão do sindicato e não deixaram que um carro transportando Lula saísse. Ele queria se entregar. O automóvel deu marcha a ré. Pouco depois das 18h30, já na penumbra, o ex-presidente partiu a pé. O tumulto não o impediu de caminhar até um veículo da Polícia Federal.

11 DE ABRIL, QUARTA-FEIRA

Parou na sede paulista da PF e de lá foi de helicóptero para Congonhas, onde embarcou num avião rumo à República de Curitiba. Um áudio documentou uma pessoa apelando ao piloto do monomotor prefixo PR-AAC: "Leva e não traz nunca mais!" A FAB confirmou a autenticidade da gravação de antes da decolagem. Não identificou o autor da frase agourenta. Pelas 22h30, Lula entrou no prédio da superintendência da Polícia Federal na capital paranaense.

No sábado em que ele perdeu a liberdade, uma mulher mostrou a amigas um vídeo em que o antigo torneiro mecânico consola duas militantes que choram. A mulher estava numa padaria da Aldeota, bairro bacana de Fortaleza. Uma amiga pilheriou: "Tá chorando porque agora vai ter que trabalhar. Vai acabar essa história de Bolsa Família!" A mesa tremeu com as gargalhadas jubilosas.

O antilulismo é a forma renovada e radicalizada em teor de ódio do anticomunismo e do antigetulismo. Mas as fronteiras do Brasil não se restringem à Aldeota, ao Leblon e aos Jardins. Em Caetés, cidade do agreste pernambucano onde o presidente preso nasceu, o tocador de zabumba Antônio Francisco de Araújo disse ao repórter Vinicius Torres Freire: "Voto no Lula com as duas mãos. Sou devoto de padim Ciço, de frei Damião e de Lula."

Oscar Maroni cumpriu sua promessa. Defronte ao Bahamas, distribuiu de graça 9 mil latas de cerveja. O empresário abriu dois painéis, com as fotografias de sua heroína Cármen Lúcia e de seu herói Sergio Moro. Uma dançarina fez striptease. O Cazuza sabia mesmo das coisas: "Transformam um país inteiro num puteiro."

O Judiciário e o Legislativo produziram contra Lula excepcionalidades em série. Ele se tornou o primeiro ex-presidente preso por crime comum. Quanto houve de político em sua condenação penal? Não se conhece gravação de Lula orientando empresário a pagar propina para testemunha de falcatrua ficar calada. Nem achacando bandido endinheirado. Ou insinuando matar quem sabe demais. Não tem amigo com mala prenhe de dinheiro ou dinheirama malocada em apartamento. E aliado dono de helicóptero abarrotado de cocaína. Mas quem amarga a prisão é ele.

O PT e muitos petistas estão longe da inocência num sem-número de escândalos com dinheiro público. Os petistas mantiveram e possivelmente ampliaram esquemas manejados antes pelo PSDB e outras agremiações. Distinguiram-se ao retirar dezenas de milhões de brasileiros da miséria extrema. Ao aumentar expressivamente o salário mínimo, para desespero de economistas liberais. Ao abrir as universidades a jovens pioneiros, em suas famílias, no acesso ao ensino superior. Talvez Lula seja culpado nos outros seis processos em que é réu. Não faço ideia. No que o levou à cadeia, inexistem provas de propriedade do imóvel e de eventual ato para beneficiar empreiteira.

Na largada, a Lava Jato iludiu como operação destinada a combater toda e qualquer corrupção. Com o passar do tempo, evidenciou-se a seletividade dos seus alvos. Virou contendor político. A sessão do STF que negou o habeas corpus que impediria o encarceramento do ex-presidente não escapou de excentricidades. Em vez de votar ações declaratórias de constitucionalidade, debatendo em tese a antecipação do cumprimento de pena, a presidente da corte pautou o caso específico de Lula – o que sabidamente o prejudicava.

"Por ingenuidade, a ministra Cármen Lúcia nada pagará, jamais", comentou Janio de Freitas. "Entra para a história do direito por sua adoção de um método original, quase um truque de carteado trapaceiro, para decidir no tribunal em favor de sua opinião."

Cassaram da eleição o candidato preferido dos brasileiros, sobretudo dos mais pobres. O presidente mais popular da história do Brasil está preso em virtude de uma condenação sem provas acima de dúvida. O mais impopular, em palácio. Isso é democracia?

11. O FANTASMA DO ESQUECIMENTO

18 DE ABRIL, QUARTA-FEIRA

Em meados de março, um tapume em torno do elevador da estação Cinelândia do metrô foi pichado em letra cursiva: "Marielle presente!" Marielle Franco e Anderson Gomes tinham sido assassinados poucas horas antes. Trinta dias mais tarde, a inscrição sumiu. Funcionários me contaram que o MetrôRio mandou pintar o tapume.

Em contraste com a memória apagada na Cinelândia, mais de cem atos públicos mundo afora assinalaram no sábado o aniversário de um mês das mortes. Na Lapa, o abre-alas da caminhada até o local dos assassinatos, no bairro do Estácio, foi uma faixa com o recado "Marielle vive – Militarização: não em nosso nome".

À indignação e à tristeza juntou-se uma obsessão: impedir que as mortes sejam engolidas pelas brumas do esquecimento. Quanto mais forem lembradas, menor será o risco de matadores e mandantes escaparem ao castigo legal. Os indícios sugerem crime de milicianos, declarou o ministro da Segurança Pública, Raul Jungmann.

Por ignorância, inépcia ou maldade, a Secretaria de Segurança do Estado do Rio – sob intervenção – acabou com a escolta de Marcelo

Freixo por policiais militares. O deputado correligionário de Marielle presidiu a CPI das Milícias, na Assembleia, uma década atrás. Houve vários planos para matá-lo. A retirada da proteção pareceu convite a mais um atentado político. Seria intimidação a quem inspirou o personagem Fraga, de *Tropa de elite 2*? (Depois de Freixo se reunir com o general Richard Nunes, secretário estadual de Segurança, escalaram policiais civis para escoltá-lo.)

Acumulam-se surtos de fanatismo. Em sua reencarnação, como direitista, o ator Carlos Vereza delirou: "Marielle é um cadáver fabricado por eles... [...], a ideologia radical sectária de esquerda." Nenhum anticomunista é tão passional quanto um ex-comunista ressentido. Vereza fortalece uma convicção: generosidade e talento nem sempre são atributos xifópagos. Seu Graciliano Ramos, em *Memórias do cárcere*, permanece uma interpretação sublime.

No sábado anterior ao da passeata na Lapa, Lula chegara preso à sede da Polícia Federal em Curitiba. Apoiadores do ex-presidente acamparam nos arredores. Na segunda-feira seguinte, o nome dele não foi pronunciado nas chamadas ou manchetes que abrem o *Jornal Nacional* — a "escalada", no jargão jornalístico. Na terça, *O Globo* não imprimiu o substantivo próprio "Lula" na primeira página. Nem em letra pequenina.

Seus partidários empenharam-se em lembrá-lo. Deputados do PT acrescentaram "Lula" ao próprio nome. Nas redes da internet, simpatizantes do condenado adotaram idêntico expediente. Militantes montaram bancas nas ruas e recolheram cartas endereçadas ao prisioneiro. Em Aracaju, algumas foram ditadas por iletrados, como na sequência de abertura do filme *Central do Brasil*. Manifestantes se aglomeraram na praça Olga Benario, como batizaram uma esquina nas cercanias da sede da PF no Paraná. Fizeram-me relembrar da dobradinha de 1936 entre o presidente Getúlio Vargas e o Supremo Tribunal Federal.

18 DE ABRIL, QUARTA-FEIRA

Entregaram à Gestapo a comunista e judia Olga. A alemã estava grávida. Os nazistas viriam a matá-la numa câmara de gás do campo de concentração de Bernburg.

Mesmo trancafiado, Lula incomoda. A Justiça do Paraná estipulou multa diária de R$ 500 mil aos manifestantes se eles não se afastarem do entorno do prédio da polícia. A Prefeitura de Curitiba pediu à Justiça Federal a transferência do preso. A juíza Carolina Lebbos proibiu que o ex-presidente conversasse com nove governadores que viajaram em solidariedade, apesar de o artigo 41 do Código de Execução Penal prever como "direito do preso" a "visita do cônjuge, da companheira, de parentes e amigos em dias determinados". O despacho não determinou dia alternativo para a visita.

O Sindicato dos Delegados de Polícia Federal do Paraná quer LL – Lula longe, e não Lula livre. A entidade reivindicou sua mudança para "uma unidade das Forças Armadas", em instalação "que possa oferecer condições de segurança e que não traga os transtornos e riscos à população e aos funcionários" da PF. A coluna "Painel", da *Folha de S.Paulo*, informou que o presidente do sindicato, Algacir Mikalovski, é admirador de Jair Bolsonaro. O delegado tem fotos ao lado do deputado.

O encarceramento de Lula não desapoquentou almas atormentadas. O psicanalista Francisco Daudt comparou-o a Hitler: "[...] As semelhanças me assombraram. Senão, vejamos: a atitude messiânica do 'Führer' ao discursar, cuidadosamente ensaiada frente ao espelho para transmitir a maior dose de drama possível, aliava-se à estratégia arquitetada pelo gênio da propaganda manipulativa, Joseph Goebbels."

O jornalista e escritor Bernardo Kucinski contestou: "Voltei esta semana de uma viagem à Polônia, onde visitei três campos de extermínio, Auschwitz, Majdanek e Treblinka. Ainda sob a forte impressão das atrocidades nazistas, deparo com o artigo de Francisco Daudt, que a *Folha* julgou adequado publicar, no qual ele compara Hitler, que implantou uma ditadura feroz e provocou a morte de 25 milhões de pessoas, com Lula, que derrubou uma ditadura e tirou da miséria 25 milhões de pessoas. Senti-me mal."

Quem também não se esquece de Lula são os eleitores. O Datafolha auscultou as ruas depois da prisão e constatou que o ex-presidente conserva o vigor eleitoral, embora pareça inverossímil que a Justiça permita ao candidato enquadrado como ficha suja concorrer à Presidência. O petista sofreu "impeachment preventivo", na síntese do cientista político Renato Lessa.

Lula lidera nos três cenários em que aparece como opção, com o dobro da intenção de votos de Bolsonaro e o triplo da ex-ministra Marina Silva. Em janeiro, no segundo turno, o ex-presidente tinha 17 pontos à frente do capitão reformado (49 a 32). Agora, mantém a diferença (48 a 31). Dois terços dos que manifestam voto em Lula sufragariam "com certeza" alguém indicado por ele, se impugnada sua candidatura.

Por mais que certo noticiário oculte Lula, a crônica dos seus dias é acompanhada com curiosidade. Ele assistiu pela TV, no primeiro domingo privado de liberdade, ao seu Corinthians conquistar o título paulista contra o Palmeiras. Levou dois livros para a prisão: o ensaio *A elite do atraso*, de Jessé de Souza, e o romance *Vá, coloque um vigia*, de Harper Lee.

O Movimento dos Trabalhadores Sem Teto visitou outro endereço, o do triplex que serviu de pretexto para a condenação de Lula e o seu provável banimento das urnas. "É uma denúncia da farsa judicial que levou Lula à prisão", disse Guilherme Boulos, coordenador do MTST e candidato à Presidência. "Se o triplex é dele, então o povo está autorizado a ficar lá. Se não é, precisam explicar por que ele está preso." A PM apareceu, e os sem-teto se retiraram.

Um antagonista de Lula foi lembrado não apenas pelo Datafolha. A Procuradoria-Geral da República denunciou Jair Bolsonaro por racismo.

18 DE ABRIL, QUARTA-FEIRA

Há um ano, o deputado falou: "Eu fui em um *quilombola* em Eldorado Paulista. Olha, o afrodescendente mais leve lá pesava sete arrobas. Não fazem nada! Eu acho que nem para procriador eles servem mais." O discurso em que negros são tratados com vocabulário pertinente a animais foi proferido no Rio, em meio a risadas de parcela da audiência, no Clube Hebraica.

Outro oponente, Michel Temer, quis fazer média num encontro com o presidente do Chile, Sebastián Piñera. Disse que desejava as seleções brasileira e chilena na final da Copa. A cortesia pretendida não passou de mico: os chilenos não irão ao Mundial da Rússia.

Na Era Temer, o Brasil coleciona derrotas. A precarização do trabalho impulsionou a pobreza extrema, categoria que ganhou 1,49 milhão de brasileiros no ano passado, calculou a LCA Consultores. Já são 14,8 milhões de indivíduos em famílias com renda mensal aquém de R$ 136 por pessoa. Se comparado aos últimos 14 anos, 2017 foi o que teve mais assassinatos em conflitos no campo. Somaram setenta, inventariou a Comissão Pastoral da Terra. Com tantas desgraças, o maior sucesso editorial é um livro narcísico intitulado *A sutil arte de ligar o f*da-se*, de Mark Manson.

Há quem não ligue (o foda-se), rejeite a viagem em torno do próprio umbigo e se comova com os infortúnios alheios. Na marcha de sábado no Rio, um grito coletivo acalentou a noite do outono: "Atiçou o formigueiro quem mexeu com a Marielle!"

Antes de Caetano Veloso subir ao palco no aterrinho da praia de Iracema, no aniversário de Fortaleza, a multidão pediu "Lula livre!" Ao cantar "Terra", o eleitor declarado do pedetista Ciro Gomes emendou: "Quando eu me encontrava preso, na cela de uma cadeia... Lula livre!" No fim do espetáculo, Caetano proclamou: "Marielle presente! Lula livre!"

12. AÉCIO FICOU SÓ

25 DE ABRIL, QUARTA-FEIRA

O escritor e jornalista colombiano Gabriel García Márquez cismava com títulos jornalísticos que parafraseiam títulos de livros dele. No princípio, vá lá, talvez soassem como sacadas criativas as variações em torno de *Cem anos de solidão*, *Crônica de uma morte anunciada*, *O general em seu labirinto* e *Ninguém escreve ao coronel*. Em seguida, as citações quedaram previsíveis, senilizaram.

Aécio Neves experimenta hoje sua maior solidão, sua ruína era anunciada, o senador agoniza em seu labirinto, quase ninguém lhe escreve ou o procura. Mas seria provocação com a memória de Gabo apelar ao clichê maldito por ele. Lembrei-me de outras obras, dos anos 1960, embora com personagens principais sem semelhanças com o candidato presidencial de 2014: o filme de faroeste *E o bravo ficou só*, com Charlton Heston, e o livro *Em agosto Getúlio ficou só*, de Almir Matos.

Aécio nunca estivera só. Raros figurões do poder foram tão bajulados no Brasil do século XXI quanto ele. Sem que o senador tenha sofrido condenação judicial, nem em primeira instância, os aduladores se escafederam. Alguns, também no jornalismo, reeditaram um expediente sorrateiro para copidescar suas biografias: quanto mais adocicada a sabujice de outrora, mais acres são as críticas quando os fatos se impõem.

Em 17 de abril, a Primeira Turma do STF tornou Aécio réu pelos crimes de corrupção passiva e obstrução de Justiça. O neto de Tancredo Neves defendeu-se: "Estou sendo processado por ter aceitado um empréstimo de um empresário, portanto recursos privados, de origem lícita, para pagar os meus advogados. Não houve dinheiro público envolvido, ninguém foi lesado nessa operação."

Na entrevista, não sobressaíram palavras, e sim a imagem melancólica: o abandono do acusado por seus correligionários. Nenhum papagaio conhecido pousou em seus ombros, nenhum tucano de plumagem vistosa posou ao seu lado. Nem a tintura capilar renovada disfarçou a perda de viço de Aécio. Ele ficou mesmo só.

Na saída do plenário do Senado, o peessedebista Ricardo Ferraço esquivou-se do antigo candidato cuja campanha coordenara quatro anos atrás no Espírito Santo: "Os fatos são extremamente graves. O Supremo julgou adequadamente." Outros senadores tucanos se alhearam do acusado. "Este é um assunto privado do senador Aécio Neves e nada tem a ver com o partido", driblou Roberto Rocha, do Maranhão. Ataídes Oliveira, do Tocantins, bisou a ladainha: "É um problema pessoal do senador Aécio." Nenhum tiro teve calibre tão alto como o de Geraldo Alckmin. O virtual concorrente do PSDB à Presidência disparou, ao abordar possível postulação eleitoral do réu: "Claro que o ideal é que não seja candidato." Sem mandato parlamentar, Aécio perderia o escudo do STF, cuja lerdeza para julgar volta e meia se confunde com salvo-conduto.

A abertura da ação penal contra Aécio prestou-se a argumento para a propaganda de que a Justiça não distinguiria colorações políticas. O

25 DE ABRIL, QUARTA-FEIRA

pau que dá em Chico (Lula) daria em Francisco (Aécio). Mera ilusão. Ao receber a denúncia do Ministério Público Federal, o Supremo feriu, se não um cachorro morto, um cusco moribundo. Desde a delação de donos e executivos do grupo controlador da Friboi, Aécio fora descartado para corridas de fundo. Sua ambição passou a ser escapar do xilindró. Já não era protagonista.

Dilma Rousseff, ao contrário, ocupava a Presidência ao ser deposta pelo Legislativo com a cobertura do Judiciário. O STF assegurou Eduardo Cunha na Câmara até que o muso, cara e coração do impeachment consumasse o golpe. Dilma presidente não equivale a Aécio decaído.

É improcedente a comparação de Lula, objeto de condução coercitiva ordenada por Sergio Moro, com Aécio, tipo imune a conduções na marra. O ex-presidente foi preso no momento em que as pesquisas de opinião o reconheciam como favorito na eleição de outubro. São animais distintos o que esbanja saúde e late altivo e aquele anêmico, desamparado como cão sarnento até por velhos companheiros. Sem falar na ausência de provas convincentes no processo de Lula. Parte da imprensa que endossou sentença e acórdão agora se refere ao "triplex atribuído a Lula". Antes, bancava que o proprietário do imóvel do Guarujá é ou era o ex-presidente.

É Alckmin quem está no jogo do qual Aécio foi eliminado. O presidente nacional do PSDB e ex-governador de São Paulo expõe a vida como ela é. Executivos da Odebrecht narraram que a empresa presenteou Alckmin com R$ 10,7 milhões. Se o padrão adotado com petistas prevalecesse, o dito "Santo" das planilhas da empreiteira seria alvo da Operação Lava Jato.

Mas a Procuradoria-Geral da República recomendou que o caso fosse tipificado como eventual crime eleitoral – caixa dois –, legalmente menos grave que propina. A PGR combateu o habeas corpus que libertaria Lula antes do esgotamento dos recursos no processo do triplex. O Superior

Tribunal de Justiça decidiu que a investigação sobre o suposto agrado da Odebrecht deve correr, para gáudio de Alckmin, na Justiça Eleitoral.

Tucanos e petistas conservam identidades em muitas bandalheiras, mas não nos modos como o Judiciário os trata.

Ao dar o chega pra lá em Aécio, Alckmin balanqueou: "Somos bem diferentes do PT" – o PSDB não transigiria com trambiques. Para dar razão ao postulante presidencial, seria necessário ignorar a campanha de 2014. Em julho daquele ano, o repórter Lucas Ferraz revelou o uso matreiro do aeroporto de Cláudio, município de Minas. Como reagiram os tucanos? Negando as irregularidades e escudando Aécio.

Mais atrás, a reeleição de FHC em 1998 havia sido possível pela compra de votos de deputados para referendar a emenda constitucional que liquidou o mandato único de presidente. Quem inaugurou o Mensalão foi o PSDB, pioneiro no esquema que o PT lubrificaria. Só agora, duas décadas depois do toma lá dá cá e 11 anos após a primeira acusação formal do Ministério Público, chega ao fim o processo contra Eduardo Azeredo. Com Lula, a Justiça correu como um guepardo. Com o ex-governador, arrastou-se como uma preguiça. Certo jornalismo chama um mensalão de mineiro, e não tucano, e o outro de petista. A seletividade não é exclusiva de juízes.

No infortúnio de Aécio, gravações em áudio e vídeo documentaram as armações. Em março do ano passado, no Hotel Unique, em São Paulo, o senador catou R$ 2 milhões com o empresário Joesley Batista. Indicou, para buscar o dinheiro, o primo Frederico Pacheco de Medeiros. "Tem que ser um que a gente mata ele antes de fazer delação", disse Aécio. Não falaram em transferência bancária convencional. A Polícia Federal filmou a entrega de R$ 500 mil em notas de R$ 50.

Depois de Aécio ser declarado réu, o acerto filmado pareceu marola diante do maremoto de novidades. De acordo com Osmar Serraglio, ex-ministro da Justiça, o tucano pressionou pela nomeação de determinado delegado para apurar o caso. Joesley informou ter desembolsado por dois anos um mensalinho de R$ 50 mil para o senador. Dedurou que na campanha de 2014 lhe repassara R$ 110 milhões. Um chefão da Andrade Gutierrez afirmou que bolaram um contrato com empresa de amigo de Aécio, no valor de R$ 35 milhões, para transferir recursos. Marcelo Odebrecht teria mimoseado o ex-presidente do PSDB com R$ 50 milhões, ofertados por duas construtoras.

Lula insurgiu-se contra a acusação no processo do triplex, foi condenado, e multidões o defendem com gritos de "Lula livre!" Aécio sustenta que pediu empréstimo pessoal ao *capo* da JBS, e ninguém o acode, apesar de ele não ter sido nem julgado. Os partidários de um creem em inocência. Os de outro, não.

Enquanto Aécio caminha para o cadafalso, se a Justiça não o socorrer, Dilma é ovacionada em manifestações no Brasil. Pelo "Fora, Temer!", contra a cadeia para Lula. Sua "honorabilidade está intacta", escreveu o jornalista Elio Gaspari, no que não é balanço do governo da ex-presidente, mas constatação de decência.

Uma antiga foto de Dilma com a estudante acreana Gleici Damasceno viralizou. Gleici venceu o *Big Brother Brasil* e gritou "Lula livre!" ao sair do confinamento. Na véspera da sessão em que Aécio virou réu, Dilma conferenciou na Universidade da Califórnia, em Berkeley. Foi aplaudida e puxou o "Lula livre!" No dia seguinte, na Universidade Stanford, avistou-se com a militante de esquerda Angela Davis.

Anteontem, na República de Curitiba, a juíza Carolina Lebbos proibiu-a de visitar o prisioneiro Lula. Já impedira a visita do argentino Adolfo Pérez Esquivel, 86 anos, prêmio Nobel da Paz, e do teólogo Leonardo Boff, 79. Eles deram com a cara na porta.

13. "PRA MIM CHEGA"

2 DE MAIO, QUARTA-FEIRA

Suicídio não tem glamour.

No fim de fevereiro, uma fotografia comoveu. Mostrava um pai de 56 anos, Waritaxi Iwyraru Karajá, velando os túmulos dos três filhos que se mataram de 2012 a 2016. O caçula tinha 21 anos. A filha, de 24, suicidou-se grávida de quatro meses. "Até hoje eu não descobri o que acontecia na cabeça dos meus meninos", disse o pai aos repórteres Rodrigo Vargas e Danilo Verpa, o autor da foto.

Waritaxi vive numa aldeia carajá na ilha do Bananal, fincada entre Mato Grosso, Tocantins e Goiás. No mesmo período em que seus filhos morreram, mais 32 carajás tiraram a própria vida. A maioria tinha de 11 a 25 anos e era do sexo masculino. Quem ficou fala de abuso de álcool e drogas, desemprego e feitiçaria. De estranheza, incompatibilidade e frustração com a cultura urbana que seduz, mas sufoca. "O jovem não aguenta", disse Juanahu Karajá, cacique de uma das 68 aldeias da etnia. "Os anciões sabem se virar."

De 2011 a 2015, ocorreram anualmente no Brasil 15,2 suicídios em cada 100 mil indígenas. Nas contas do Ministério da Saúde, o índice representa quase o triplo da média do restante da população. Em 2016, 106 indígenas se mataram, contabilizou o Conselho Indigenista Missionário, num avanço de 18% em comparação com o ano anterior.

No princípio de março, estreou nos cinemas *Torquato Neto: Todas as horas do fim*. O protagonista do documentário dos diretores Eduardo Ades e Marcus Fernando é o poeta e letrista Torquato Neto, autor dos versos "Só quero saber do que pode dar certo/ Não tenho tempo a perder". O artista se suicidou em 1972, aos 28 anos. Despediu-se com um bilhete que termina assim: "Pra mim chega! Vocês aí, peço o favor de não sacudirem demais o Thiago. Ele pode acordar." O "Pra mim chega!" era presente e fim. Thiago, o rebento de 2 anos, o futuro.

Em abril, num intervalo de 12 dias, dois alunos do ensino médio do Colégio Bandeirantes se suicidaram em casa. Entre uma e outra morte, um estudante do Colégio Agostiniano São José fez a mesma coisa. As duas escolas, da rede privada, ficam na cidade de São Paulo. No Bandeirantes, crianças, adolescentes e adultos se abraçaram e choraram, depois de conversar sobre as mortes.

No Brasil, ao menos 11 mil pessoas se matam por ano. Supõe-se que exista subnotificação. O país não se inclui entre os de maior taxa relativa de suicídios (5,7/100 mil), mas é o oitavo em números absolutos. De 2011 para 2015, os óbitos pularam de 10.490 para 11.736 (mais 12%). Foram 32 por dia. Na faixa etária de 15 a 29 anos, o suicídio é a quarta maior causa de mortes (crescimento perto de 10% de 2002 para 2014). No planeta, 800 mil pessoas de todas as idades se suicidam a cada 12 meses – uma morte de 40 em 40 segundos.

Nesta primeira semana de maio, circula reportagem de Monica Weinberg, Luisa Bustamante e Fernando Molica. O trio da revista *Veja* revolveu o inquérito da Polícia Federal que fundamentou em setembro de 2017 a prisão do professor de direito Luiz Carlos Cancellier de Olivo. Aos 59 anos, ele era o reitor da Universidade Federal de Santa Catarina. Os repórteres contam: "Cancellier foi algemado, acorrentado pelos pés e submetido

2 DE MAIO, QUARTA-FEIRA

a revista íntima. De uniforme cor de laranja, permaneceu trinta horas detido, parte delas em um presídio de segurança máxima. Ao sair, ficou proibido de pisar no *campus* da universidade, até ser liberado por ordem judicial."

Humilhado ao ser vinculado a um suposto esquema de roubalheira na universidade, o reitor se matou dias depois de deixar a cadeia. A revista concluiu: "É uma leitura perturbadora [a do inquérito] pelo excesso de insinuações e escassez de provas." De comprometedor, nada para Cancellier de Olivo. Só para a PF e a Justiça.

Em 15 anos (2000-2015), os suicídios cresceram 65% na faixa de 10 a 14 anos e 45% na de 15 a 19 anos – acima dos 40% da média geral, embora ainda com índice menor, constatou o sociólogo Julio Jacobo Waiselfisz. Quanto mais jovem o grupo, maior o ritmo de elevação da taxa. Um dos fatores ligados às mortes juvenis é o bullying escolar.

No ano passado, tentativas de suicídios e mortes consumadas de jovens foram associadas ao jogo virtual *Baleia azul*. É um game de desafios cujo desenlace é a morte autoprovocada. No mesmo 2017, a série televisiva *13 Reasons Why* narrou a história de uma estudante de ensino médio que se mata. Nos 18 dias seguintes ao lançamento, a procura na internet por palavras conectadas a suicídio se expandiu 19% nos Estados Unidos, ou 1,5 milhão de buscas a mais. Entre os temas consultados estavam métodos para se matar. Há, contudo, quem interprete a série como alerta.

O suicídio é estigma e tabu sociais. O silêncio ou a discrição sobre ele decorre também do chamado Efeito Werther, o receio de que o barulho sobre uma morte estimule outras. A origem do nome é um romance do século XVIII, *Os sofrimentos do jovem Werther*. O personagem do título, criação da pena de Goethe, mata-se em virtude de um infortúnio amoroso. A ficção teria impulsionado uma onda de suicídios reais.

"PRA MIM CHEGA"

O Efeito Werther não é ilusório. Em fevereiro se soube que os suicídios aumentaram 10% nos EUA após Robin Williams desistir da vida, em 2014. O ator de 63 anos lutava contra a depressão. De agosto a dezembro daquele ano, eram esperados, com base no histórico recente, 16.849 suicídios, relataram pesquisadores da Universidade Columbia. Ocorreram 18.690.

Seria um despropósito o jornalismo omitir a causa da morte de Williams. Ou as da escritora Virginia Woolf e do presidente Getúlio Vargas. Embora faça sentido silenciar, em boa parte das vezes, sobre os métodos empregados. Suicídio constrange. Em março, o escritor Victor Heringer se matou em Copacabana, aos 29 anos. A maioria das reportagens escondeu que houve morte voluntária.

Ocultar um problema de saúde pública seria um desserviço jornalístico. Sem conhecê-lo, como combatê-lo? A questão é como noticiar, enfatizou em entrevista o jornalista e professor universitário Arthur Dapieve: "Se noticiamos tantos homicídios sem medo de eles estimularem alguém a matar, por que tememos que, ao noticiar suicídios, estaremos estimulando alguém a matar a si próprio?" Dapieve é autor do livro *Morreu na contramão: O suicídio como notícia*, fruto de sua dissertação de mestrado.

Suicídios de policiais militares costumam ser ignorados. De 1995 a 2009, 58 PMs do estado do Rio de Janeiro se mataram, conforme pesquisa coordenada pela cientista política Dayse Miranda. Notificaram-se 36 tentativas. O risco de um PM fluminense se suicidar é quatro vezes maior do que o do conjunto da população.

A prevenção pode evitar muitos suicídios. Ela existe, tocada por gente qualificada, mas precisa se ampliar. O telefone do Centro de Valorização da Vida, serviço gratuito de apoio emocional, é 188. Uma das muitas cartilhas úteis se intitula *Suicídio: Informando para prevenir*. O jornalista Pedro Bial conduziu na quinta-feira em seu programa uma elucidativa conversa sobre o assunto. Vale a pena ver e aprender.

2 DE MAIO, QUARTA-FEIRA

Outros muitíssimos suicídios foram e serão inevitáveis, sem pedido prévio de socorro. Ainda assim, quem sobrevive se consome em culpas ou elege culpados. O ensaio *A mulher calada*, de Janet Malcolm, rejeita a condição de vilão atribuída ao poeta Ted Hughes devido ao suicídio, aos 30 anos, da poeta Sylvia Plath. A ensaísta norte-americana mergulha na vida do casal e ensina sobre suicídio, o antes e o depois do luto.

"Toda palavra guarda uma cilada", escreveu Torquato Neto. Algumas palavras relacionadas ao suicídio: depressão, dor, desencanto, desespero, desânimo, desesperança, dependência, desamparo, desistência, doença, cansaço, transtorno, tristeza, sofrimento, abuso (de sexo, drogas, álcool), bullying, angústia, solidão, autodestruição, automutilação.

Torquato poetou, na música "Marginália II": "Minha terra tem palmeiras/Onde sopra o vento forte/Da fome, do medo e muito/ Principalmente da morte."

Alguns suicídios, como o do reitor Cancellier de Olivo, compõem o mosaico de uma era. Poucos retratam o tempo com tanta nitidez como o do escritor austríaco Stefan Zweig. Deprimido com a voracidade nazista que devastava a Europa, ele se mudou para cá. Em 1942, matou-se em Petrópolis. Zweig escreveu o livro *Brasil, país do futuro*.

Se o futuro chegou, não é o presumido por Zweig, confirmam os títulos do noticiário: "Na Grande SP, a pobreza extrema avançou 35% em um ano"; "Contratações por salário menor fizeram cair arrecadação da Previdência"; "Desemprego subiu para 13,1% em março e atingiu 13,7 milhões de pessoas." A elevação acontece pelo terceiro trimestre consecutivo. Em comparação com o encerrado em dezembro, surgiram mais 1,379 milhão de desempregados.

A repórter Joanna de Assis revelou no *Fantástico* o resultado de uma investigação de quatro meses: depoimentos denunciam abusos sexuais cometidos por um antigo técnico da seleção brasileira masculina de ginástica, Fernando de Carvalho Lopes. Ele nega.

A avenida da Legalidade e da Democracia, em Porto Alegre, voltou a ser denominada Castello Branco. A decisão é do Tribunal de Justiça do Rio Grande do Sul. A via deixa de honrar o movimento democrático que barrou um golpe de Estado em 1961. E volta a exaltar um ditador.

"Seguranças do Planalto proibiram representante de índios de entrar em reunião porque usava cocar." Se o visitante trajasse cueca forrada com dinheiro ou puxasse mala de rodinhas recheada de notas, talvez lhe permitissem entrar.

Na madrugada do sábado, em Curitiba, um homem atirou no mínimo seis vezes contra o acampamento de apoiadores de Lula. Feriu uma advogada e um sindicalista. A autoria dos atentados permanece ignorada.

Aumentou em 7%, no ano passado, o número de brasileiros que moram de favor. Cresceu em 11% a quantidade de domicílios que, afetados pela disparada do preço do gás, passaram a usar lenha e carvão na cozinha. Já são 12,3 milhões as residências nessa situação. "O investimento público caiu para 1,17% do PIB e baixou ao menor nível em quase 50 anos."

Como diz o narrador no desfecho de *O grande Gatsby*, romance de F. Scott Fitzgerald, na tradução de Vanessa Barbara: "E assim avançamos, botes contra a corrente, impelidos incessantemente de volta ao passado."

14. LEI DA MORDAÇA

9 DE MAIO, QUARTA-FEIRA

No próximo domingo completam 130 anos as 17 palavras que, ordenadas em dois artigos, mudaram a história: "É declarada extinta, desde a data desta lei, a escravidão no Brasil. Revogam-se as disposições em contrário."

Na tarde de 13 de maio de 1888, a Lei Áurea foi sancionada pela princesa imperial regente, Isabel Cristina Leopoldina Augusta Micaela Gabriela Rafaela Gonzaga de Bragança Bourbon e Orleans. Um nome quase tão extenso – duas letras a menos – quanto o texto da lei assinada por ela. O Brasil foi o derradeiro país das Américas e do Ocidente a eliminar formalmente a escravidão. No mundo, o último foi a Mauritânia. Inexistiram generosidade da princesa Isabel e grandeza do imperador Pedro II. A condição de quase lanterninha na medida emancipatória trai o bolor dominante na família de monarcas prognatas.

Movimentos vigorosos, dos quilombos e revoltas negras às campanhas em salões ilustrados do Império, conquistaram a Abolição. Sem políticas que reduzissem a assimetria social, a desigualdade racial perdurou. O Instituto de Segurança Pública do Rio de Janeiro divulgou o "Dossiê Mulher 2018". Com base nos homicídios propositais de 2017, concluíram que o risco de uma mulher negra ser morta no estado é o dobro do que espreita uma branca.

Cento e vinte e seis anos, dez meses e dez dias depois da Abolição, o deputado Izalci Lucas apresentou um projeto à Câmara. "Dia histórico", o 23 de março de 2015, comemorou o movimento Escola Sem Partido. "Trata-se de uma iniciativa destinada a entrar para a história da educação em nosso país." Se vingar, o projeto de lei 867 entrará mesmo para a história, mas impedirá que sejam contadas livremente nos colégios e universidades histórias como a da Abolição.

O tucano do Distrito Federal pretende incluir "entre as diretrizes e bases da educação nacional o 'Programa Escola Sem Partido'". Apregoa proteger os alunos da "doutrinação política e ideológica" que professores hoje perpetrariam. Até janeiro, uma equipe de acadêmicos opositora do Escola Sem Partido inventariou 158 propostas (a maioria projetos de lei) protocoladas no Senado, na Câmara dos Deputados, em Assembleias Legislativas e Câmaras Municipais. Todas aparentadas à do deputado Izalci. Dezesseis haviam sido aprovadas. A maioria tramita.

O projeto de Izalci Lucas prescreve "neutralidade política, ideológica e religiosa do Estado". Não peita, porém, a invocação "sob a proteção de Deus" inscrita no preâmbulo da Constituição, à qual devem obediência também os que reconhecem muitos deuses ou nenhum Deus. Mas o busílis é outro: como exigir neutralidade se a Carta de um século depois da Abolição toma partido do "regime democrático"? – isso é política. "A propriedade atenderá a sua função social", determinação constitucional, é escolha ideológica. Propriedade rural onde se flagrar "exploração de trabalho escravo" será destinada à reforma agrária – eis outro desprezo pela neutralidade impossível.

9 DE MAIO, QUARTA-FEIRA

O projeto estabelece que o professor "respeitará o direito dos pais a que seus filhos recebam a educação moral que esteja de acordo com suas próprias convicções". Presume-se que, se mãe, pai ou qualquer responsável se entusiasmar retrospectivamente com a escravidão, o professor será proibido de informar que a Declaração Universal dos Direitos Humanos dispõe que "ninguém será mantido em escravatura ou em servidão". E não poderá estimular a identificação – opção, em certo aspecto, moral – com o documento adotado pelas Nações Unidas há setenta anos. Com pais devotos do lema exterminador "bandido bom é bandido morto", o professor omitiria dos estudantes a trajetória sangrenta de esquadrões da morte e escantearia pensamentos humanistas.

E se em casa os mais velhos forem stalinistas? A escola terá de calar sobre o caráter da maior farsa judicial do século xx, os Processos de Moscou, que condenaram os veteranos líderes bolcheviques à morte. Se a família cultivar crenças criacionistas, o perigo será reivindicarem a incineração de livros didáticos com lições de Darwin. A professora de biologia que abra o olho.

Se a vontade do deputado amigo do Escola Sem Partido prevalecer, cada sala de aula terá afixado um cartaz com no mínimo 70 centímetros de altura e 50 de largura. Uma das ordens a constarem dele: "Ao tratar de questões políticas, socioculturais e econômicas, o professor apresentará aos alunos, de forma justa – isto é, com a mesma profundidade e seriedade –, as principais versões, teorias, opiniões e perspectivas concorrentes a respeito."

O dever do professor deixaria de ser elucidar fatos e iluminar controvérsias. É recomendável que o docente descreva abordagens distintas sobre as mudanças climáticas. Mas configura crime de leso-ensino ocultar a comprovação científica do fenômeno. E se os pais jurarem que a lei da gravidade é ilusão? Tem maluco para tudo. O professor menciona grupos racistas atuantes mundo afora, mas expor teorias supremacistas com a mesma "seriedade" das razões de quem rechaça o racismo seria leniência com o mal. Se a família é racista, que se dane – professores têm obrigação de contribuir para a formação de gente tolerante e decente. E se um pai for adepto de violência doméstica? Mais um assunto no índex.

O projeto interdita "a prática de doutrinação política e ideológica bem como a veiculação de conteúdos ou a realização de atividades que possam estar em conflito com as convicções religiosas ou morais dos pais ou responsáveis pelos estudantes". Sala de aula não é palco para proselitismo político. Porém, não é "doutrinação" explicar que transfusões de sangue salvam vidas, aceitem-nas ou não as Testemunhas de Jeová. O Estado é laico.

Educação sobre reprodução humana, em linguagem compatível com a faixa etária, não pode ser banida porque na mesa do jantar falaram que a cegonha trabalha no Sedex de bebês. A cabeça medieval de certos adultos não é motivo para o Estado escamotear a prevenção de doenças sexualmente transmissíveis. Se papai e mamãe nutrem ojeriza por Chico Buarque e Rita Lee, as crianças não têm por que não tocar suas canções, sambas e rocks nas sessões escolares de flauta doce. E se embatucarem que o sol gira em torno da Terra?

Se aplicada, a proposta retiraria dos professores a prerrogativa de dizer que a escravidão constituiu infâmia, bem como as chibatas que castigavam africanos e seus descendentes; que a violência sexual contra as mulheres escravizadas alimenta ainda hoje selvageria semelhante; que quilombolas eram criminosos somente nos termos da legislação escravocrata — eles exerceram o legítimo direito de se rebelar contra a opressão.

Essas são afirmações e interpretações de conteúdo político, ideológico e moral. E se estiverem "em conflito" com pais que consideram merecida a tortura de seres humanos escravizados, como punição por "desobediência"? E se famílias herdeiras de senhores de escravos arrazoarem que, considerando o ciclo em que vigorou, a escravidão não foi moralmente nefasta, pois turbinou a economia agroexportadora?

9 DE MAIO, QUARTA-FEIRA

Podem evocar a Bíblia para justificar o escravismo, como já aconteceu noutras paragens.

O projeto suprime a voz do professor que quer tomar partido e declarar que a escravidão foi ultrajante. Se não declara, ele conta qualquer história, mas não aquela. As proposições legislativas embaladas como Escola Sem Partido ou rótulos similares são ensaios de leis da mordaça. Pugnam pela censura. Confrontam a Constituição de 1988, que assegura: "É livre a expressão da atividade intelectual, artística, científica e de comunicação, independentemente de censura ou licença." No ensino, resguarda a "liberdade de aprender, ensinar, pesquisar e divulgar o pensamento, a arte e o saber".

No ano-fetiche de 1968, os muros de Paris telegrafaram ao mundo a senha libertária "É proibido proibir". Se o movimento Escola Sem Partido impuser o silêncio, talvez apareça um zureta aventando que as revoltas de cinquenta anos atrás sumam dos livros de história.

O advogado Miguel Nagib, criador em 2004 do Escola Sem Partido, participou de uma audiência pública na Câmara no ano passado. Estava em debate outro projeto de lei com o DNA do movimento. Ao criticar observações sobre a capacidade, mesmo relativa, de discernimento dos alunos, Nagib atacou: "É um argumento típico dos estupradores que alegam em sua defesa que aquela menina de 12 anos que eles acabaram de violentar não é tão inocente quanto parece."

Essa é a pegada do Escola Sem Partido, cuja página na internet dá a impressão de continuidade do macarthismo de meados do século passado. Nos EUA, o senador Joseph McCarthy caçava bruxas comunistas. Aqui, Nagib e aliados como o MBL caçam comunistas na pele de professores. "Flagrando o doutrinador" é um dos títulos estampados na página. Denunciam nominalmente um professor "filmado por uma de suas vítimas em pleno ato de incitação de ódio aos Estados Unidos". Entre os "procedimentos" dos "mestres da militância" estariam se desviar "frequentemente da matéria objeto da disciplina para assuntos relacionados ao noticiário político ou internacional". Outro: o professor "ridiculariza, desqualifica ou difama personalidades históricas, políticas ou religiosas".

Por que maldizer um padre comprovadamente pedófilo seria difamação? Mussolini é "personalidade histórica"; não pode ser desqualificado? Chamar o ditador Pinochet de ditador seria impropriedade?

Mais um título, "Conselho aos pais": "Processem por dano moral a escola e os professores que transmitirem conteúdos imorais aos seus filhos." Seria imoral uma aula sobre diversidade da composição das famílias? Fornecem um modelo de notificação extrajudicial: "Elaboramos um modelo de notificação anônima." Ameaçam o destinatário, enumerando leis, com processos, detenção por seis meses e perda de cargo, emprego e patrimônio. Muitos projetos de lei preveem punições funcionais. Outra chamada: "Planeje sua denúncia." Não se encontra a palavra "delação" e a sugestão de introduzir uma disciplina técnica para formação de alcaguete.

Em seu perfil no Facebook, Miguel Nagib compartilha mensagens do jurista Ives Gandra Martins e do escritor Olavo de Carvalho. O projeto de lei pioneiro, elaborado com o auxílio do coordenador do Escola Sem Partido e apresentado à Assembleia Legislativa do Rio de Janeiro, foi proposto pelo deputado estadual Flávio Bolsonaro. Na turma de Nagib, militam viúvas da ditadura, o regime que impunha matérias conformadas como "doutrinação ideológica": organização social e política brasileira, ou OSPB, e moral e cívica.

Os adeptos do movimento têm obsessões. Inventaram uma nova categoria filosófica-sociológica-antropológica, a falaciosa "ideologia de gênero". Tal "ideologia" é bramida por segmentos católicos e evangélicos fundamentalistas para combater a diversidade "pecadora" e constranger identidades. O discurso persecutório inferniza professores. Eles se sentem intimidados e perseguidos por pais surtados que reencarnam

9 DE MAIO, QUARTA-FEIRA

McCarthy. Sobretudo os da área de ciências humanas do ensino médio e dos últimos anos do ensino fundamental.

Um otimista fora da casinha deixaria para lá: pelo menos os alunos testemunham o que os livros contam sobre o fascismo da década de 1930.

15. "TAPA NO BUMBUM DO FILHO"

16 DE MAIO, QUARTA-FEIRA

A contação da história é uma obra em que os tijolos são assentados um a um. Em 1997, saiu em livro o depoimento do general Ernesto Geisel à cientista política Maria Celina D'Araujo e ao antropólogo Celso Castro. O ditador que presidira o Brasil de 1974 a 1979 contornou meios-termos: "Acho que a tortura em certos casos torna-se necessária, para obter confissões. [...] Não justifico a tortura, mas reconheço que há circunstâncias em que o indivíduo é impelido a praticar a tortura, para obter determinadas confissões e, assim, evitar um mal maior!"

Em 2002, no livro *A ditadura derrotada*, o jornalista Elio Gaspari reproduziu a conversa em que Geisel convidara o general Dale Coutinho para encabeçar o Ministério do Exército. Em 17 de fevereiro de 1974, a 27 dias da posse presidencial do Alemão, Coutinho tratou do combate a oposicionistas: "E eu que fui para São Paulo logo em 69, o que eu vi naquela época para hoje... Ah, o negócio melhorou muito. Agora, melhorou, aqui entre nós, quando nós começamos a matar." Geisel comentou: "Porque antigamente você prendia o sujeito, e o sujeito ia lá para fora [...] Ó, Coutinho, esse troço de matar é uma barbaridade, mas eu acho que tem que ser."

Na quinta-feira, o pesquisador Matias Spektor enfileirou mais um tijolo na parede da memória. O coordenador do Centro de Relações Internacionais da Fundação Getulio Vargas garimpou no site do Departamento de Estado um documento da CIA com data de 11 de abril de 1974 — 27 dias depois da assunção de Geisel e dez anos cravados após o Congresso manietado impor o marechal Castello Branco na Presidência. É um memorando do diretor da agência, William Colby, endereçado ao secretário de Estado, Henry Kissinger. O assunto datilografado no cabeçalho: "Decisão do presidente brasileiro Ernesto Geisel de continuar a execução sumária de subversivos perigosos, sob certas condições."

Colby descreveu uma reunião da sexta-feira, 30 de março — a posse ocorrera no dia 15. Estariam presentes Geisel; o general Milton Tavares de Souza, que se despedia do comando do Centro de Informações do Exército; o general que o substituiria, Confúcio Avelino; e o chefe do Serviço Nacional de Informações, general João Baptista Figueiredo, oficial de cavalaria que viria a suceder Geisel.

O general Miltinho predicou, de acordo com a Central Intelligence Agency: "Métodos extralegais precisam continuar a ser empregados contra subversivos perigosos." Ele falou que 104 pessoas tinham sido "executadas sumariamente" pelo CIE no ano anterior, portanto na administração do general Emílio Garrastazu Médici. A agência norte-americana assinalou: "Figueiredo apoiou essa política e insistiu na sua continuação." Geisel teria pedido o fim de semana para "ponderar sobre o assunto".

Classificado originalmente como "secreto", o relatório liberado pelos Estados Unidos em 2015 prossegue: "Em 1º de abril [segunda-feira], o presidente Geisel disse ao general Figueiredo que a política deveria continuar, mas deveria ser tomado grande cuidado para ter certeza de que somente subversivos perigosos fossem executados. O presidente e o general Figueiredo concordaram que quando o CIE prender uma pessoa que puder ser enquadrada nessa categoria, o chefe do CIE consultará o general Figueiredo, cuja aprovação precisará ser dada antes que a pessoa seja executada."

O memorando conserva 21 linhas tarjadas, vetadas à leitura pública. Talvez elas ocultem a fonte da CIA: escuta ambiente, um dos quatro generais ou um interlocutor que ouviu o testemunho de um (ou mais) deles e passou adiante. É possível que o mistério se renove por gerações.

Até hoje a inteligência britânica preserva inacessível a papelada sobre a atuação dos seus arapongas no levante comunista de 1935 no Brasil. Um dos espiões, infiltrado entre os emissários estrangeiros da Internacional Comunista, desempenhou papel expressivo no cerco aos revolucionários malogrados. O agente duplo era o alemão Johann Heinrich Amadeus de Graaf.

A ditadura inaugurada em 1964 infiltrou-se em organizações de esquerda. Recrutou na década de 1970 um quadro do Partido Comunista Brasileiro veterano de escaramuças da revolta de 1935. Chamavam-no pelo codinome "Vinícius". Esse "cachorro", como os militares denominavam os militantes vira-casacas que passavam a trabalhar em sigilo para a repressão, ajudou a dizimar o Comitê Central do PCB. Hoje, nonagenário, mora em Copacabana.

O mesmo oficial do Destacamento de Operações de Informações do 1º Exército que conduziu "Vinícius" à fronteira no Sul, em arapuca para capturar camaradas que ingressavam clandestinamente no país, coordenou a operação que transformou em "cachorro" o ex-deputado Manoel Jover Telles. O militante histórico do PC do B delatou em 1976, ao DOI do 2º Exército, um encontro da cúpula do partido no bairro paulistano da Lapa. Dois dirigentes comunistas foram fuzilados no local.

Dois dias após a relatada ordem de Geisel a Figueiredo, a ditadura sequestrou João Massena Melo, Luiz Ignácio Maranhão Filho e Walter de

Souza Ribeiro. Os três integravam a direção do PCB. Não podiam ser denominados "terroristas", como o governo gostaria, pois a agremiação a que pertenciam se opunha à luta armada como instrumento para enfrentar a ditadura. Nunca reapareceram. No governo FHC, a União reconheceu que foram assassinados por agentes públicos.

Em 7 de maio de 1974, sumiu o guerrilheiro Thomaz Antônio Meirelles, da Ação Libertadora Nacional. Provavelmente, agentes da Marinha o prenderam e o entregaram a sequazes do Exército, que o mataram. Também não foram condenados os militares que em 1976 assassinaram Zuzu Angel. A estilista buscava o paradeiro do filho Stuart, "desaparecido" (ele havia sido morto por carrascos da FAB). Seria Zuzu uma "subversiva perigosa"? Em 2014, a Comissão Nacional da Verdade inventariou 421 mortes e desaparecimentos no período da ditadura.

O documento da CIA confirma que o extermínio era política de Estado, não "excesso" autônomo de beleguins e sargentos. A impunidade dos autores de violações de direitos humanos de 1964 a 1985 é herdeira de outros verdugos sem castigo, como os da ditadura do Estado Novo, de 1937 a 1945. É parteira da tortura contemporânea em delegacias policiais, sobretudo contra jovens negros, e da matança dissimulada sob o carimbo fraudulento do "auto de resistência".

Os crimes de tortura, execução sumária e desaparecimento forçado constam de protocolos internacionais de que o Brasil é signatário. Alguns são imprescritíveis. Nem a legislação da ditadura os autorizava. A Lei da Anistia, de 1979, não perdoa torturador e matador, ao contrário do que alardeia quem teima em ler o que não está escrito. Numerosos violadores estão vivos e impunes (os opositores pagaram com tortura, morte, prisão, exílio, perseguições e sacrifícios). Nunca é tarde para fazer justiça, ensinam alemães e argentinos.

O Exército Brasileiro alega não ter como se pronunciar sobre a informação proveniente da CIA: "Os documentos sigilosos relativos ao período em questão e que eventualmente pudessem comprovar a veracidade dos fatos narrados foram destruídos, de acordo com as normas existentes à época – Regulamento para a Salvaguarda de Assuntos Sigilosos (RSAS) – em suas diferentes edições."

Antes, o Exército matava. Agora, cala-se. Não mostra o termo de destruição ou atestado equivalente que comprove incineração ou trituração dos papéis que decifram a história. Refere-se a determinada "época". Que época?

O ministro Raul Jungmann afirmou que o prestígio das Forças Armadas "permanece nos mesmos níveis em que elas se encontram até aqui, por uma razão muito simples. As Forças Armadas brasileiras são um ativo democrático que o país tem hoje. Isso evidentemente que não é tocado por uma reportagem". O Exército, a Marinha e a Aeronáutica jamais se desculparam pelos crimes que cometeram contra os direitos humanos. Jungmann militou no PCB.

O general Carlos Alberto dos Santos Cruz, secretário nacional de Segurança Pública, sugeriu haver segundas intenções na novidade histórica: "[...] Esse é um ano eleitoral, uma eleição que vem com pesquisas... foram publicadas várias notícias de que um número maior de militares está participando nessa próxima eleição. [...] Tem que ver também interesses políticos nesse tipo de divulgação."

O mais notório candidato militar é Bolsonaro. O deputado interpretou à sua maneira o documento revelado: "Quem nunca deu um tapa no bumbum do filho e depois se arrependeu?" Em 1999, ele se jactanciara: "Eu sou favorável à tortura."

O site *Sensacionalista* gracejou: "'Quem nunca jogou estalinho para assustar o colega?', diz Bolsonaro sobre Hiroshima e Nagasaki." O humorista Gregório Duvivier também: "'Quem nunca queimou um amigo com o cigarro?', diz Igreja sobre as bruxas da Inquisição."

Na sessão da Câmara que em 17 de abril de 2016 abriu caminho para o impeachment, Bolsonaro anunciou ao microfone que votava "pela memória do coronel Carlos Alberto Brilhante Ustra, o pavor de Dilma Rousseff". De setembro de 1970 a janeiro de 1974, Ustra comandou o DOI em São Paulo.

Dilma foi presa no DOI paulista no princípio dos anos 1970. Torturaram-na com choques elétricos e socos. Penduraram-na no pau de arara. Ela respondeu ao deputado: "Eu conheci o Ustra dentro da Operação Bandeirante [nome do embrião do DOI]. Eu fui presa em janeiro de 1970, quando a Oban era chefiada por outro militar. Ustra chegou depois. Um dia, eu já ia sair da cadeia, eu o encontrei. O Ustra já era o Ustra. Já tinha matado gente. Ele me disse: 'Se você voltar, você vai morrer com a boca cheia de formiga.' Pois eu tenho orgulho de ter pavor deles. Dele eu tenho pavor."

O memorando de 1974 documenta a ferocidade institucional de senhores donos da vida e da morte. Em 2018, o endosso ao horror de outrora evidencia que as sombras permanecem. Os fantasmas do passado sobrevivem nos do presente.

16. CANTO DE ESPERANÇA NO PAÍS DO DESALENTO

23 DE MAIO, QUARTA-FEIRA

"Divino maravilhoso", de Caetano Veloso e Gilberto Gil, é uma das músicas que ricocheteiam com mais afinação o espírito de 1968. Lançada naquele ano por Gal Costa, cantora baiana de 23 anos, advertia: "É preciso estar atento e forte/ Não temos tempo de temer a morte."

O novo álbum de Elza Soares, *Deus é mulher*, é fecundo em criações que cantam e contam o Brasil de cinquenta anos depois do toque de Gal. Contém 11 faixas, com rap, canção, samba, frevo. Chegou às plataformas digitais na quinta-feira. Será vendido em CD e, *ói nóis aqui traveiz*, vinil e cassete.

Ao escutar o álbum de Elza, lembrei uma história que espalhavam na faculdade. Um professor de semiótica teria convidado Caetano para conversar com uma turma. Diante do compositor, esquadrinhou letras de autoria do convidado. Interpretou intenções e efeitos: um signo aqui, um significante ali, um significado acolá. Caetano o teria decepcionado ao esclarecer que nada daquilo lhe ocorrera ao compor.

Obras de arte, incluindo as obras-primas, podem prescindir de mensagens. "A arte é um exercício experimental de liberdade", enunciou o crítico de artes plásticas Mário Pedrosa. E basta. *Deus é mulher* cose versos que seriam vivazes em qualquer época. Só que talvez sejam mais tocantes ouvidos hoje. O crítico musical Luiz Fernando Vianna deu cotação máxima para o álbum. Sumarizou: os discos de Elza "com a turma paulista são fundamentais não só para a música brasileira, mas para a vida do país". Combinadas com melodias potentes, as letras não se assemelham a discursos. Às vezes, enternecem mais do que o mais inspirado deles. São arte.

A gravação atravessou dezembro, janeiro e fevereiro. Guilherme Kastrup produziu. Elza parece falar não apenas do que passou, mas, profética, do que viria. Assim abre a primeira música, "O que se cala", de Douglas Germano: "Mil nações moldaram minha cara/ Minha voz uso pra dizer o que se cala/ O meu país/ É meu lugar de fala." Recordei Marielle e as Marielles da vida. A vereadora era bissexual e, como Elza, carioca, negra e crescida em favela.

"O que se cala" indaga: "Pra que enganar?" Na primeira madrugada do mês, um prédio de propriedade da União ocupado por 171 famílias sem moradia pegou fogo em São Paulo, e seus 24 andares desabaram. Sete corpos foram encontrados nos escombros, como os da trabalhadora desempregada Selma Almeida da Silva e de seus filhos gêmeos, Wendel e Werner, de 10 anos. Ricardo Oliveira Galvão Pinheiro saíra, mas voltou para socorrer quem ficou. Os bombeiros o resgatavam do oitavo andar quando o edifício ruiu e o carregou. O herói Ricardo vivia de descarregar caminhões. O deputado Eduardo Bolsonaro tuitou sobre "o prédio invadido pelo MTST". Enganação: a ocupação era controlada por uma organização que cobrava aluguel dos moradores, e não pelo Movimento dos Trabalhadores Sem Teto. O MTST é coordenado por Guilherme Boulos, o alvo do filho Zero Três.

23 DE MAIO, QUARTA-FEIRA

Por que "tanto mentir?", pergunta "O que se cala". O Facebook lançou no Brasil um programa de verificação de informações para combater mentiras fermentadas com má-fé. Duas plataformas de checagem lideradas por jornalistas qualificadas e íntegras, *Lupa* e *Aos Fatos*, participam do projeto. O Movimento Brasil Livre lançou uma campanha de desmoralização dos jornalistas das agências. Tem seus motivos: quando o MBL ajudou a disseminar falsidades sobre Marielle – "estava engajada com bandidos", "foi eleita pelo Comando Vermelho" –, a checagem jornalística contribuiu para desmascarar a farsa.

Em "Exu nas escolas", de Kiko Dinucci e Edgar, Elza confronta a educação que despreza a cultura africana: "Exu no recreio/ Não é Show da Xuxa", "Exu nigeriano", "Deus iorubano". No começo do mês noticiou-se que a professora Maria Firmino fora afastada depois de dar uma aula, na cidade cearense de Juazeiro do Norte, sobre "patrimônio material, imaterial e natural de matriz africana".

Em Nova Iguaçu, na Baixada Fluminense, o terreiro de candomblé Centro Espírita Caboclo Pena Branca foi vandalizado e queimado. Nas paredes, os invasores picharam "Fora macumbeiros, aqui não é lugar de macumba". Coautor de "Exu nas escolas", Edgar faz parceria no vocal com Elza: "Exu te ama. E ele também está com fome, porque as merendas foram desviadas novamente."

De Tulipa Ruiz, "Banho" expõe Elza ainda mais sensual, acompanhada das percussionistas do Bloco Afro Ilú Obá de Min: "Acordo maré/ Durmo cachoeira/ Embaixo sou doce/ Em cima, salgada/ Meu músculo musgo/ Me enche de areia/ E fico limpeza debaixo da água." "Quando tá seco, logo umedeço/ Eu não obedeço porque sou molhada."

Ninguém canta o desejo hoje no Brasil como, aos 87 anos, Elza Soares.

"Eu quero comer você", de Alice Coutinho e Romulo Fróes, inicia na retranca: "Eu quero dar pra você/ Mas eu não quero dizer/ Você precisa saber/ Ler." Transita para o ataque: "Eu quero comer você." É a dialética do desejo e da emancipação. Fecha com um "ui" deleitoso de Elza.

"Língua solta", também de Alice e Romulo, encoraja: "É dia de encarar o tempo e os leões/ Se tudo é perigoso, solta o ar/ Escuta a maré, a lua, o rádio, a previsão/ Por nós, só nós, e um mundo inteiro pra gritar." Recusa a pregação para convertidos e a conversa restrita a quem pensa igual: "Nós não temos o mesmo sonho e opinião/ Nosso eco se mistura na canção/ Quero voz e quero o mesmo ar/ Quero mesmo é incomodar."

"Hienas na TV", de Kiko Dinucci e Clima, reitera o apreço pelo diálogo e o pensamento autônomo: "Sim/ Digo sim pra quem diz não/ E pra quem quiser ouvir/ Eu digo não." "Clareza", de Rodrigo Campos, relativiza certezas: "Clareza, um sopro de dúvida." "Um olho aberto", de Mariá Portugal, ilumina: "Ora, cara, não me venha com esse papo/ Sobre a natureza/ Cada um inventa a natureza que melhor lhe caia."

E dói: na quinta-feira em que *Deus é mulher* veio ao mundo, celebrou-se o Dia Internacional Contra a Homofobia. A rádio Jovem Pan veiculou nas redes um apelo-campanha: "Para falar dos números crescentes de violência contra #LGBTQ no Brasil, convidamos todos vocês a se colocarem dentro desta triste estatística, manifestando qual seria #MinhaUltimaMusica." Não música para viver, mas para ser morto.

No dia 7, a polícia informara que a estudante Matheusa Passareli, de 21 anos, havia sido assassinada por traficantes do morro dos Dezoito, na zona norte do Rio. Seu corpo teria sido incinerado. Aluna de artes visuais na Universidade do Estado do Rio de Janeiro, Matheusa se identificava como pessoa não binária (nem somente homem, nem somente mulher).

Em "Credo", mais uma de Douglas Germano, Elza torna a peitar o obscurantismo: "Minha fé quem faz sou eu/ Não preciso que ninguém me guie/ Não preciso que ninguém me diga/ O que posso e o que não."

23 DE MAIO, QUARTA-FEIRA

"A mentira conheço tão bem/ Não preciso que ninguém me aponte/ O castigo que serve só para vender o perdão."

O pastor evangélico e deputado Marcos Feliciano condenou o catolicismo como "religião morta e fajuta". Há duas semanas, o padre católico Fábio de Melo, em vez de semear tolerância, rosnou: "Com todo respeito a quem faz a macumba, pode fazer, pode deixar na porta da minha casa que, se tiver fresco, a gente come." Como pegou mal, o sacerdote zeloso com a imagem de moço cordato desculpou-se.

A penúltima faixa, "Dentro de cada um", de Pedro Loureiro e Luciano Mello, combina epifania e catarse: "A mulher dentro de cada um não quer mais silêncio/ A mulher de dentro de mim cansou de pretexto/ A mulher de dentro de casa fugiu do seu texto/ E vai sair de dentro de cada um." A mulher está nas mulheres, mas não só. "A mulher é você"; "A mulher sou eu." Em suma, lute como uma garota.

A saideira, "Deus há de ser", de Pedro Luis, traz o verso que rendeu o título do disco: "Deus é mulher/ Deus há de ser/ Deus há de entender/ Deus há de querer/ Que tudo vá para melhor." "Deus há de ser fêmea." "Deus é mãe."

No dia do lançamento do álbum de Elza, anunciaram números da Pesquisa Nacional por Amostra de Domicílios. Os brasileiros que desistiram de procurar trabalho já são 4,6 milhões, recorde da série instituída em 2012. O IBGE chama esses cidadãos de "desalentados". A subutilização da força de trabalho afeta 27,7 milhões, outro recorde do governo Temer. O resultado soma desempregados, subocupados por insuficiência de horas de trabalho e "desalentados".

Soube-se neste mês que, uma década e meia depois de quedas consecutivas, a mortalidade infantil voltou a subir em 2016. Elza Soares teve um filho que morreu de fome. Quando o apresentador Ary Barroso perguntou à jovem caloura, vestida com modéstia, de que planeta ela vinha, Elza respondeu: "Eu venho do planeta fome."

CANTO DE ESPERANÇA NO PAÍS DO DESALENTO

Um dia depois da prisão de Lula, em abril, Elza se apresentou em Buenos Aires. Soltou a voz: "O meu país enfrenta um triste momento político e social. Querem matar os nossos sonhos, prender nossas liberdades. Não irão conseguir. Lutarei por ele, por nós. Viva a democracia!" O público reagiu com gritos de "Lula livre!" e "Lula libre!"

17. A "INTERVENÇÃO" DOS CAMINHONEIROS

30 DE MAIO, QUARTA-FEIRA

O combustível sonegado aos postos atiça há dez dias a brasa do golpismo. Caminhoneiros autônomos ou a serviço de empresas de transporte rodoviário de cargas apelam pela ruptura institucional. Em frente à Refinaria Duque de Caxias, uma faixa pregou "Intervenção militar é solução; buzina, Brasil!". Ali, taxistas e motociclistas se uniram aos caminhoneiros em gritos pela "intervenção", cuja tradução sincera é "golpe militar" ou "golpe de Estado". Num bloqueio na rodovia Régis Bittencourt, picharam no asfalto: "Queremos intervenção militar já." Na cidade potiguar de Mossoró, esbanjaram pontos de exclamação: "Queremos intervenção militar no Brasil urgente!!!" No país inteiro foi assim.

Difundiu-se num grupo de rede social restrito a caminhoneiros a mensagem, anotada pelo repórter Ricardo Senra: "As reações à greve dos caminhoneiros, amplamente apoiada pela população, demonstram que o brasileiro está sem paciência alguma com as 'autoridades'. As condições

A "INTERVENÇÃO" DOS CAMINHONEIROS

são ideais para uma verdadeira revolução que refunde o Brasil. Mas onde está a liderança desse processo? Escrevam no para-brisa dos caminhões e carros. Intervenção militar!"

A repórter Josette Goulart capturou esta incitação em vídeo, no grupo catarinense de WhatsApp Carreteiros na Luta, que reúne 257 participantes: "Vamos parar o Brasil. Vamos parar tudo. Você que quer uma intervenção civil e militar saia às ruas e dê apoio aos caminhoneiros."

Parentes de caminhoneiros e seus aliados promoveram no fim de semana atos diante de quartéis no Rio Grande do Sul e em Minas. As vivandeiras, essa espécie imortal, imploravam por "intervenção militar". O cineasta Jorge Furtado contou: "Um amigo passou por uma fila de caminhoneiros em greve e gritou: 'Força aí, companheiros!' Os caminhoneiros responderam: 'Sai fora, vermelho! Comunista!'"

Acossado pela ditadura nas décadas de 1960 e 1970, o ator Francisco Milani teve de trocar de ofício. Passou a exercer a digna e dura profissão de caminhoneiro. De regresso à carreira artística, elegeu-se vereador no Rio. Militava no Partido Comunista Brasileiro.

A história oferece pistas para elucidar o caráter de certos movimentos sociais e caldos de cultura. Em novembro de 2015, caminhoneiros interditaram estradas de ao menos 14 estados. Um dos líderes reivindicou a queda de Dilma Rousseff. A presidente reagiu à obstrução com o aumento dos valores de multas e sanções aos motoristas. Derrotou o protesto.

Os empresários do transporte rodoviário do Chile tramaram em 1972 uma paralisação de quase um mês que provocou vasto desabastecimento de mercadorias. A CIA integrou a conspiração oposicionista que estacionou os caminhões. Às vésperas da deposição do presidente socialista Salvador Allende, em 1973, reeditaram a operação e corroeram ainda mais a economia.

O golpista Michel Temer nada tem a ver com Dilma e muito menos com Allende, governantes consagrados pelo voto popular. Mas os três

30 DE MAIO, QUARTA-FEIRA

locautes e greves prestaram-se a idêntico propósito: extremistas de direita alvejarem a democracia.

É claro como roupa lavada em propaganda de sabão em pó que nem todos os caminhoneiros comungam da fé intervencionista. Mas não se flagraram invocações por "Lula livre" e incentivos às candidaturas presidenciais de Marina Silva, Ciro Gomes, Geraldo Alckmin, Manuela D'Ávila ou Guilherme Boulos. Se houve, foi exceção. "Não tem uma bandeira vermelha, estão de parabéns", aplaudiu Jair Bolsonaro.

"Sabe que todo caminhoneiro vota no Bolsonaro, né?", afirmou, com uma pergunta, o empresário e caminhoneiro Claudinei Habacuque, dono de quatro caminhões. Parcela expressiva dos caminhoneiros e sobretudo dos seus patrões tem lado, e a este tem sido útil. Ergue o estandarte para se livrar do problema, "Fora, Temer!", mas acrescenta a bandeira "Intervenção militar!".

Bolsonaro hesitou mexer as peças, mas no auge da mobilização fez o seu lance. Manifestou-se por Twitter e WhatsApp: "Qualquer multa, confisco ou prisão imposta aos caminhoneiros por Temer/Jungmann será revogada por um futuro presidente honesto/patriota." A seguir, recuou o cavalo: "A paralisação precisa acabar, não interessa a mim, ao Brasil, o caos." Apologista de golpes, condenou a "intervenção militar".

O jornalista Janio de Freitas alertou: "Na gravidade e nos modos, a situação provocada pelos caminhoneiros empresariais e autônomos se ajusta, com precisão, ao que Jair Bolsonaro diz e representa para o eleitorado. O governo fraco e frouxo, a falta de ordem e de quem a ponha sob controle, o Congresso dos negocistas, o alto Judiciário confuso e confundindo, e a população indignada, a esperar das 'autoridades' a solução que não vem."

Janio escreveu que têm havido "reuniões de militares fora dos quartéis, para 'discutir a situação'". Jabeou: "Só poderiam ser vistas como prática de civismo se o passado brasileiro, a partir do golpe da República, não as intrigasse com o espírito da democracia."

A "INTERVENÇÃO" DOS CAMINHONEIROS

Que o diga o general de exército Antonio Hamilton Mourão, fanzoca do torturador Ustra e partidário da candidatura Bolsonaro. Em entrevista à jornalista Joice Hasselmann, o oficial da reserva vociferou: "Terá que haver uma intervenção forte num primeiro momento, colocando ordem nessa casa." Atemorizou: "Se o país irá flertar com o caos, só existe uma instituição capaz de impedir que isso aconteça, e essa instituição são as Forças Armadas."

Mourão rechaçou, entrevistado pelo repórter Rubens Valente, a "intervenção militar" nos moldes dos caminhoneiros. Porém, desafiou: "Se o governo não tem condições de governar, vai embora, renuncia. Antecipa as eleições [...]." Um dia antes, o pastor Silas Malafaia enveredara pelo mesmo rumo: "Antecipe as eleições. Dê posse antecipada ao presidente novo."

Quando Mourão e Malafaia, sócios do consórcio anti-Dilma, especulam sobre antecipação das eleições, a pulga cambalhota na orelha. Com menos de 1% de intenção de voto para o Planalto, Temer é tão abominado que, se um jiló gritar "Fora, Temer!", os brasileiros elogiarão seu gosto adocicado.

Outra conversa ladina é a do "semipresidencialismo" preconizado pelo protagonista do golpe de dois anos atrás. Michel Temer edulcora tal regime como "extremamente útil para o Brasil". Seria desprestigiado o instituto do sufrágio popular, ou o presidente escolhido pelos cidadãos. Esvaziariam seus poderes. O ministro Gilmar Mendes é um dos articuladores da proposta, que passaria a vigorar em 2023.

O céu nublou. Deputados, senadores e ministros do STF percebem a possibilidade de Temer não completar o mandato. Um senador da base governista sugeriu depor o vice de Dilma. José da Fonseca Lopes, presidente da Associação Brasileira dos Caminhoneiros, disse que há "um grupo muito forte intervencionista" que "quer derrubar o governo". Não seriam, afirmou, caminhoneiros. Há "infiltrados", denunciou o Planalto.

30 DE MAIO, QUARTA-FEIRA

A crise é política. Só sabichões prognosticam seu desfecho. Ele será influenciado pelo silêncio ou pelo alarido das ruas. Neste caso, do rugido que se ouvirá. Como escreveu o Barão de Itararé, há qualquer coisa no ar, além dos aviões de carreira – menos os que permaneceram em solo, imobilizados nos 12 aeroportos sem querosene.

É justa a bronca dos 2 milhões de caminhoneiros do Brasil. A tresloucada política de preços de combustíveis da Petrobras no governo Temer tornou imprevisível o custo dos fretes. Os reajustes oscilam conforme a cotação internacional do petróleo e a flutuação do câmbio. Em um ano, o barril pulou de US$ 45 para US$ 80. Só em maio o óleo diesel subiu 11,85% nas refinarias.

Os contratantes, contudo, não pagam um centavo a mais pelo transporte. O caminhoneiro combina um valor, que ao final pode nem cobrir as despesas com a viagem, porque o combustível encareceu. Inexiste margem para negociação: há frota demais para carga de menos. Se um caminhoneiro não quer, outro topa. O litro do diesel só foi mais caro em 2008. Mas naquele ano o barril saía a US$ 140.

A paralisação foi locaute e greve. Trinta por cento dos caminhoneiros são autônomos. Os demais trabalham para grandes, médias e pequenas transportadoras. Os patrões apoiaram, se é que não organizaram, o movimento dos trabalhadores. Seria uma greve peculiar. Ao pedirem redução de impostos federais e estaduais e serem atendidos, os caminhoneiros serviram de porta-vozes dos empresários.

Na noite do domingo, Temer rendeu-se, em pronunciamento recepcionado por panelaços (com menos decibéis do que os que atazanavam a antecessora). Abateu tributos, reduziu o preço do diesel, congelou-o por sessenta dias, comprometeu-se com reajuste só uma vez por mês, criou tabela mínima para frete, barateou pedágios. Destinou a caminhoneiros autônomos 30% dos fretes da Companhia Nacional de Abastecimento. Manteve a desoneração tributária na folha de

A "INTERVENÇÃO" DOS CAMINHONEIROS

pagamento das transportadoras, para júbilo patronal. O acordo sugará R$ 10 bilhões do Tesouro.

Os contribuintes bancarão com subsídios o lucro dos acionistas privados da Petrobras. Uma sociedade de economia mista sob controle da União não deveria se guiar exclusivamente por vantagens mercantis, à revelia de políticas públicas. Brasileiros miseráveis patrocinam, com novos cortes nos magros recursos sociais, a política de preços da companhia presidida por Pedro Parente.

Os caminhoneiros pareceram poupá-lo de sua artilharia. Melhor para quem conjura a privatização da Petrobras. Os petroleiros iniciam hoje uma greve de três dias para "baixar os preços do gás de cozinha e dos combustíveis, contra a privatização da empresa e pela saída imediata" de Pedro Parente.

O poder dos donos e motoristas de caminhões é imenso no país em que dois terços das cargas são transportados em rodovias. Excluindo petróleo e minério, 90% delas seguem por estradas. Anteontem persistiam 556 pontos de bloqueios. Mesmo com a rendição do governo, caminhoneiros temem ser passados para trás.

Temer e seus aspones os subestimaram. Os caminhões começaram a se enfileirar nas pistas e nos acostamentos em 21 de maio. Seis dias antes, a Confederação Nacional dos Transportadores Autônomos protocolou na Presidência da República o aviso de que a manifestação começaria dali a menos de uma semana. Pediu audiência "em caráter emergencial", e o governo ignorou a advertência.

Teria sido bobeada? Interessaria a alguém atear fogo ao país? Na sexta-feira, encurralado, Temer convocou as Forças Armadas para escoltar caminhões-tanque abastecidos em refinarias – não pediram uma "intervenção militar"? O de costume: governo pusilânime, tropa na rua. Em São Paulo, a polícia reprimiu com bombas de gás um protesto de motoboys por combustível mais barato.

30 DE MAIO, QUARTA-FEIRA

Em meados do mês, o governo distribuíra um convite para a cerimônia comemorativa dos dois anos da administração Temer com o slogan "O Brasil voltou, 20 anos em 2". Todos leram, curvando-se aos fatos, sem a vírgula. Já com os 40 mil postos quase sem uma gota de gasolina, Temer entregou 369 automóveis em evento no estado do Rio. Na segunda-feira, oitavo dia da mobilização, jornais publicaram um anúncio do governo federal com o mote "Avançamos com o Brasil". Na foto, as gôndolas estão abarrotadas de legumes e frutas. Nos supermercados reais, estavam vazias.

Nos dias em que o Brasil sem caminhões se equilibrou à beira do abismo, rarearam nas farmácias insulina, hormônios e remédios. Hospitais adiaram cirurgias agendadas e só asseguraram as urgentes. Estoques de oxigênio estiveram na iminência de esgotar. Suspenderam campanhas de vacinação. Não recolheram o lixo em São Paulo e em muitas cidades. Ambulâncias não circularam devido à ameaça de pane seca. Famílias sofreram sem gás de cozinha. Com incômodos e dramas, os brasileiros padeceram.

Escolas e universidades fecharam – só no Rio, 1.500 estabelecimentos da prefeitura, mais de 650 mil alunos, dos quais metade não costuma levar lanche; perderam a refeição diária garantida. Sem fornecimento de alimentação e com funcionários sem transporte, creches não receberam as crianças país afora. Hortifrútis desapareceram. Escassearam carne de frango e de boi, muitíssimos produtos. Supermercados limitaram compras. Em pânico, houve gente que estocou comida como um francês aguardando a invasão alemã ou, um tcheco, a soviética. A saca de 50 quilos de batata de um dia para o outro saltou de R$ 70 para R$ 350 no atacado.

A Cedae, sem insumos de tratamento, pediu para os cariocas pouparem água. Uma unidade do McDonald's de Copacabana ficou sem Big Mac, porque os pães vindos do Espírito Santo e os hambúrgueres fabricados em São Paulo não chegaram. Num restaurante, a rabada

A "INTERVENÇÃO" DOS CAMINHONEIROS

com agrião virou rabada com brócolis. Com carros na garagem, os engarrafamentos se extinguiram. A frequência aos cinemas caiu a menos da metade. O faturamento do comércio despencou.

No domingo, os ônibus descansaram em Belo Horizonte e Porto Alegre. O transporte coletivo encolheu, com a maior parte das frotas inativa. Trens superlotaram. Quanto mais longe do trabalho se mora, pior; os mais pobres foram os mais afetados. Municípios decretaram situação de emergência e estado de calamidade pública. As polícias fizeram menos rondas motorizadas. Nos postos com estoque de combustível, formaram-se filas quilométricas. Em alguns, os clientes tentaram resolver a tapa quem encheria o tanque primeiro.

Por falta de ração, sacrificaram 64 milhões de aves. Em granjas, frangos famélicos comeram as penas de outros. Nos próximos dias, podem morrer 1 bilhão de aves e 20 mil porcos. Interromperam as atividades 167 fábricas de carne de ave e carne suína. Nelas trabalham 234 mil funcionários. Sem transporte, os produtores jogaram fora leite estragado. Com o colapso no abastecimento, as montadoras de automóveis suspenderam a produção – o setor representa 20% do PIB industrial brasileiro. Usinas de açúcar e álcool pararam. Ontem, o movimento dos caminhoneiros arrefecia.

Outro dia o ministro Carlos Marun, da Secretaria de Governo, adulou Temer como "o melhor presidente do Brasil por hora de mandato". Uns se desesperam, outros debocham.

18. A ASCENSÃO DA EXTREMA DIREITA

13 DE JUNHO, QUARTA-FEIRA

A Copa que começa amanhã em Moscou, com o jogo entre a equipe da casa e a Arábia Saudita, evoca um causo delicioso do futebol. Imprimiram a lenda segundo a qual no Mundial de 1958, na preleção antes da partida da seleção brasileira contra a União Soviética, o técnico Vicente Feola ensinava o time a furar a defesa oponente. Garrincha, entre palerma e sonso, teria perguntado: o senhor já combinou com os russos? A historinha é boa, porém ficcional. Biógrafo do Mané, Ruy Castro consultou testemunhas da conversa. Todas esclareceram que a frase é fantasia; ninguém a pronunciou. Vencemos por 2 a 0, gols de Vavá.

Quem se esqueceu de combinar com os russos foram os formuladores dos prognósticos de declínio acentuado da influência de Lula na eleição de outubro. Quer dizer, esqueceram-se de combinar com os brasileiros. O Datafolha acaba de mostrar que o ex-presidente, preso desde 7 de abril, permanece líder na intenção de voto. Ponteia com folga: 30%. É seguido por Bolsonaro (17%), Marina (10%), Ciro e Alckmin (6% cada um) e Álvaro Dias (4%).

A ASCENSÃO DA EXTREMA DIREITA

Em dois cenários sem o ex-torneiro mecânico, o capitão é o primeiro, com 19%. Nessas simulações, experimentaram os nomes de Fernando Haddad e Jaques Wagner. Os correligionários de Lula não ultrapassaram a marca de 1%. É evidente como a cara enfezada do Canarinho Pistola, mascote mais popular da seleção, que a maioria dos entrevistados não os associou ao companheiro de partido.

Os repórteres Guilherme Evelin e Catarina Alencastro informaram que o ministro Gilmar Mendes "tem dito que as possibilidades de o ex-presidente deixar a cadeia só vão melhorar quando ele se declarar fora do páreo presidencial".

Também não combinaram com os russos o profetizado definhamento de Bolsonaro. O deputado beira, mas não alcança os 20%. Conserva, contudo, a saúde que o empurraria para o segundo turno. Na pesquisa espontânea, em que nenhum candidato é citado, ele superou Lula (12% a 10%), desconsiderando a margem de erro. Na finalíssima, perderia para Marina (42% a 32%) e faria jogo duro com Alckmin (ambos com 33%) e Ciro (vantagem de 36% a 34% para o pedetista que namorica o DEM enquanto sonha abocanhar os votos do PT; o ex-ministro é um centroavante rompedor que espera tanto a bola cruzada da esquerda quanto da direita para cabecear).

Sobressaltos econômicos, decomposição social e desmoralização da política institucional costumam ser circunstâncias proveitosas para a extrema direita. O Brasil devastado é fértil para a plantação de Bolsonaro. O governo hesita em honrar promessas feitas a caminhoneiros e empresas de transporte rodoviário. Em uma semana, a bandidagem do Primeiro Comando da Capital incendiou 68 ônibus em Minas, onde servidores da segurança pública invadiram o Palácio da Liberdade, sede do governo.

O Atlas da Violência recém-divulgado contabilizou 62.517 mortes violentas intencionais no Brasil em 2016. Em 11 anos, houve mais homicídios no Brasil, 553 mil, do que mortes em sete anos de guerra na

13 DE JUNHO, QUARTA-FEIRA

Síria. Pregações belicosas como a de Bolsonaro retumbam, a despeito dos reveses reincidentes das intervenções militares nos aparatos estaduais de segurança.

Na sexta-feira, a operação do bondinho do Pão de Açúcar foi suspensa por causa de um tiroteio na Urca. Traficantes fugiam dos morros da Babilônia e do Chapéu-Mangueira pela mata, rumo à praia Vermelha. Trocaram tiros com policiais militares. Um PM foi ferido. Sete corpos apareceram por ali, numa encosta. De acordo com parentes, eram jovens do tráfico chacinados por PMs depois de se render.

O comandante do Exército recepcionou Bolsonaro e posou sorridente com o visitante. Uma sondagem com 204 investidores do mercado financeiro constatou que 48% deles preveem a vitória do deputado. Ao Ibope, 53% dos entrevistados reconheceram a hipótese de golpe militar. No Datafolha, a aprovação ("ótimo/bom") ao governo Temer caiu ao menor índice da história do país, 3%.

Bolsonaro tem se recusado a participar de debates e sabatinas. Guilherme Boulos, candidato do PSOL com formação psicanalítica, diagnosticou: "Quem não tem o que dizer foge dos debates. A psicanálise nos ensina: a agressividade oculta o medo."

Se ocorrer o fenômeno da eleição carioca de 2016, quando Flávio Bolsonaro recolheu 14% dos votos válidos para prefeito, as urnas revelarão eleitores do seu pai envergonhados, não captados pelas pesquisas de opinião.

O Datafolha cravou em 49% a 32% a goleada de Lula sobre Bolsonaro no segundo turno. O deputado escaparia do chocolate devido ao impedimento do ex-presidente. É possível interpretar a condenação no processo do triplex como edificante ou aberrante. Mas o fato é incontornável: o Judiciário livra o ultradireitista do adversário mais ameaçador.

Um dos motivos do adiamento do endosso de Lula a outro candidato é o temor de que Polícia Federal, Ministério Público Federal e Justiça

Federal descarreguem as baterias no apadrinhado. O favorito dos eleitores identifica naquelas instituições não equilíbrio, e sim partidarismo, contra ele e sua agremiação. Os magistrados formariam o partido da toga. No mínimo, irrompem coincidências e idiossincrasias.

A Justiça Eleitoral recebeu denúncia contra Haddad por caixa dois. Na sexta-feira, o PT lançou em Contagem a pré-candidatura Lula. No mesmo dia, o ministro Celso de Mello liberou para julgamento pelo STF uma ação contra a senadora Gleisi Hoffmann. A presidente do PT coordena a campanha pela libertação do antigo presidente da República. Veloz no julgamento em que confirmou a condenação de Lula, o TRF-4 demora a apreciar o recurso que permitiria encaminhar o caso a tribunais superiores.

Em Nova York, Sergio Moro foi a estrela de evento organizado pelo Lide, empresa vinculada ao tucano João Doria. O governador de São Paulo o decantou "herói nacional". O juiz recebeu homenagem em Mônaco, paraíso fiscal, onde teve a companhia do príncipe Albert II num evento de gala. Antes da excursão como celebridade benzida por ricaços e reacionários, Moro aproveitara um despacho para opinar sobre o movimento de caminhoneiros, assunto estranho à sua vara.

Em Brasília, o ministro Luiz Fux mandou arquivar um processo sobre caixa dois em campanha que investigava Onyx Lorenzoni. O deputado do DEM acompanhou Bolsonaro na visita ao general Villas Bôas. Embora os ministros do Supremo já dispusessem de uma sala especial no aeroporto de Brasília, passaram a contar com novo espaço VIP, ao custo anual de R$ 374,6 mil. A mordomia é patrocinada pelos contribuintes, os mesmos que bancam o renovado auxílio-moradia de magistrados e procuradores. A presidente do STF, Cármen Lúcia, não pauta o julgamento da ação sobre prisão de condenados em segunda instância que poderia retirar Lula do cárcere.

O ministro Augusto Nardes, do Tribunal de Contas da União, foi alvo de busca e apreensão. Um delator de falcatruas entregou seu nome. Na

13 DE JUNHO, QUARTA-FEIRA

diligência, ordenada pelo ministro Dias Toffoli, a PF foi camarada e usou veículos descaracterizados – "raro benefício", escreveu o jornalista Lauro Jardim. Nardes foi o relator, no TCU, das "pedaladas fiscais" de Dilma.

Na primeira aparição pública desde o encarceramento, na terça-feira Lula prestou por vídeo depoimento a Marcelo Bretas, num processo em que o ex-governador Sérgio Cabral é réu. Como se pretendesse afetar equidistância, o juiz falou que aos 17, 18 anos estivera em comício usando camiseta e boné com o nome do ex-presidente, que ironizou: "Quando eu fizer um comício agora eu vou chamar o senhor para participar."

Desconhecem-se provas documentais de Lula pedindo dinheiro a empresários. Em 2010, informou o repórter João Pedroso de Campos, FHC escreveu ao empreiteiro Marcelo Odebrecht apelando por "contribuições" para a campanha de dois concorrentes do PSDB ao Senado. Enviou dados bancários para depósito. Como a abordagem era frequente, um e-mail registra como assunto "O de sempre". Na prestação de contas dos candidatos estão ausentes desembolsos da construtora que pagava almoços do PT ao PSDB, do MDB ao DEM.

"O de sempre" ingressa na antologia de expressões-sínteses do poder nacional, como "Com o Supremo, com tudo" (Romero Jucá) e "Tem que manter isso, viu?!" (Michel Temer). Mensagens tratam de contribuição financeira da Odebrecht para a Fundação Fernando Henrique Cardoso. Mas criminalizado é o Instituto Lula, e quem está no xadrez é Luiz Inácio Lula da Silva. "Não me conformo com minha situação", disse o preso em manifesto lido no lançamento de sua candidatura.

No domingo, a seleção estreará na Copa, contra a Suíça. A vitória no amistoso com os austríacos – gols de Gabriel Jesus, Neymar e Philippe Coutinho – vitaminou o otimismo. Tostão advertiu: "Todos elogiam o Brasil, como se fosse o time perfeito, antes da hora. Isso me preocupa." Juca Kfouri tabelou: "Trata-se agora de não permitir que o 3 a 0 sobre a Áustria sirva para deixar todos eufóricos."

19. UM CANDIDATO DE CLASSE

11 DE JULHO, QUARTA-FEIRA

Faltam 88 dias para o primeiro turno da eleição. Enquanto a seleção brasileira pelejava na Copa, até ser eliminada pelos compatriotas do detetive Hercule Poirot e do pintor René Magritte, nenhum candidato se fortaleceu tanto quanto Jair Bolsonaro. Dissolveram-se as ilusões de que o deputado careceria de respaldo de endinheirados, de que sua ascensão seria expressão exclusiva do ressentimento de classes médias herdeiras das que chocaram os ovos do fascismo italiano e do nazismo alemão.

Já se sabia que o capitão tinha amparo de graúdos do agronegócio. Agora, a casa-grande botou blocos e tratores na rua. "Mais de 90%" dos empresários rurais apoiam Bolsonaro, estima o presidente da União Democrática Ruralista, Luiz Antonio Nabhan Garcia. Na entrevista da candidata Manuela D'Ávila no programa *Roda Viva*, um dos "entrevistadores" foi o empresário Frederico D'Avila, que não é parente da deputada. O apresentador anunciou-o como "diretor da Sociedade Rural Brasileira". Omitiu que se tratava de um dos formuladores das propostas de Bolsonaro para o campo. O bolsonarista se comportou como debatedor, e não entrevistador.

O postulante do Partido Social Liberal progride também entre industriais. Aclamaram-no na quarta-feira, em um encontro da Confederação Nacional da Indústria, na presença de quase 2 mil expoentes do setor. Ao menos seis vezes o aplaudiram. Ele alegrou o convescote: "O trabalhador vai ter que decidir se quer menos direitos e emprego, ou todos os direitos e desemprego."

O candidato avança noutras rodas. Em maio, depois de Bolsonaro falar a investidores e executivos numa conferência do banco BTG Pactual, a agência Bloomberg veiculou a reportagem "Bolsonaro desperta amor (secreto) no mercado financeiro". Seu mais notório conselheiro econômico é o banqueiro Paulo Guedes, um ultraliberal. Na semana passada, o deputado que alguns ainda vendem como outsider participou de uma reunião a convite do bilionário Abílio Diniz. Conversou com sócios e executivos de grupos como Itaú Unibanco, Votorantim, Cosan, Suzano e Ultra.

Sondagem divulgada na quinta-feira mostrou que 49% dos investidores institucionais preveem que Bolsonaro será o próximo presidente (eram 29% em abril). No evento da CNI, ele desprezou o figurino bonapartista: "Não faremos nada da nossa cabeça. Os senhores que estão na ponta das empresas serão os nossos patrões."

Jair Bolsonaro é um candidato de classe – classe social, bem entendido. Como os patrões o querem liberal na economia, ele renegou veleidades estatistas passadas. Supor que lhe faltaria dinheiro abundante para a campanha trai ingenuidade. Bem como presumir que protagonistas da elite nacional se constrangeriam em endossá-lo, nem que fosse sem alarde. Os mandachuvas do Brasil já patrocinaram Fernando Collor e, até na noite mais sangrenta, a ditadura partejada em 1964. Parecem adotar a profissão de fé

11 DE JULHO, QUARTA-FEIRA

do coronel e ministro Jarbas Passarinho, anunciada na sessão que sacramentou o Ato Institucional número 5, em 1968: "Às favas [...] todos os escrúpulos de consciência."

O preferido dos mais ricos é o anêmico Geraldo Alckmin, mas eles temem o risco de perder a eleição para um candidato de Lula. Não têm chuchu, vão de pimenta. O discurso marqueteiro de numerosos empresários reconhece a educação de qualidade como instrumento imprescindível ao desenvolvimento. Na vida como ela é, associam-se a um arauto do movimento Escola Sem Partido.

Nos dias da Copa perdida, outro engano esboroou-se, o de que Bolsonaro mitigaria hoje, com bafejos civilizatórios, as ideias de barbárie que se habituou a preconizar. O candidato menosprezou decisão da Corte Interamericana de Direitos Humanos, que condenou o Brasil por não punir os assassinos de Vladimir Herzog. O jornalista foi morto na tortura, em 1975, por agentes da ditadura que encenaram um suicídio. "Suicídio acontece, pessoal pratica suicídio", disse Bolsonaro no programa *Mariana Godoy Entrevista*. Ele renovou a mentira que protege homicidas.

Seguidores de Bolsonaro vendem camisetas com a estampa do torturador Ustra. Nem os marechais e generais que presidiram o Brasil de 1964 a 1985 defendiam em público o extermínio. Com o capitão é diferente. Em 2003, ele discursou na Câmara: "Enquanto o Estado não tiver coragem de adotar a pena de morte, esses grupos de extermínio, no meu entender, são muito bem-vindos." "Mudou de opinião?", indagou em junho o repórter Ranier Bragon. O deputado não respondeu.

Outrora, prometera "dar golpe no mesmo dia" em que assumisse a Presidência. Fecharia o Congresso. No domingo, manifestou-se: "Estamos, eu entendo, num período pior que o pré-1964. Porque a esquerda naquela época não estava tão aparelhada como está hoje." Soa como insinuação: o desfecho de 2018 ou 2019 poderia ser como o de 1964, com ruptura institucional.

Pertencem ao passado um pouco mais distante, 2014, declarações como a de que não estupraria a deputada Maria do Rosário porque ela "não merece". Bolsonaro é réu por apologia ao estupro. Em 2002, ele falara: "Não vou combater nem discriminar [casais gays], mas, se eu vir dois homens se beijando na rua, vou bater." Em 2014, aconselhou: mulher deve ganhar menos do que homem porque engravida ("É muito fácil eu, que sou empregado, falar que é injusto, que tem que pagar salário igual"). Bolsonaro evoluiu? Eis uma, digamos, tese recente, de 2016: "O grande erro da ditadura foi torturar e não matar". Como se não tivesse matado...

O acento leviano não relativiza racismo, misoginia, homofobia e pregação de ódio. Donald Trump é o mais poderoso difusor contemporâneo de bravatas. Fez do muro na fronteira dos Estados Unidos com o México um compromisso de palanque com ares de fanfarronice. Houve quem não o levasse a sério. Acabou separando milhares de bebês e crianças de mães e pais imigrantes detidos.

Bolsonaro milita no fã-clube trumpista. Em 2015, classificou os refugiados sírios como "escória do mundo". Quanto mais o capitão for encarado como um aventureiro gabola, e não como o perigo real em que se converteu, mais ameaçada estará a democracia.

Inexiste na história da República candidato competitivo com verborragia tão assemelhada à do nazifascismo dos anos 1930. Nem Plínio Salgado irradiava tamanhas boçalidades. Corifeu da Ação Integralista Brasileira, a encarnação tupiniquim das hostes hitleristas e mussolinistas, o chefe galinha-verde pretendia concorrer à Presidência em 1938, na eleição cancelada pelo ditador Getúlio Vargas. Língua por língua, na comparação com o radicalismo de Bolsonaro, Plínio solfejava moderação.

11 DE JULHO, QUARTA-FEIRA

O deputado planeja aumentar de 11 para 21 o número de componentes do STF. Assim, no Planalto, controlaria a corte com novas nomeações. A ditadura passou de 11 para 16 os ministros do Supremo. Bolsonaro colhe adesões, como a da advogada Janaina Paschoal, ruidosa pregoeira da deposição de Dilma Rousseff. Ele jura organizar 110 deputados federais em suas trincheiras.

O rififi judicial do domingo tornou ainda mais inverossímil a versão que narra um julgamento justo de Lula no caso do triplex. O Judiciário mergulhou em transe quando o juiz federal Rogério Favreto concedeu de manhã liminar libertando o ex-presidente. Ele era o magistrado de plantão no TRF-4. Na sexta-feira à noite, os deputados petistas Wadih Damous, Paulo Pimenta e Paulo Teixeira haviam solicitado um habeas corpus para o preso.

O juiz reconheceu como fato novo a condição de Lula como pré-candidato impedido de se manifestar, objeto de "demandas de veículos de comunicação social para entrevistas, sabatinas, filmagens e gravações". Como não existe sentença definitiva no processo, escreveu Favreto, a "antecipação indevida e ilegal da execução da pena" "interferir[ia] em direito fundamental da cidadania, pelo exercício de seus direitos políticos, que somente podem ser limitados com decisão judicial transitada em julgado".

Decisão judicial se cumpre, ensinam juristas e aprendem estudantes de direito. Em caso de contrariedade, recorre-se contra ela. Mas o prisioneiro não foi solto. O juiz de primeiro grau Sergio Moro ordenou logo depois do meio-dia que Lula permanecesse na Polícia Federal em Curitiba. Alegou ter sido instruído pelo presidente do TRF-4. Em seu despacho, caracterizou Favreto, juiz de segundo grau, portanto de instância superior, como "autoridade absolutamente incompetente" para tomar a decisão que tomou. Moro estava de férias.

Em seguida, apurou a repórter Bela Megale, Moro telefonou para a superintendência da PF e disse ao delegado Roberval Ré Vicalvi que não soltasse Lula. Prossegue a reportagem de *O Globo*: "O delegado chegou a argumentar com Moro que sua [de Moro] decisão não tinha validade de contraordem à determinação do TRF-4, e que ele [o policial] não poderia manter o petista preso. Diante da insistência do magistrado, Ré Vicalvi ligou para seus superiores, que lhe ordenaram cumprir o pedido de Moro e manter Lula na cela."

A bulha continuou, com desfecho previsível. Em novo despacho, Favreto mandou soltar o ex-presidente. O juiz João Gebran Neto, também do TRF-4, que não estava de plantão, revogou a decisão de Favreto. Sustentou que os parlamentares haviam induzido o plantonista a erro. Gebran compõe a turma de juízes que condenou Lula no tribunal cujo presidente, Carlos Eduardo Thompson Flores Lenz, deu a última palavra à noite: #LulaNaCadeia, e não #LulaLivre.

Seria simples o Ministério Público recorrer na segunda-feira para recolocar o ex-presidente no cativeiro. Moro, contudo, preferiu sacrificar as aparências de não alinhamento para vedar ao réu algumas horas de liberdade. Alguém ainda enxerga no juiz de Curitiba um magistrado equilibrado, e não um contendor de Lula?

O jornalismo rebaixado a propaganda buscou desqualificar o juiz Favreto porque ele fora filiado ao PT e ocupara cargos em governos petistas. A mesma imprensa não costuma informar – com as exceções escrupulosas de praxe – que o ministro Alexandre de Moraes integrou o PSDB, foi secretário do governo de Geraldo Alckmin e ministro de Michel Temer. Ao ser indicado para o Supremo, deixou o partido – como o juiz do TRF-4. A informação sobre Favreto é legítima e necessária, a despeito da legalidade de suas ações. Contrasta com o silêncio acerca da trajetória de outros magistrados.

11 DE JULHO, QUARTA-FEIRA

Bolsonaro esculhambou a ordem de soltar Lula. Ele é o candidato mais favorecido pela barração do adversário. No atacado, não tem motivos para se queixar da Justiça. No jogo da sucessão, o Judiciário não apita. O Judiciário joga.

20. NA COPA, NEYMAR CAIU

18 DE JULHO, QUARTA-FEIRA

Na estreia do Brasil na Copa, igualdade em 1 a 1 com a Suíça, Neymar quebrou um recorde de duas décadas: nos últimos cinco Mundiais, contando este da Rússia, ninguém sofreu tantas faltas numa única partida. Foram dez. Até a eliminação, elas somaram 26. Mesmo com o regresso precoce da seleção para casa, nenhum jogador das 32 equipes arrematou mais na meta adversária do que ele: 27 vezes. O atacante do Paris Saint-Germain fez dois gols e deu o passe para outro. Nas oitavas de final, 2 a 0 no México, escolheram-no o melhor em campo.

 Esteve longe de jogar como Luka Modrić, croata vice-campeão, eleito o craque do torneio. Ou como o campeão Kylian Mbappé, francês de 19 anos, o jovem mais talentoso da competição. Os números desautorizam, no entanto, a suposição que o namorado da atriz Bruna Marquezine tenha se metamorfoseado em perna de pau. É justo que o apontem como o maior derrotado individual da 21ª Copa do Mundo de futebol?

 Talvez, a considerar o estrago provocado pelo tombo. Neymar desembarcou em Sochi como promessa e partiu de Kazan como piada. Depois de três meses parado devido a uma fratura no pé direito, recuperou-se a tempo (Daniel Alves não conseguiu, e a lateral direita se ressentiu de sua ausência). Era candidato, nas conversas vadias, a se integrar ao ataque titular da seleção canarinho de todos os tempos.

Para figurar ao lado de Pelé e Garrincha, teria de ultrapassar Ronaldinho Gaúcho, Romário, Ronaldo e Rivaldo (sem falar em Jairzinho, Tostão, Leônidas da Silva e companhia). Ao contrário do quarteto, o erre do seu nome fica no fim; ele não chegou nem perto da escalação no escrete dos sonhos. Desejava ser o melhor na Rússia. Pretendia sepultar a tradição de dez anos em que a Bola de Ouro da temporada coube a Messi ou Cristiano Ronaldo.

Com tamanhas aspirações, todas legítimas, Neymar não foi nem o destaque do time do técnico Tite na fase inicial. Nos dois primeiros jogos, Philippe Coutinho se sobressaiu. No terceiro, Paulinho. O camisa dez foi a vítima de mais da metade das 19 faltas cometidas pelos suíços, amarelados três vezes ao atingi-lo. Facilitou a vigilância helvética ao segurar demais a bola. Às vezes, na intermediária, de costas para o goleiro Sommer. Desacelerou os ataques. Pareceu imaginar que se desenrolava o confronto Neymar, e não Brasil, *versus* Suíça. Houve lances em que, ao ser abalroado, exagerou na coreografia das quedas, e aí semeou sua desgraça. Chamou a atenção também pela alegoria capilar, e o compararam a uma calopsita e ao Canarinho Pistola. Mancava ao sair do gramado.

Na partida seguinte, 2 a 0 contra a Costa Rica, o cabelo mudou. Não Neymar. Björn Kuipers apitou pênalti sobre ele, porém recuou ao rever o lance no monitor – o VAR, sigla em inglês de "árbitro assistente de vídeo", viveu sua Copa inaugural. Cresceram as acusações de simulação. Logo o holandês advertiu o brasileiro com cartão amarelo por protestar, arremessando a bola ao chão, contra falta não marcada. O reclamão xingou o zagueiro Thiago Silva, que devolvera a pelota aos costa-riquenhos, em atitude de fair play. O Man of the Match foi

18 DE JULHO, QUARTA-FEIRA

Coutinho, autor do primeiro gol, mas no fim as câmeras focaram Neymar, que anotou o segundo: o atacante se ajoelhou e chorou. Alguns torcedores desconfiaram de fingimento.

Contra a Sérvia, nova vitória por 2 a 0 e a cena que viraria matéria-prima para memes e caçoadas. Em um contra-ataque, Neymar disparava pela ponta esquerda quando o meia Adem Ljajić o derrubou com um carrinho. O atacante não se machucou, mas rolou cinco vezes lateralmente sobre o próprio corpo. Apesar da alta velocidade em que corria ao ser abatido, sua performance foi vista como desmedida. O ex-centroavante holandês Marco van Basten, diretor de desenvolvimento técnico da Fifa, pilheriou: "É sempre bom se temos algum humor no jogo, e Neymar faz as pessoas rirem."

A fama de cai-cai deixou botinudos mais à vontade. No primeiro mata-mata, o mexicano Miguel Layún empurrou Neymar, que caiu. Em seguida, pisou o tornozelo direito do atacante, que estava sentado. Nem amarelo recebeu pela covardia. Condenaram o agredido: "Parecia que ele estava morrendo, fingiu estar morrendo", queixou-se o ex-goleiro dinamarquês Peter Schmeichel. O técnico do México, Juan Carlos Osorio, espezinhou Neymar como "uma vergonha para o futebol".

O jogador mais caçado da Copa passou a inspirar estatísticas galhofeiras. Nos dois jogos da largada, o jornal *Extra* contabilizou 22 quedas de Neymar, uma a cada 9 minutos, 11 delas sem falta assinalada. Em quatro partidas, ele permaneceu 13 minutos e 50 segundos caído, cronometrou o site francês *RTS Sports*. O UOL publicou que o físico Daniel Ângelo calculara em 8,6 quilômetros por hora a velocidade de Neymar rolando depois da entrada de Ljajić.

Nas quartas de final, a seleção foi eliminada por 2 a 1 pela Bélgica, expoente do futebol mais vistoso da Copa – o flamante time de Hazard, De Bruyne e Lukaku perderia por 1 a 0 a semifinal para o pragmatismo da França, que superou a Croácia na decisão por 4 a 2. Se houve lágrimas de brasileiros, foram enxugadas por risadas.

Disseminou-se o *Neymar challenge*, desafio em que os concorrentes desabam de modo esdrúxulo ao ouvir o nome do jogador. Circulou uma ilustração de bonecos de pebolim/totó caídos na mesa. Promoveram corridas de pessoas rolando. Em festas juninas, a proclamação "Neymar!" desatou a queda circense dos participantes da quadrilha.

Ainda durante o Mundial, bolões apostavam quantas vezes o craque se esbarrocaria. No "pique Neymar" das escolas, a criança se salvava ao se jogar ao solo. Neymar voltou ao Brasil..., e a temperatura caiu. Ele caiu no vestibular da Universidade Estadual de Ponta Grossa (a questão versou sobre a cirurgia em osso, o quinto metatarso, do seu pé). Como Neymar fica em pé? Colocando o aparelho de TV com a lateral para baixo. Viralizou um tuíte legendando um golaço da jogadora Bárbara Latorre, do Barcelona: *"Play like a woman, not like Neymar"* (Jogue como uma mulher, não como Neymar).

Num escritório francês, uma funcionária gritou "Neymar", e os colegas mergulharam no chão. Para promover um curso de prevenção e resgate, bombeiros da França recorreram a uma fotografia dele se contorcendo de dor e perguntaram o que fazer com a vítima "nessa situação". O Instituto Nacional de Emergência Médica veiculou no Facebook, em campanha contra chamadas falsas de socorro em Portugal, uma imagem de Neymar deitado na grama, mão levantada e rosto de desespero. Se meme equivalesse a gol, ele seria o goleador da Copa (o artilheiro, com seis tentos, foi o inglês Harry Kane).

O que não tem graça é racismo. Autor de um gol contra no revés definitivo, diante da Bélgica, o volante afrodescendente Fernandinho foi chamado de "macaco" nas redes. O youtuber brasileiro Julio Cocielo comentou a jogada em que Mbappé correu na média de 32,4 quilômetros por hora, até sofrer pênalti de Marcos Rojo, nos 4 a 3 da França sobre a Argentina: "Mbappé conseguiria fazer *uns* arrastão top na praia hein." O intrépido francês é negro, com ascendência camaronesa e argelina.

18 DE JULHO, QUARTA-FEIRA

Dias antes da abertura do Mundial, estudantes negros da Uerj, da UFF e da Universidade Católica de Petrópolis foram alvo de racismo nos Jogos Jurídicos Estaduais do Rio de Janeiro. Testemunhas identificaram como autores alguns alunos e torcedores da PUC-Rio. Os agressores atiraram casca de banana em atleta. No antigo país dos sovietes, em cuja capital sobrevivem 82 estátuas do revolucionário Vladímir Lênin, brasileiros exacerbaram na cretinice ao assediar uma mulher estrangeira. Sem entender português, ela sorriu e fez coro com os turistas: "Boceta rosa, boceta rosa!"

Em campo, o vexame coletivo mais deprimente foi da Alemanha; campeã em 2014, despediu-se na fase de grupos. Era a única seleção com chance de igualar o penta exclusivo do Brasil. Atrás de Modrić, a eleição oficial de melhor jogador colocou no pódio o belga Eden Hazard (segundo lugar) e o francês Antoine Griezmann (terceiro). Mbappé se tornou o primeiro boleiro com menos de 20 anos a fazer gol na final, desde Pelé, sessenta anos antes. O técnico da França campeã, Didier Deschamps, atuava na equipe que venceu em 1998. Nunca um país com tão poucos habitantes como a Croácia, na comparação relativa com a população global, havia disputado uma decisão de Copa.

Neymar Jr., aos 26 anos, não é mais o "menino Ney". Terá 30 em 2022, no Mundial do Catar. É a mesma idade que Messi completou na Rússia. Depois de ser o principal personagem da sátira futebolística em 2018, o brasileiro pode se apegar à esperança do dito popular: quem ri por último ri melhor.

POSTSCRIPTUM: viria a romper-se o duopólio Messi-Cristiano Ronaldo na Bola de Ouro. Modrić triunfou, com Neymar barrado até dos top ten. O hexa brasileiro não veio com a seleção masculina, e sim com Marta. Pela sexta vez, a mais fabulosa jogadora de futebol da história foi distinguida como a melhor do mundo.

21. DOUTOR BUMBUM, O MILITANTE

25 DE JULHO, QUARTA-FEIRA

Um tipo ordinário costuma frequentar o transporte público: o sujeito que, ao perceber um velhinho ou uma mulher grávida se aproximando, finge cochilar, para não ceder o banco onde está sentado. Na versão mais generosa, torce para que outro passageiro se levante. Na mais egoísta, prefere que se dane quem necessita mais do assento do que ele.

Na imprensa também há quem afete um cochilo para não contar as histórias por inteiro. É o caso do relativo silêncio sobre o febril ativismo político, nas redes antissociais, de Denis Cesar Barros Furtado. Conhecido como Doutor Bumbum, apelido que afirma lhe dar "muita alegria", o médico foi preso na quinta-feira, indiciado por homicídio doloso qualificado de Lilian Calixto. A bancária de 46 anos morrera na madrugada do domingo anterior, horas depois de se submeter a uma intervenção estética de incremento dos glúteos conduzida por Furtado numa cobertura residencial na Barra da Tijuca.

A omissão acerca da militância digital talvez se justificasse pelo receio de generalizar: todos os que se identificam com o ideário de Furtado aprontariam como ele (é óbvio como peruca de ministro do Supremo que essa comunhão inexiste). O raciocínio é débil. Levado ao extremo, implicaria calar sobre o episódio, pois um desmiolado poderia interpretar que todos os médicos são como o Doutor Bumbum (mais uma estultice).

É compreensível, e recomendável, que os perfis jornalísticos do indiciado exponham a contradição entre suas promessas de beleza e saúde e os resultados concretos de frustração e morte. Mas não é igualmente relevante enfatizar o abismo entre o palavrório dele contra violações éticas e, conforme numerosos fatos e acusações, a condição de useiro e vezeiro em práticas dessa natureza?

Furtado imprimiu nas redes as digitais de seu pensamento e de seu caráter. É um provinciano hedonista dado a se fotografar com bíceps avantajados e um cérebro bem menor do que o do fortão Popeye alimentado a espinafre. O deslumbramentoególatra disfarça o pragmatismo da sua atividade na internet, voltada à autopromoção e ao proselitismo político.

O parlapatão apregoa seus tratamentos, que ofereceriam benefícios com aura miraculosa, sem desprezar o expediente espertalhão das fotos de bundas "antes" e "depois". Seus anzóis fisgam gente desconsolada com as imperfeições do próprio corpo, como se corpos perfeitos pudessem encantar. Um passeio pelos perfis de Denis Furtado no Instagram e no Facebook o radiografa.

Em março de 2015, o médico postou foto de protesto em Brasília onde um manifestante desfraldava uma bandeira com o slogan "Fora, Dilma". Bufou: "Estamos cansados de tantas mentiras e roubos!"

Sabe-se agora, por reportagem de *O Globo*, que uma pessoa que trabalhou como enfermeira para ele declarou que o patrão "ficava com parte dos produtos" que as pacientes lhe compravam. "Ele vendia 500 ml de Metacril e aplicava 300 ml", disse Wanessa Ribeiro Reis. "O restante do produto ele vendia novamente para outras mulheres."

25 DE JULHO, QUARTA-FEIRA

Em março, uma juíza de São Paulo condenou-o a pagar R$ 12,2 mil a duas pacientes que receberam dose menor do que a combinada em tratamento hormonal. O doutor foi punido com sua mãe, Maria de Fátima Barros Furtado, médica cujo registro no Conselho Regional de Medicina havia sido cassado. Ela teria participado do procedimento depois do qual Lilian morreu. Seu filho não poderia trabalhar no Rio, pois não tem autorização do Cremerj; seus registros ativos são de Goiás e do Distrito Federal.

Em março de 2016, em diapasão justiceiro, Furtado distribuíra mensagem do Movimento Contra Corrupção: "Teori Zavascki, indicado por Dilma, dá mais um golpe – Cuspiu na cara de quem paga impostos! Riu de quem foi às ruas! Pisou na Constituição! Se você tem vergonha de ele ser ministro do STF, compartilhe!"

O Doutor Bumbum aconselhou, em junho de 2017: "Julgue seu médico também pela ética em que este trabalha, valorizando a avaliação médica presencial para garantir resultados de excelência e qualidade."

"A paciente saiu rígida do meu consultório; ela saiu íntegra", disse Furtado em vídeo que veiculou pouco antes de ser preso – Lilian Calixto morreu no Hospital Barra D'Or. Acontece que o Doutor Bumbum operava em casa, não em ambiente hospitalar seguro ou num consultório. Faz dez anos que não paga o condomínio da sua cobertura na Barra. A dívida gira em torno de meio milhão de reais, calculou a Justiça.

Ele arrota ser um varão da honestidade. Em março de 2015, passou adiante uma mensagem oposicionista: "Eu sou um cidadão brasileiro honesto. Eu sou contra o PT. Simples assim." Na 16ª Delegacia Policial do Rio, uma mulher denunciou-o por não restituir o dinheiro que ela adiantara para um procedimento de que desistiu. Outra, desconfiada após uma consulta, também pediu a devolução. Sem sucesso, perdeu R$ 9,3 mil.

Em agosto de 2015, o médico criticou quem não apoiava aumento salarial para delegados federais por não fazer "sua parte contra a corrupção".

Em março do ano seguinte, aderiu a manifesto de apoio a Sergio Moro e à Lava Jato. Fizera coro com o desabafo: "Segundo aumento de combustíveis em 15 dias. O PT rouba e quem paga é você."

Furtado aplicava PMMA, ou o palavrão de nove sílabas polimetilmetacrilato, nas bioplastias de glúteos. A Sociedade Brasileira de Dermatologia e a Sociedade Brasileira de Cirurgia Plástica não recomendam o emprego de tal substância com objetivo estético. Seu uso em grande quantidade pode causar morte, adverte o Conselho Federal de Medicina.

Mas a calamidade, ribomba o Doutor Bumbum, é o programa Mais Médicos. Em fevereiro de 2015, esse "cidadão de bem" consternou-se: "Se por nenhum motivo plausível o PT trouxe médicos cubanos sem Revalida de diploma, e muitas vezes até sem diploma para o Brasil, muito em breve, por sua própria metodologia de certificação, estará trazendo professores cubanos."

Furtado não vai com cara de cubano, ainda que nascido na Argentina. Em fevereiro de 2014, malhou o Che Guevara. Dali a dez meses, perguntou: "Desmilitarização das polícias: você é contra ou a favor?" Ensinou: "Devemos ficar muito atentos a essa questão. Será esse um passo decisivo para a instalação de um golpe comunista no Brasil. Fica o alerta!" Em agosto de 2015, os brasileiros corriam o risco, preveniu o Doutor Bumbum, de serem "escravos do comunismo ditatorial".

A mesma postagem louvou a ditadura. Quer dizer, compartilhou um vídeo nostálgico do "Regime Democrático Militar". Na tela, sucedem-se fotos dos ditadores. O Doutor Bumbum propagou em outubro de 2014 uma suposta declaração do ditador Ernesto Geisel: "[...] Chegará um tempo que o povo sentirá saudade do Regime Militar." Furtado, de 45 anos, sente. Era "uma época linda *aonde* todos se respeitavam e prosperavam". Ele publica fotos trajando seu uniforme militar de tenente médico do Exército.

Thais Alvarenga

Seis dias antes de ser morta, Marielle Franco participou, debaixo de chuva, da marcha do Dia Internacional das Mulheres. Naquele 8 de março, ela discursava na Câmara Municipal do Rio de Janeiro, quando um saudosista da ditadura confrontou-a. "Não serei interrompida!", reagiu a vereadora.

Marielle esteve na noite de 14 de março em uma roda de conversa na Casa das Pretas, na Lapa carioca. Logo depois, no carro em que partiram, ela e o motorista Anderson Gomes foram assassinados.

Marielle transformou-se em mártir e referência de lutas. A imagem da bandeira rubro-negra é de 29 de setembro, no protesto #EleNão, contra Jair Bolsonaro.

Manifestantes cobriram, com o nome de Marielle, placas de ruas. Exigiam punição para assassinos e mandantes. Em Petrópolis, num palanque de campanha eleitoral, candidatos bolsonaristas quebraram uma placa simbólica com o nome da parlamentar.

Francisco Proner

Lula é carregado pela multidão, na tarde de 7 de abril, em frente ao Sindicato dos Metalúrgicos do ABC. Foi seu último dia de liberdade. Ao anoitecer, o ex-presidente se entregou à Polícia Federal, que o transferiu para Curitiba.

Marlene Bergamo

Diante de apoiadores no aeroporto Afonso Pena, em Curitiba, Jair Bolsonaro faz o gesto de quem atira com arma de fogo. Era dia 28 de março. Dali a sete meses, o deputado seria eleito presidente.

Fabio Motta/Estadão Conteúdo

Carregado por correligionários em Juiz de Fora, Bolsonaro está prestes a ser esfaqueado. Depois do atentado de 6 de setembro, o candidato não participou de nenhum debate, embora tenha dado numerosas entrevistas.

Fernando Souza/AduFRJ

O incêndio do Museu Nacional, na noite de 2 de setembro, destruiu um acervo científico monumental e ofereceu mais uma metáfora para o ano de 2018. O candidato Bolsonaro deu de ombros: "Já está feito, já pegou fogo, quer que faça o quê?"

25 DE JULHO, QUARTA-FEIRA

O Doutor Bumbum promove outras carpideiras da ditadura, como Bolsonaro. Em dezembro de 2014, postou vídeo com discurso do capitão amaldiçoando os direitos humanos. O hoje candidato à Presidência dirigiu-se à deputada Maria do Rosário: "Eu falei que não iria estuprar você porque você não merece." Furtado difundiu um queixume: "Militância: PT, LGBT, além de acusar Bolsonaro de assassino, o agridem fisicamente e verbalmente. E eles dizem que a direita é quem estimula a violência."

Petistas, como Maria do Rosário, são os alvos preferenciais do Doutor Bumbum, que em dezembro de 2014 distribuiu um vídeo sobre o "triplex do Lula". Em junho de 2016, ele queria o ex-presidente "na cadeia". Em agosto de 2015, republicara montagem mostrando Dilma Rousseff atrás das grades. Um mês depois, clamou por "impeachment já".

Antes, apostara no soçobro da presidente nas urnas. Às vésperas do segundo turno, augurou: "Uma semana para o fim da vergonha." Exibiu em suas redes um pronunciamento de Aécio Neves na reta final da campanha. Em novembro, na ressaca da derrota, ecoou outra gravação do tucano. Ignoro se mais tarde ele vestiu a camiseta com a inscrição "A culpa não é minha: eu votei no Aécio".

Furtado já colecionava sete anotações criminais contra si na polícia, entre elas uma por suspeita de homicídio e outra em virtude de porte ilegal de armas – ele abomina o estatuto do desarmamento. No ano passado, policiais encontraram na residência dele em Brasília duas pistolas e uma espingarda, todas sem registro. Em 1997, o médico e sua mãe foram suspeitos do assassinato do companheiro dela, crime não elucidado.

Mãe e filho estão hoje no xilindró devido à morte de Lilian Calixto. No domingo, ele fugiu às pressas, arrancando com seu carro a cancela de um shopping. A terceira pessoa presa é Renata Fernandes Cirne, secretária e namorada de Furtado. De acordo com policiais, há indícios de que ela o teria auxiliado no procedimento no corpo da bancária que viajou de Cuiabá ao Rio para ser atendida pelo Doutor Bumbum. O Barra D'Or informou que Lilian chegou ao hospital com falta de ar, taquicardia e pele azulada. Ela teve ao menos três paradas cardíacas antes de morrer. O laudo do Instituto Médico Legal definiu embolia pulmonar como causa da morte.

Enquanto permanecer encarcerado, Furtado terá de dar um tempo em seus sermões digitais. Em fevereiro ele compartilhou um artigo, *mezzo* linha-dura, *mezzo* ficção, versando sobre "por que a esquerda se esforça tanto em defender bandidos comuns, ladrões, assaltantes e até pedófilos".

Continuam no ar opiniões como "o MST é uma quadrilha" (palavra de quem foi indiciado também por associação criminosa). A expressão indigente "mimimi". Vídeos do cardiologista Enéas Carneiro, transformado *post mortem* em ídolo da extrema direita, e do MBL, pró-redução da maioridade penal. Apelos de grupos e comunidades como Vem Pra Rua, Direita Vive 3.0 e Destra Corporação (esta vende roupas com a ameaça "Se essa rua fosse minha, nem petista nem feminista ia pisar"). Sobrevive a previsível ironia de Furtado, a respeito de um adolescente apreendido: "Tá com pena? Leva pra sua casa."

Ao se defender nas redes, antes de ser encontrado pela polícia, o Doutor Bumbum esbravejou: "Eu estou sendo julgado por um crime que eu não cometi." "Me caluniam e difamam." "Esses serão punidos pelo homem e também por Deus."

Na segunda-feira, seu perfil no Instagram somava 666 mil seguidores.

22. A CENSURA DE VOLTA

1º DE AGOSTO, QUARTA-FEIRA

Quando os ponteiros se roçaram à meia-noite, ou os relógios e telefones só mostraram números zero na virada do sábado para o domingo, bom seria que os dois senhores classudos vestindo camisas azuis para fora da calça, no palco montado sob os arcos da Lapa, estivessem acertando contas com um passado amargo, e nada mais. Mas Chico Buarque e Gilberto Gil falaram ao presente, ao cantar 45 anos mais tarde "Cálice", parceria deles proibida pela ditadura. Foi a canção que elegeram para abrir sua breve apresentação conjunta no Festival Lula Livre, perante dezenas de milhares de manifestantes no Rio.

Nunca houve tanto "vinho tinto de sangue" no Brasil (63.880 mortes violentas e intencionais em 2017). A censura, sem assumir seu nome e sua natureza, tenta silenciar vozes e sufocar as artes. "Cale-se!", diz, fingindo que não diz. A Constituição veda censura "política, ideológica e artística".

Gil teve a ideia do mote de "Cálice" na Sexta-Feira Santa de 1973. Ele e Chico criaram a maior parte da música no Sábado de Aleluia, duas estrofes cada um. Com poesia e ginga para confundir os censores, alfinetaram tortura e censura recorrendo às palavras homófonas "cálice" e "cale-se". Não funcionou. Ao lado de "Cálice", datilografada no título e em versos, um burocrata solerte manuscreveu: "Cale-se". E carimbou, garrafal: "VETADO."

Em maio daquele ano, na mostra Phono 73, os compositores sabiam que a censura encrencara. Ainda assim, ousaram enunciar um ou outro verso e preencheram com onomatopeias o restante da melodia. Não chegaram ao fim, porque os microfones foram desligados. Por agentes da ditadura, como alguns imaginaram. Ou, hipótese mais provável, por ordem da gravadora Phonogram, temerosa de punições.

Liberada em 1978, a canção agoniada foi gravada por Chico e Milton Nascimento. No fim de semana, o público pronunciou compassadamente "cale-se", como segunda voz dos autores. Ex-ministro da Cultura na administração Lula e apoiador de Marina Silva em 2014, Gil se referiu ao ex-presidente como "nosso líder". Ele e Chico reivindicaram "Lula livre!" Horas antes, a atriz Maeve Jinkings alertara no palco: a censura voltou.

Na sexta-feira, nas cercanias da terra onde Lula nasceu, uma peça de teatro foi excluída do Festival de Inverno de Garanhuns por decisão do desembargador Roberto da Silva Maia, do Tribunal de Justiça de Pernambuco. Ele atendeu ao pedido da Ordem dos Pastores Evangélicos de Garanhuns e Região. Os pastores alegaram que o monólogo *O Evangelho segundo Jesus, Rainha do Céu* "retrata Cristo como uma figura transexual, desvirtuando o ensinamento histórico-dogmático e violando o sentimento religioso de toda uma nação cristã". Na peça da dramaturga escocesa Jo Clifford, Jesus é interpretado pela atriz transexual Renata Carvalho.

O magistrado escreveu, em pleno ano da graça e da desgraça de 2018, que a peça "desvirtua" Jesus Cristo, "de modo a causar veemente repúdio e, por que não, ódio da comunidade cristã"; "o desvirtuamento de um profeta religioso [...] fomenta o ódio e a intolerância, máxime quando diz respeito a uma religião sabidamente conservadora e que valoriza sua historicidade e os escritos estanques da Bíblia Sagrada".

A peça já havia sido censurada pelo prefeito do Rio, Marcelo Crivella, sob o pretexto de "ofender a consciência dos cristãos". E, na cidade paulista de Jundiaí, proibida pelo juiz Luiz Antonio de Campos Júnior, para quem "figuras sagradas" não podem ser "expostas ao ridículo".

Antes do despacho em Pernambuco, uma sessão ocorrera às 17h. Oficiais de Justiça e policiais militares tentaram impedir a das 21h. Trezentas pessoas não obedeceram e entraram no local da encenação, uma casa que mais cedo tinha sido alvo de uma bomba. Gritavam "Não vai ter censura!", contou o repórter Leonardo Vila Nova. Sob vaias, servidores estaduais retiraram equipamentos de luz e som.

Na cara e na coragem, Renata foi à luta. Seu Jesus transgênero ensinou: "Eu nunca disse que perseguissem homossexuais, transexuais e travestis." No frio das alturas do agreste, a noite alumiou-se de compaixão e liberdade. Será que naquele dia em Garanhuns deu para ver o mais longo eclipse lunar deste século, a Lua de Sangue, avermelhada?

Na era Temer, o presente se conjuga no passado. Em 1986, depois do fim da ditadura, o governo José Sarney cedera à cruzada da hierarquia católica e vetara a exibição de *Je Vous salue, Marie*. O filme de Jean-Luc Godard, resmungavam os bispos, blasfemaria contra a mãe de Jesus. Completou 50 anos em julho a noite em que alucinados do Comando de Caça aos Comunistas depredaram o Teatro Galpão, em São Paulo. Os invasores agrediram os atores da peça *Roda viva*, escrita por Chico Buarque e dirigida por José Celso Martinez Corrêa.

A censura do século XXI parte tanto do Estado, em especial os Poderes Executivo e Judiciário, quanto de bolsos privados e intolerâncias particulares. Em setembro de 2017, o Santander Cultural interrompeu em Porto Alegre a mostra *Queermuseu: Cartografias da diferença na arte brasileira*. Os expositores, pusilânimes, humilharam-se diante de pressões de grupos como o MBL.

Novamente associado ao obscurantismo, Crivella empenhou-se em boicotar a *Queermuseu*. "Saiu no jornal que vai ser no MAR [Museu de Arte do Rio]; só se for no fundo do mar", escarneceu o bispo licenciado da Igreja Universal [acabou acontecendo em agosto, no Parque Lage]. O prefeito mantém distância da Sapucaí, onde a faixa presidencial do vampiro da Paraíso do Tuiuti sumiu entre o desfile competitivo e o das campeãs – censura? No festival na Lapa, o público entoou o samba-enredo com que a escola sacudira a avenida em fevereiro.

Em outubro, intimidado, o Masp interditara a exposição *Histórias da sexualidade* a menores de 18 anos, mesmo acompanhados pelos responsáveis. Um grupo de artistas protestou em frente ao museu. No Pará, uma ilustração do artista Gidalti Moura Jr. foi removida em abril de exposição no Parque Shopping Belém. A imagem mostra um policial de cassetete na mão tentando atingir um menino de rua da cidade. O garoto é personagem da novela gráfica *Castanha do Pará*, que recebeu em 2017 o Prêmio Jabuti de História em Quadrinhos. A aquarela censurada, devido a reclamações de policiais, está reproduzida na capa do livro.

A barra pesou na academia. O Ministério da Educação anunciou em fevereiro ações contra um curso opcional da UnB sobre o golpe de 2016. O Ministério Público Federal apelou à Justiça, sem sucesso, para suspender matéria semelhante na Universidade Federal de Goiás. E investigou a disciplina "Golpe de 16 e o Futuro da Democracia no Brasil", da Universidade Federal do Ceará. Os procuradores só se aquietaram depois de a Procuradoria Federal dos Direitos do Cidadão se declarar favorável à autonomia universitária na oferta de disciplinas.

Na véspera do Festival Lula Livre, tomou-se conhecimento de que a Polícia Federal intimara o professor Aureo Mafra de Moraes, chefe de gabinete da reitoria da UFSC. Ele seria suspeito de atentar contra a honra

1º DE AGOSTO, QUARTA-FEIRA

da delegada Erika Mialik Marena, por participar de um ato contra o "abuso de poder". O rosto dela aparece numa faixa exposta no protesto. A policial comandou a Operação Ouvidos Moucos, que prendeu em setembro o reitor Luiz Carlos Cancellier de Olivo. Ele se suicidou.

Na ação em curso contra o professor Moraes, opinou a *Folha de S.Paulo*, "intimidação e arbítrio se mostram evidentes, dando indicação do despreparo de autoridade da PF para agir numa democracia". A delegada foi uma das inspirações da personagem vivida pela atriz Flávia Alessandra no filme de ficção *Polícia Federal: A lei é para todos*.

É um caso atrás do outro. A Universidade Federal do ABC abriu no mês passado uma sindicância contra os docentes Gilberto Maringoni, Valter Pomar e Giorgio Romano. O crime teria sido organizar na UniABC o lançamento de um livro com entrevista de Lula, *A verdade vencerá*. Uma pergunta, típica de totalitarismos, do questionário oficial encaminhado aos investigados: "Durante o evento ocorreram manifestações de desapreço e contra o presidente Temer e integrantes do Poder Judiciário-MP?"

Não é só o ensino superior que padece. No começo do ano, mães e pais de alunos espernearam contra o livro *Omo-Oba: Histórias de princesas*, indicado por uma escola de Volta Redonda. A bronca era com as lições sobre cultura africana.

Pensamentos dissonantes perturbam. A professora Debora Diniz, da UnB, teve de deixar Brasília duas semanas atrás por receber ameaças de morte. Seu pecado: defender o direito ao aborto. Em novembro de 2017, um grupo queimou uma bruxa com o rosto da filósofa norte-americana Judith Butler, presente num seminário em São Paulo. Um abaixo-assinado com 300 mil signatários exigira que cancelassem o evento.

O jornalismo é mutilado e, com a autocensura, automutila-se. O gerente de Redação da Empresa Brasil de Comunicação, Roberto Cordeiro, ordenou a redução da cobertura da morte de Marielle Franco e Anderson

Gomes. Os jornalistas da casa reclamaram. A EBC informou que advertiu o gerente.

A pedido da delegada Erika Marena, o juiz Nei Roberto de Barros Guimarães, do 8º Juizado Especial Cível do Paraná, determinou a supressão de reportagens do blog do jornalista Marcelo Auler com críticas à Operação Lava Jato. Entidades civis denunciaram censura. Em junho, a Primeira Turma do STF autorizou as matérias.

O mesmo Supremo, por meio do ministro Ricardo Lewandowski, mantém uma proibição de mais de 3 mil dias: o jornal *O Estado de S. Paulo* não pode publicar notícias a respeito da operação policial Boi Barrica e suas descobertas sobre o empresário Fernando Sarney. Trata-se de censura, qualificou a Associação Brasileira de Imprensa.

Há um mês, o Grupo Globo estabeleceu suas "diretrizes sobre uso de redes sociais por jornalistas". O conglomerado proibiu "mensagens que revelem posicionamentos políticos, partidários ou ideológicos". Concordar ou discordar do sistema de cotas no acesso a instituições públicas é escolha ideológica. Bem como repudiar juros bancários extorsivos. Cale-se? "Precisamos agir de tal modo que nossa isenção não seja questionada", argumentou o presidente do Conselho Editorial do grupo, João Roberto Marinho. O blog *Nocaute*, do jornalista e escritor Fernando Morais, entendeu que a Globo instituiu "censura patronal", um "AI-5 interno".

Um constrangimento eficaz ao exercício do jornalismo provém de indenizações vultosas e muitas vezes desproporcionais deliberadas pela Justiça. Outro embaraço é tecido pela própria imprensa: o silêncio indecoroso sobre fatos e ideias de desagrado dos donos. A multidão na Lapa representou a maior manifestação pela libertação do ex-presidente, preso há quase quatro meses. Houve quem nem a tenha noticiado. Eis um exemplo de censura empresarial.

A juíza Carolina Lebbos negou em julho recurso contra decisão que proibira Lula, pré-candidato à Presidência, de dar entrevistas e participar de sabatinas. Ela julgou o petista "inelegível", embora a Justiça Eleitoral não tenha tratado da candidatura ainda não inscrita. Deram entrevistas no cárcere o traficante de drogas Marcinho VP, o deputado Paulo Maluf, o médico Roger Abdelmassih, a estudante Suzane von Richthofen e outros presos. Com Lula foi diferente.

No Festival Lula Livre, o Tribunal Regional Eleitoral apreendeu até bandeira do PT. Quem não gosta de partido é ditadura. Outdoors de propaganda de Jair Bolsonaro, em contraste, espalham-se por todos os estados. O TSE censurou perguntas "não eleitorais" nas pesquisas durante a campanha. Não se poderá indagar ao eleitor sobre o crescimento patrimonial de Bolsonaro, como o entrevistado avalia Michel Temer e se pensa ser democrático alijar Lula do pleito.

"A gente não deve permitir que o presente leve o futuro de volta para o passado", discursou o cantor Odair José na Lapa. Artista censurado pela ditadura, ele cantou "Eu vou tirar você desse lugar", clássico do cancioneiro romântico que conta o amor por uma prostituta. Ovacionaram-no.

Há quase meio século, na mesma mostra Phono 73 em que cortaram o som de Chico e Gil, Odair foi vaiado por um público que se supunha muito sabido e que na realidade não sabia de nada. Mais esperta, a censura desconfiou que o título fosse um recado sibilino ao general-presidente Médici. No sábado, partidários da libertação de Lula deram outra conotação à promessa "eu vou tirar você desse lugar".

No princípio da madrugada dominical, puxados por Beth Carvalho, vários artistas encerraram o festival com "Deixa a vida me levar". É o mesmo samba que Lula pediu para ouvir no palanque de São Bernardo antes de se entregar à polícia. Chico Buarque já havia cantado "Gota d'água". No Brasil surtado, muitos se reconheceram em seus versos: "Deixa em paz meu coração/ Que ele é um pote até aqui de mágoa/ E qualquer desatenção, faça não/ Pode ser a gota d'água."

23. CARTA AO FUTURO

8 DE AGOSTO, QUARTA-FEIRA

Prezado (ou desprezado) Futuro,

escrevo dois meses antes do primeiro turno da eleição. Tenho cá meus prognósticos, apesar das ventanias que desarrumam o céu no instante em que se imagina que a calmaria veio para ficar. Como observava o governador, ministro e banqueiro José de Magalhães Pinto, política é como nuvem. Quando se olha, está de um jeito; daqui a pouco, de outro. Faltou dizer: o olhar varia conforme os olhos de quem olha, porque as nuvens iludem feito holograma ou desenho cubista. Depende da esquina de onde se vê.

Treze candidatos largaram na corrida de tiro curto. O pelotão com chance de passar à final reúne Lula (ou o por enquanto vice de sua chapa, Haddad, ambos do PT), Bolsonaro (PSL), Alckmin (PSDB), Marina (Rede Sustentabilidade), Ciro (PDT) e Alvaro Dias (Podemos). Não colherão fartura de votos, mas farão algum barulho Guilherme Boulos (PSOL, de esquerda-esquerda, tipo zagueiro-zagueiro), João Amoêdo

(Novo, amigo brasileiro do movimento Tea Party norte-americano) e Henrique Meirelles (MDB). Também aparecerão na urna João Goulart Filho (PPL, filho do presidente golpeado em 1964), José Maria Eymael (DC, com jingle chiclete), Cabo Daciolo (Patriota) e Vera Lúcia (PSTU).

Aí no seu tempo, seu Futuro, talvez meu vaticínio se revele desmiolado. Aqui no meu, as nuvens se descortinam assim: o candidato de Lula é o favorito para liderar o primeiro turno em 7 de outubro – ele próprio, se a Justiça permitir, ou provavelmente Haddad, com Manuela D'Ávila como vice. O petista se confrontaria com quem prevalecesse na carnificina entre Bolsonaro e Alckmin.

Para Lula e Haddad, seria preferível encarar Bolsonaro. O último round com Alckmin seria mais renhido, porque os seguidores do deputado sufragariam em peso o oponente do PT. Contra o candidato da direita babona de gravata, uma parte do eleitorado tucano iria de Lula. O raciocínio se aplica a Alckmin, que ganharia votos lulistas para impedir a ascensão de um governante barra-pesada. O pior cenário para o ex-governador seria o quinto cabo de guerra com o PT: nas últimas quatro eleições, o PSDB estrepou-se.

Para a democracia, o melhor é eliminar logo Bolsonaro. Nas urnas, não no tapetão.

Na projeção para o 28 de outubro, o torneiro mecânico aparenta mais punch para nocautear o capitão. É o que argumentam as pesquisas, embora elas distorçam: é possível que entrevistados temam manifestar voto no ex-presidente por receio que ele seja barrado. Para não desperdiçar a escolha, mencionam uma alternativa. Sem a ameaça do garrote, a intenção de voto em Lula seria maior. No Datafolha, as simulações de segundo turno o flagram 17 pontos à frente de Bolsonaro, que também é superado por Marina (10 pontos). O extremista empata com Alckmin numericamente e, na margem de erro, fica atrás de Ciro. Derrota Haddad por 9.

8 DE AGOSTO, QUARTA-FEIRA

Para escapar da catástrofe, o caminho mais seguro é Lula. Isso não implica apoiá-lo compulsoriamente, e sim reconhecer seu direito democrático de competir. Contra ele, testilham não apenas os bolsonaristas fanáticos, apelidados pejorativamente de "bolsominions". Empenha-se igualmente quem, mesmo sem se assanhar por Bolsonaro, rejeita ainda mais o petista que atormenta tantos sonos.

Na Justiça, a maiúscula designa o Poder, e não grandeza. O presidente do TSE, Luiz Fux, apressou-se: antes da inscrição da candidatura Lula, disse em despacho que o ex-presidente sofre de "inelegibilidade chapada" (significa "evidente", e não sob efeito de erva bandeirosa). No Pará, o ministro foi sincero: "Eu sei que a Justiça é cega, mas o juiz não é."

Na imprensa, parcela da fina flor do colunismo político renova a fuzilaria contra Lula, poupando Bolsonaro. Alguns jornalistas preferem o deputado em sétimo mandato ao regresso do viúvo de Marisa Letícia. Não demora, e o fogo se voltará contra o militar. Quanto mais ele resistir ao avanço de Alckmin, e Haddad (ou Lula) se aproximar do segundo turno, mais apanhará. A mídia mais influente é Alckmin, não Bolsonaro. Dois sócios do impeachment de Dilma Rousseff não cabem juntos na urna do fim de outubro – a tela exibirá o retrato de um opositor do golpe.

Nenhum candidato encarnaria hoje como Marina Silva o espírito das Jornadas de Junho, não fosse o pós-2013. Ao sucumbir ao beija-mão de Aécio Neves e afiançá-lo na decisão de 2014, a ex-ministra desbotou seu discurso de aversão à contenda entre tucanos e petistas. Apequenou-se, coadjuvante do PSDB, como se apequenaria se optasse por Dilma. Plantam notícias de que ela espera abiscoitar votos do lulismo. De que maneira, se bateu palmas para o impeachment e para a prisão de Lula? Marina deve se limitar a 3% do tempo da propaganda na TV, contra 44% de Alckmin.

A assimetria também castiga Ciro Gomes, dono de 5% do horário eleitoral. Seus percalços não decorrem da língua afiada (Bolsonaro fatura com o destempero), mas da identidade política difusa: que interesses sociais o ex-ministro representa ou pretende representar? Namoraram sua campanha figurões do DEM (ACM Neto), do PT (Jaques Wagner), do centrão/direitão (PP em especial) e do PC do B (Flávio Dino).

Em fevereiro, Ciro afirmou que "a natureza do PT, assim como a do escorpião, é afundar sozinho". Desejava de fato uma aliança? Na sexta-feira, declarou que a cúpula do partido de Lula embarcou "numa viagem lisérgica". Na segunda, em conversa com empresários, disse que "querem resolver a eleição nos gabinetes ou em celas".

Ainda carente de votos, Geraldo Alckmin é o candidato predileto do empresariado parrudo (seguido por Bolsonaro, pujante no agronegócio). Mas não tem a cara do país convulsionado de 2018, nem do de cinco anos atrás. Seu gosto é de sacarina, não de açúcar. É correligionário de Aécio Neves, que encolheu como tecido barato em máquina de lavar. O neto de Tancredo, que amealhou 51 milhões de votos em 2014, tentará uma cadeira na Câmara. Pipocou do mano a mano com Dilma pelo Senado.

Alckmin rivalizará com Bolsonaro pela condição de antipetista mais furibundo. Na batalha pelo mesmo eleitorado, escalou como vice a senadora Ana Amélia, veterana de bajulação da ditadura nos programas da antiga TV Gaúcha, do Grupo RBS. Ela confunde a emissora jornalística Al Jazeera com o grupo terrorista Al Qaeda. Se o capitão é o favorito dos eleitores evangélicos, Alckmin se vincula à Opus Dei, prelazia católica ultraconservadora, vilã do filme *O código Da Vinci*. O tucano escancarou seus laços com Michel Temer quando o presidente empurrou o centrão para o colo do PSDB. Não haviam deposto Dilma em nome da decência no trato da coisa pública? Henrique Meirelles é fachada; o candidato de Temer é Alckmin.

Bolsonaro é ignorante, mas não burro. Seu maior desafio a partir de 31 de agosto será sobreviver à raquítica presença na TV. Alckmin terá 39 vezes mais tempo, estimou o jornal *Valor*: 5 minutos e 33 segundos contra 8 ou 9 segundos em cada bloco de 12 minutos e meio. O postulante do PSL, nona sigla a que se filia, não desidrata. No *Roda Viva*, relacionou o aumento da mortalidade infantil à saúde bucal das gestantes. Hoje, tal tolice engorda o anedotário político. Amanhã, com Bolsonaro presidente, seria pesadelo. Na GloboNews, ele admitiu privatizar a Petrobras. Completou sua chapa com o general Mourão.

Anunciaram no domingo o vice de Lula. Se o ex-presidente tiver o registro negado pelo TSE, Fernando Haddad assumirá a cabeça da chapa, com a deputada Manuela D'Ávila se incorporando a ela. Para o plano B prosperar, Lula precisará transferir votos em profusão. Seria surpreendente o ex-prefeito não receber ao menos um bocado deles – daí o meu prognóstico para o primeiro turno. A dobradinha mais previsível na reta de chegada é Haddad-Manuela.

Da sua cela na rua Professora Sandália Monzon, 210, em Curitiba, Lula orientou as tratativas do seu partido. Obteve a neutralidade do PSB, que estava na bica de compor com Ciro. Em troca, o PT sacrificou a candidatura de Marília Arraes ao governo de Pernambuco. A vereadora desafiava a reeleição do pessebista Paulo Câmara ao Palácio do Campo das Princesas. Ela sairá para a Câmara dos Deputados. Na quinta-feira, um artigo-obituário na revista *Forbes* dera Lula "acabado como político".

A *realpolitik* petista é arraigada. Um dos motivos de a seção fluminense do PSOL ser a mais poderosa são as intervenções da direção nacional do PT que levaram a agremiação a aderir e colaborar com políticos do naipe de Anthony Garotinho, Sérgio Cabral e Jorge Picciani. No Maranhão, o PT respaldou a oligarquia Sarney. Neste ano, no Ceará, vetou ao senador petista José Pimentel a tentativa de reeleição, em benefício do emedebista Eunício Oliveira e do pedetista Cid Gomes. Em Alagoas, coligou-se com o MDB do governador Renan Calheiros Filho. O mote "Eleição sem Lula é fraude" era bravata. "Se você conhece uma pessoa muito idosa esquerdista, é porque está com problema", disse em 2006 o então presidente da República.

No governo, o PT reeditou males que criticava, incluindo a corrupção. Em 14 anos, preservou a concentração de riqueza; os bancos acumularam lucros recordes. Por que, então, Lula mantém inigualável prestígio popular? Porque os petistas melhoraram a vida de dezenas de milhões de brasileiros, sobretudo os mais pobres. Para a elite nacional, fundada na escravatura, é inadmissível dividir um pouco, mesmo um pouquinho. É das mais egoístas do planeta. Daí o ódio ao PT, partido moderado, a considerar os padrões históricos da esquerda.

Por falar em escravidão, o vice de Bolsonaro disse anteontem que o Brasil herdou a "indolência" dos índios e a "malandragem" dos africanos. Mourão se declarou indígena ao TSE. A desembargadora que compartilhara em março mensagem sobre ligação de Marielle Franco com o Comando Vermelho divulgou sua torcida eleitoral. "*Go Bolsonaro Go!!!*" foi a manifestação mais contida de Marília de Castro Neves Vieira.

Diga lá, caro Futuro, isso tudo é Hamlet ou Tiririca?

24. NA TERRA DA URSAL

15 DE AGOSTO, QUARTA-FEIRA

"Antas não são vistas no estado do Rio há mais de cem anos", disse o biólogo André Lanna ao repórter Gustavo Goulart. "A última visão foi em 1914." Lanna não pesquisa a espécie humana.

O deputado federal Cabo Daciolo, da seção fluminense do partido autodenominado Patriota, participou na quinta-feira do debate da Band que reuniu oito candidatos presidenciais (a Justiça proibiu a presença de Lula). A certa altura, apregoou que o Brasil tem "400 bilhões de sonegadores". Isto é, quase 53 vezes a população planetária. A não ser que contemos as formigas, estimadas em até 100 trilhões.

Cobras têm serpenteado por espaços urbanos e assustado moradores do Rio. Uma delas, flagrada num quintal em Laranjeiras, era uma jiboia de uns 2 metros. Surpreendida em seu repasto, cuspiu o gato que degustava e se escafedeu. O especialista em répteis Marco Nassau Kayo esclareceu ao repórter Diego Amorim que jiboias não são venenosas. Espanta, digo eu, que os cariocas ainda se surpreendam com a sem--cerimônia de cobras criadas, peçonhentas ou não.

"O que é a indolência?", perguntou Jair Bolsonaro, deputado do PSL-RJ. "É a capacidade de perdoar? Veja aí no dicionário. É a capacidade de perdoar? O índio perdoa." De acordo com o *Houaiss*, "indolência" significa "preguiça". Uma das acepções de "cobra" é "pessoa astuciosa e falsa". O diversionismo retórico do postulante à Presidência pretendeu reinterpretar a declaração do seu vice, general Mourão, sobre "indolência" indígena como herança nefasta dos brasileiros.

Indagado no debate sobre seu programa para o ensino, Bolsonaro respondeu que cada capital terá um colégio militar. Foi a meta mais ambiciosa apresentada. Na comparação com o Cabo Daciolo, egresso do Corpo de Bombeiros, o capitão do Exército pareceu uma alma serena, um zen-budista em estágio probatório. Se Daciolo não lhe subtrair votos, será útil, amenizando a imagem rústica do ex-chefe da Wal, a funcionária fantasma de seu gabinete descoberta pela *Folha de S.Paulo*. A extrema direita tabela na campanha eleitoral.

Daciolo provocou Ciro Gomes sobre a conspiração pela "Ursal", a temível União das Repúblicas Socialistas da América Latina. O candidato do PDT ignorava, como as torcidas inteiras do Guarany de Sobral e do Flamengo, do que se tratava. Na Ursal dos desvarios daciolistas, bolcheviques tropicais apagariam as fronteiras dos países, no espírito internacionalista da canção "Imagine". A Ursal é uma brincadeira criada 17 anos atrás por uma professora conservadora. Somente lunáticos acreditaram na sigla, e charlatães filosofaram a sério sobre o que era traquinagem.

A entidade dos pesadelos de Daciolo embalou os meus sonhos. O prêmio Nobel dos poetas chilenos Gabriela Mistral e Pablo Neruda seriam, como diria o Silvio Santos, coisa nossa. Também o do meu xará Vargas Llosa, peruano. Bem como os ceviches do Peru e, mais leve, do Equador. Vinho made in Ursal? Pinot noir chileno ou argentino, este da Patagônia, terra dos nossos pinguins. Cismei: quem cobraria os pênaltis da nova seleção: o Neymar ou o uruguaio Cavani? No PSG, saiu faísca para escolher o batedor entre os dois. Já imaginou o argentino Messi vestido com a amarelinha, jogando na cidade de Marighellagrado, a antiga Salvador? Impossível: os ursalinos, esquerdistas-raiz, exigiriam camisa vermelha.

A ignorância contribuiu para o pânico de moradores de Cachoeiras de Macacu, na região metropolitana do Rio, onde uma onça-parda passeou. Esse mamífero, também chamado de suçuarana, costuma fugir de seres humanos, sem os atacar. Ignorante que sou, confesso: eu seria o primeiro a correr de um bicho daquele. Outras espécies de onças são o que aparentam: perigosas, porém não mais do que muitas pessoas.

Na véspera do debate da Band, o STF decidiu propor aumento salarial de 16,38% para seus ministros. Os vencimentos mensais subiriam para R$ 39,3 mil, sem considerar penduricalhos e privilégios. O efeito cascata na folha do funcionalismo atingiria R$ 4 bilhões, em momento de pindaíba nacional.

Esses luminares do direito creem que gestos dessa natureza não revoltam a fauna brasileira. No país dos animais, pensam que somos todos cordeiros.

25. "PAPAI MANDOU MATAR MAMÃE"

22 DE AGOSTO, QUARTA-FEIRA

Luís Felipe Manvailer espancou Tatiane Spitzner no carro, na garagem, no elevador, até ela despencar do quarto andar do prédio onde moravam. Se foi empurrada, morta ou viva, ou pulou em desespero, pouco importa: foi assassinato (os peritos concluíram que ele a estrangulou até a morte antes de arremessar o corpo pela sacada). Anderson da Silva contou ter asfixiado Simone da Silva na frente do filho deles, de 3 anos. Ao matá-la, sabia que ela estava grávida.

A Justiça decretou a prisão de Pedro Paulo Barros Pereira, suspeito de ser o mandante da execução de Karina Garofalo, baleada diante de um menino de 11 anos, filho de ambos ("Papai mandou matar mamãe", teria dito o garoto). Altamiro Lopes dos Santos agrediu até a morte Patrícia Mitie Koike. Rodrigo Bessa Paixão foi preso pela suspeita de ser o autor dos três disparos que tiraram a vida de Natasha Conceição Fonseca da Silva. Duas vezes Natasha prestara queixa de Rodrigo, por agressão e ameaça.

Na cidade paranaense de Guarapuava, no complexo do Alemão, na Barra da Tijuca, em Nova Iguaçu e Jacarepaguá, os suspeitos, acusados ou assassinos confessos eram marido, ex-marido, namorado ou ex-namorado das mulheres mortas. O gênero das vítimas foi determinante para os crimes, todos de 2018. A tipificação apropriada é feminicídio.

De 2016 para 2017, os episódios de feminicídio subiram 22% (de 929 para 1.133 casos), embora persistam resistências à aplicação da norma sancionada em 2015 por Dilma Rousseff. Os registros de violência doméstica somam anualmente 221.238, ou 606 por dia. No aniversário de 12 anos da Lei Maria da Penha, em 7 de agosto, Brasília despertou com mais dois feminicídios.

A Lei 13.104 alterou o Código Penal e introduziu o feminicídio "no rol dos crimes hediondos". Definiu-o como delito "contra a mulher por razões da condição do sexo feminino". Decorre de "violência doméstica e familiar", de "menosprezo ou discriminação à condição da mulher". A pena é dez anos maior do que a de homicídio. A taxa de feminicídio no Brasil é a quinta mais alta do mundo.

"Nós temos que acabar com o mimimi, acabar com essa história de feminicídio", declarou Jair Bolsonaro em 2017. No começo do mês, o deputado falou: "Se uma pessoa matar o meu pai ou a minha mãe, eu vou me sentir triste de qualquer maneira"; "não tem que ter Lei do Feminicídio". O candidato a presidente omitiu que o padrão é companheiro matar companheira, e não o contrário.

No jornalismo, há quem teime em chamar de "crime passional" o que é feminicídio. Paixão e amor são uma coisa. Ódio, outra. Quem ama não mata.

Na sexta-feira, no debate da RedeTV!, Bolsonaro perguntou a Marina Silva sobre posse de armas de fogo – para não esquecer o tema, ele consultou uma cola anotada na palma da mão esquerda. A ex-senadora mudou o rumo da prosa. Disse que o adversário desconhece "o que significa uma mulher ganhar um salário menor do que um homem e ter as mesmas capacidades, a mesma competência e ser a primeira a ser demitida, ser a última a ser promovida".

O concorrente do PSL contra-atacou: "Temos aqui uma evangélica que defende o plebiscito para aborto e para maconha." A candidata da Rede viveu seu momento mais glorioso na campanha: "Você acha que pode resolver tudo no grito, na violência"; "você um dia desses pegou a mãozinha de uma criança e ensinou como se faz para atirar".

Bolsonaro encarou Henrique Meirelles. O candidato do MDB indagou sobre desigualdade salarial entre mão de obra feminina e masculina. O deputado engrossou: "É mentira que eu defendi em qualquer época da minha vida que mulher deve ganhar menos do que homem! É mentira! Não existe um só áudio, uma só imagem minha nesse sentido."

Bastou uma visita ao YouTube para assistir ao que Bolsonaro descartara como mentira. No programa *SuperPop*, ele se abriu: "A mulher, por ter um direito trabalhista a mais, no caso a licença-gestante [licença-maternidade], o empregador prefere contratar homem [...]. Muitas vezes, por ser mulher, prefere dar um emprego ganhando menos." A apresentadora Luciana Gimenez questionou: "O que você acha?" Ele respondeu: "Eu não empregaria com o mesmo salário."

O repórter José Roberto de Toledo conferiu o programa de governo de Bolsonaro: a palavra "mulher" é mencionada uma vez; "Deus", 82.

No Brasil que o capitão pretende administrar, o desemprego entre os homens é de 11%; entre as mulheres, de 14,2%. O de pretos alcança 15% e o de brancos permanece aquém dos 10%. A mulher negra é a mais afetada pela falta de ocupação. Nem um terço das crianças até 3 anos tem acesso a creches, sobrecarregando muito mais as mães do que os pais.

A Agência Nacional de Cinema divulgou que três em cada quatro dos 142 longas-metragens nacionais que estrearam comercialmente em 2016 foram dirigidos por homens brancos, e nenhum por cineasta negra.

Em junho se soube que uma mulher pobre, Janaína Aparecida Quirino, fora submetida a laqueadura por determinação judicial. Não havia diagnóstico médico que respaldasse a ordem.

A Polícia Militar do Paraná instituiu o critério de "masculinidade" num edital para 16 vagas de cadetes. Explicou o quesito como "capacidade do indivíduo de não se impressionar com cenas violentas, não se emocionar facilmente, tampouco demonstrar interesse em histórias românticas e de amor". Depois da grita, a PM reformulou o edital.

Para contornar a obrigação de encaminhar ao menos 30% do fundo eleitoral para as mulheres, partidos as escalam como suplentes de candidatos homens ao Senado, contabilizando também no nome delas o dinheiro que se destina aos postulantes titulares. No *Roda Viva*, Manuela D'Ávila foi interrompida no mínimo quarenta vezes pelos entrevistadores. Ciro Gomes, oito. Guilherme Boulos, nove. A deputada vestia uma camiseta com a inscrição "Lute como uma garota".

Bolsonaro praguejou, em 2015, sobre o mandato da então presidente: "Eu espero que acabe hoje, [com ela] infartada ou com câncer, [de] qualquer maneira." No passado recente, Dilma tinha superado o câncer.

As mulheres vão à luta contra a injustiça e a covardia. No *campus* de Belém da Universidade Federal Rural da Amazônia, estudantes protestaram contra colegas que disseminaram por WhatsApp mensagens misóginas, homofóbicas e racistas. Um dos interlocutores incitou, aparentemente em referência a uma aluna: "Bora logo meter o estupro." Outro emendou: "Estupro não, sexo surpresa."

Na quinta-feira, secundaristas da rede carioca de colégios Pensi denunciaram no Twitter assédio sexual cometido por diretores, professores e inspetores (#AssédioÉHábitoNoPensi). Elas relataram comentários, cantadas, carícias, abraços, toques – abordagens não consentidas, por isso abusivas. A gota d'água foi a demissão de duas professoras que as apoiavam. Anteontem, houve manifestações em várias unidades da rede e em outros colégios, com gurias e guris vestidos de vermelho. Uma garota carregou um cartaz que ensinava: "Quem cala as vítimas é cúmplice." As manifestantes entoaram: "Não acabou, tem que acabar, eu quero o fim do assédio escolar!"

Jornalistas esportivas lançaram em março a campanha #DeixaElaTrabalhar, contra o assédio, o machismo e a violência de que são alvo no ambiente do futebol. Exigiram respeito. "Sai daqui, puta", uma delas ouviu de um cafajeste travestido de torcedor, antes de ser agredida por ele. Outras foram surpreendidas por quem tentou lhes agarrar enquanto trabalhavam. Na Copa da Rússia, um berdamerda quis beijar a repórter Julia Guimarães, que se preparava para entrar no ar. "Eu não permito que você faça isso!", ela reagiu, em inglês.

Mobilizadas por movimentos feministas e outras entidades, manifestantes acompanharam neste mês a audiência pública do STF que discutiu a descriminalização do aborto até a 12ª semana de gestação, questão de saúde pública. O procedimento só é legalmente autorizado em casos de estupro, risco da mulher e anencefalia do feto. O Ministério da Saúde estima que no ano passado tenham ocorrido de 938 mil a 1,2 milhão de abortos provocados, quase todos clandestinos. Ao menos 224 mulheres morreram ao interromper a gestação, numa estimativa afetada por subnotificação.

Na barca Rio-Niterói, na sexta-feira, um policial militar contrariou-se com um passageiro que o fotografava e sacou a arma. O sargento se apoquentara com a candidata a deputada federal Talíria Petrone e militantes que carregavam material de campanha. A vereadora do PSOL em Niterói, contudo, não distribuía panfletos. "Arma mata!", advertiu Talíria. "Ideologia mata mais!", esbravejou o sargento. O fotógrafo Bruno Kaiuca filmou a truculência, documentando a tirada filosófica do PM.

Quem matou Marcos Vinícius da Silva foi um policial civil, asseguraram testemunhas. Em junho, o adolescente de 14 anos caminhava para a escola no complexo da Maré, onde morava. Sua mãe, a empregada doméstica Bruna da Silva, narrou o último diálogo com o filho. "Ele falou 'mãe, eu sei quem atirou em mim, eu vi quem atirou em mim. Eu falei 'meu filho, quem foi que atirou em você?' 'Foi o blindado, mãe. Ele não me viu com a roupa da escola?'"

Carregando a camisa escolar ensanguentada do filho, Bruna participou em São Paulo de um protesto de mães. Desabafou, como contou a repórter Juliana Gonçalves: "Eu criei meu filho na comunidade até os 14 anos sem tomar tiro do poder paralelo. Aí, o Estado, que era para proteger e servir meu filho, alveja e assassina ele. Não pode. Chega! Aquela blusa do meu filho é uma vergonha para o estado e para o Brasil!"

Na nova pesquisa Ibope, Bolsonaro é o único dos oito primeiros colocados que não colhe no eleitorado feminino nem metade da intenção de votos que obtém no masculino: 13% entre as mulheres e 28% entre os homens. As mulheres compõem 52,5% do eleitorado, com 7.436.871 inscritas a mais.

Bendita a hora em que as sufragistas saíram às ruas.

26. GETÚLIO INSPIRA LULA

29 DE AGOSTO, QUARTA-FEIRA

Desde 2010, quando Lula lançou à sucessão uma candidata neófita nas urnas, a crônica política e o ensaísmo acadêmico viajam frequentemente à eleição presidencial de 1945. Há oito anos, Dilma Rousseff triunfou. Eurico Gaspar Dutra vencera, em meados do século XX, em virtude sobretudo do apoio do ditador recém-deposto Getúlio Vargas. Lula e Getúlio guardariam em comum o condão de, nos pleitos em que não puderam concorrer, transferir com eficácia votos aos seus indicados. Em 2018, a bênção do petista talvez seja mais uma vez decisiva.

Há impropriedades na comparação irrestrita entre Getúlio e Lula. O gaúcho foi um oligarca rural que se classificava como burguês. O pernambucano é torneiro mecânico de formação. De 1930 a 1945, o primeiro governou por 15 anos sem ganhar uma só eleição presidencial direta – perdera a de 1930, mas um golpe embrulhado como revolução lhe ofertara o poder (em 1950, o sufrágio popular o consagraria). Lula conduziu o Brasil por oito anos, em mandatos conferidos pelos cidadãos. Getúlio comandou uma ditadura inclemente. Lula combateu outra ditadura.

GETÚLIO INSPIRA LULA

Os cenários eleitorais separados por três quartos de século apresentam contrastes significativos. Não foi Getúlio quem escolheu como candidato o general Dutra, que havia sido seu ministro da Guerra no Estado Novo. Fernando Haddad é a opção de Lula. Simpatizante do Reich hitlerista, Dutra caminhava pela calçada direita, ao contrário do ex-prefeito. O general era anticomunista. Haddad coliga-se ao Partido Comunista do Brasil.

Os integralistas chancelaram Dutra em 1945. O bolsonarismo, descendente do integralismo, é inimigo do lulismo. Dos quatro postulantes de outrora, somente Dutra tinha vínculo ostensivo com Getúlio. Dos 13 atuais, três foram ministros de Lula: Marina e Ciro, além do professor. Correligionários de Lula se queixam do que seria carisma anêmico de Haddad. Pior era o militar que viria a dar nome à rodovia Rio-São Paulo: incapaz de pronunciar corretamente esse e cê, ele se referia ao seu partido, o PSD, como "pê-exe-dê".

As semelhanças são eloquentes. Em 29 de outubro de 1945, os generais com quem Getúlio encetara o golpe de Estado de 1937, inaugurando o Estado Novo, derrubaram-no. Nem por isso o ditador decaído calou-se: menos de um mês depois, chamou o voto em quem não emitira uma só palavra em sua defesa semanas antes – Dutra parecera no mínimo conivente. Se for barrado pela Justiça, Lula promoverá a chapa Haddad-Manuela, em vez de boicotar a eleição. Getúlio (1882-1954) e Lula são personagens históricos pragmáticos e astutos. Coincidência: o mais jovem nasceu em 1945, dois dias antes da queda do mais velho.

Oriundos de estratos sociais distintos, ambos conspiraram pela conciliação entre classes, e não por choque e ruptura. Mesmo assim, foram identificados pelos brasileiros mais vulneráveis como governantes que os protegeram. Getúlio criou o salário mínimo, cuja valorização acentuou-se na administração Lula, quando os bancos embolsaram lucros indecorosos. O povão era getulista e é lulista.

29 DE AGOSTO, QUARTA-FEIRA

Ao prestigiar Dutra, Getúlio debilitou o candidato Yedo Fiuza, inscrito pelo Partido Comunista. A prisão de Lula, reaproximando dele segmentos políticos que haviam se distanciado, abalou a campanha de Guilherme Boulos, do PSOL. Num caso e no outro, Lula e Getúlio tiraram fôlego de projetos eleitorais de (ou mais à) esquerda.

Nem sempre Getúlio e Lula se impuseram. Na eleição exclusiva para vice-governador de São Paulo, em novembro de 1947, o ex-presidente se associou ao popular senador comunista Luiz Carlos Prestes. Cabalaram votos para Cirilo Júnior. A vitória foi do genro de Dutra, deputado Noveli Júnior, bancado em mais de um sentido pelo governador Adhemar de Barros. Em 2016, Lula foi à TV apelar aos cariocas por Jandira Feghali, do PC do B (ela amargou 3,3% na disputa pela prefeitura). A maioria da esquerda digitou o número do psolista Marcelo Freixo (18,3%).

Em 1945, Dutra amealhou 55,4% dos votos válidos (a eleição era realizada em turno único). Dilma, em 2010, alcançou 46,9% na primeira rodada e 56,1% na final. No Datafolha da semana passada, Lula disparava com 39% de preferência no total de entrevistados. Em simulação alternativa, sem ele, Haddad limitou-se a 4%.

A propaganda na TV e no rádio começa depois de amanhã, 37 dias antes do primeiro turno. O prazo para substituição de candidato termina em 17 de setembro, a vinte dias da eleição. Em novembro de 1945, Getúlio permanecia na estância Santos Reis, no município gaúcho de São Borja. O cárcere não impediu que o petista, de junho a agosto, pulasse de 10% para 20% na pesquisa espontânea, que não propõe candidatos. Sua vantagem sobre Bolsonaro no segundo turno oscilou de 17 para 20 pontos (52% a 32%).

Getúlio teve no máximo sete dias para que propagassem país afora sua recomendação pró-Dutra. A copiosa bibliografia acerca daquela campanha contém informações conflitantes sobre a data exata, porém coincide no essencial: o anúncio ocorreu em cima da hora. A consulta a velhos periódicos esclarece a cronologia.

A eleição ocorreu em 2 de dezembro de 1945, um domingo. O brigadeiro Eduardo Gomes atravessara o ano como favorito. Sofrera um baque, provocado por uma – diriam hoje – *fake news*: ele teria menosprezado pobres e miseráveis como "marmiteiros". Era tido, todavia, como provável vencedor, atestaram contemporâneos e memorialistas. Até que, a uma semana da abertura das urnas, o ex-ditador incentivou o voto em quem percebia como mal menor: o oficial do Exército que combinava as condições de aliado e traidor, e não o da Aeronáutica representante das forças mais amplas da oposição à ditadura defunta. O presidente derrubado assinou um manifesto no domingo, 25 de novembro. É a data manuscrita em reprodução do documento.

O manifesto foi alardeado com o título "Ele disse: votai em Dutra". "A abstenção é um erro", orientou. "Não se vence sem luta, nem se participa da vitória ficando neutro." Getúlio declarou que Dutra "colocou-se dentro das ideias do programa trabalhista". "Ele merece, portanto, os nossos sufrágios."

No dia 26 de novembro, o vespertino paulistano *Folha da Noite* publicou uma charge interpretando o apoio. Sob o título "Coisas exquisitas", troça com a pronúncia de Dutra, mostrava o candidato e Getúlio em dois quadros. No de outubro, Dutra expulsava do governo o presidente. No de novembro, vestido com indumentária campestre gaudéria, Getúlio buscava votos para o general. Na manhã seguinte, 27, o *Diário Carioca* estampou a manchete em duas linhas, resumindo sua apuração da véspera e a inclinação editorial: "Getúlio adere a Dutra em desespero de causa." Apimentou: "Pânico em São Borja ante a vitória certa do brigadeiro."

Na tarde da mesma terça-feira, o *Diário da Noite* revelou-se atônito, perguntando na primeira página: "Manifesto de Vargas apoiando Dutra?" O vespertino do conglomerado Diários Associados circulava no Rio. Pouco depois das 18h, ali na capital do país, iniciou no largo da Carioca um comício do ex-ministro da Guerra. O empresário Hugo Borghi leu o manifesto de Getúlio. Borghi havia fabricado a mentira dos "marmiteiros". Na quarta, 28, na edição que noticiou o ato público na Carioca, *O Globo* saiu com um cartum ufanista. Um turista indagava a um morador local: "Caramba! Não há soldados na Aeronáutica?!" O morador: "Há, sim." O turista arrematava: "Mas todo mundo que eu encontro é 'brigadeiro.'" O otimismo se tornara anacrônico.

A imprensa em peso patrocinava Eduardo Gomes. Mas a poderosa cadeia de rádios de Hugo Borghi levou a todo o Brasil o "Ele disse" – de Norte a Sul foi transmitido o comício do largo da Carioca. Durante uma semana, gráficas rodaram febrilmente o manifesto. O desafio era divulgar, numa corrida contra o relógio, o apelo de Getúlio por Dutra. No domingo, o general somou 3.251.507 cédulas eleitorais, contra 2.039.341 do brigadeiro.

Os partidários de Lula, reconhecendo que a candidatura será proibida, cultivam a esperança de que 2018 reproduza 1945 e Haddad herde os votos. Os antagonistas dos petistas temem a reencarnação, como Lula-Haddad, da tabelinha Getúlio-Dutra. Em sua cela de Curitiba, o ex-presidente conhece bem esses fatos, sobre os quais leu no terceiro volume da biografia *Getúlio*, de Lira Neto. Lula terá mais tempo do que Getúlio Vargas, em 1945, para dar o seu recado. Nada garante que a história se repetirá.

27. AS CINZAS DO MUSEU

5 DE SETEMBRO, QUARTA-FEIRA

Uma menina de 3 ou 4 anos visitava o Museu Nacional na primeira metade da década de 1990. Ao deparar com animais empalhados, começou a chorar. Seu pai abraçou-a e perguntou: "O que foi, filha?" Aos soluços, ela respondeu: "Eu não queria que eles tivessem morrido." O pai improvisou um papo cabeça, mas as lágrimas só estiaram com a lembrança de que logo caminhariam para o Jardim Zoológico, ali pertinho. Não faltariam bichos vivos no passeio pelo bairro de São Cristóvão. Dali a alguns anos, a menina alegrou-se ao regressar ao museu que a emocionara. As novas gerações não verão o que a Maria viu.

Desde o domingo à noite não há mais espécimes empalhados – expostos ou na reserva técnica – no palacete da Quinta da Boa Vista. Nem, talvez, o mais antigo fóssil descoberto no país, a Luzia, jovem brasileira de uns 12 mil anos de idade. Seus "traços lembravam nossas origens africanas", anotou a jornalista e escritora Eliana Alves Cruz [mais tarde encontrariam o crânio, fragmentado]. Foram consumidos os ossos do *Maxakalisaurus topai*, o Dinoprata, primeiro dinossauro de grande porte montado no Brasil. Herbívoro, ele viveu há 80 milhões de anos.

Queimaram as coleções de arte greco-romana e egípcia. As borboletas e as conchas. O acervo etnológico das culturas afro-brasileira e indígena. Maciço de cinco toneladas achado em 1784, o meteorito do Bendegó sobreviveu às chamas não como pedra fundamental de um reinício, mas como testemunho da ruína de um museu e de uma nação.

Escaparam 10% dos mais de 20 milhões de itens do principal museu de ciências naturais e antropológicas da América Latina, o mais longevo do Brasil. Pereceram as matérias-primas às quais dedicaram vidas inteiras pesquisadores de zoologia, botânica, arqueologia, antropologia social e numerosas outras áreas de transmissão e produção do conhecimento. "Essa é uma perda enorme para o Brasil e o patrimônio mundial", manifestou-se o Museu do Louvre. O Museu de História Natural britânico lastimou a "perda devastadora para o patrimônio e a ciência".

Nesta terra cujos donos semeiam, colhem e perpetuam segregação, o Museu Nacional se tornou um atípico destino democrático no Rio. Ninguém precisava de dinheiro para conhecer, em viagem a Londres ou Nova York, uma estatueta de guerreiro etrusco fundida meio milênio antes de Cristo; o museu possuía uma belíssima. Ele exibia uma legítima múmia brasileira de 1.100 anos. Bem como um trono, do limiar do século XIX, do Reino africano do Daomé. E máscaras de sete décadas, confeccionadas por povos indígenas do Alto Xingu. Frequentar o museu era um programa de pegada popular. Acabou.

Não foi por falta de aviso. Em 2004, um secretário estadual do Rio advertiu: "O museu vai pegar fogo. São fiações expostas, malconservadas, alas com infiltrações." Em abril e maio de 2018, às vésperas do bicentenário da instituição, reportagens de Roberta Jansen, Bárbara Carvalho e Marco Aurélio Canônico denunciaram a precariedade da manutenção. Uma infestação de cupins provocou no ano passado a interdição da sala dos dinossauros. Para reabri-la, o museu improvisou uma vaquinha.

Governantes nunca demonstraram apreço, além do cerimonioso, pelo Museu Nacional. O antropólogo Luiz Fernando Dias Duarte, diretor-adjunto do museu, disse à GloboNews que Juscelino Kubitschek foi o último presidente a visitar o local, seis décadas atrás. E que nenhum ministro compareceu à celebração dos 200 anos, em junho.

Fundado por Dom João VI em 1818, com sede no Campo de Santana, o museu funcionava desde 1892 no palacete de São Cristóvão, onde havia morado a família imperial brasileira. O lugar foi endereço residencial dos imperadores Pedro I e Pedro II e da princesa Isabel. Naquele casarão de três andares se reunira, em 1891, a Assembleia Constituinte pioneira da República. Erguido no princípio do século XIX, tinha sido doado à família real portuguesa por Elias Antônio Lopes, traficante de africanos escravizados.

É tão impróprio omitir a culpa de sucessivos governos na decadência do museu quanto igualá-los no que foram diferentes. Nenhum deles se dispôs a investir na promoção a estabelecimento com padrão museológico exemplar, inclusive com segurança efetiva contra incêndios, embora seu acervo constituísse monumental e irrecuperável patrimônio científico e histórico.

O paleontólogo Sérgio Alex Azevedo, diretor em 2004, declarou então que a crise perdurava quarenta anos. Agravara-se devido a descaso. Sobreveio melhora, insuficiente, para os museus brasileiros. Levantamento do Instituto Brasileiro de Museus contabilizou que de 2001 a 2011 os fundos anuais para o setor haviam multiplicado 980%, de R$ 20 milhões para R$ 216 milhões. Esse período corresponde a dois anos de governo FHC, oito de Lula (o maior salto) e um de Dilma. O dinheiro é público, reconhecendo nessa categoria o oriundo de renúncia fiscal.

O Museu Nacional se vincula à UFRJ. De 2013 a 2017, as transferências federais para ele caíram pela metade. De janeiro a agosto de 2018, resumiram-se a R$ 98 mil, o equivalente à despesa média do poder público com um só magistrado em dois meses. O número de visitantes caiu. Sem caixa para pagar os serviços terceirizados de segurança e limpeza, o museu interrompera a visitação em janeiro de 2015. A universidade queixou-se à época de contingenciamento de recursos pelo Ministério da Educação no ano anterior, o quarto de Dilma Rousseff no Planalto. E registrou atraso nos repasses por causa da demora do Congresso em aprovar o Orçamento, cujo relator-geral era o senador Romero Jucá. Em dezembro de 2016, as portas de novo foram fechadas provisoriamente.

Debulham lágrimas de hipocrisia sobre as cinzas. "É um dia triste para todos brasileiros", disse Michel Temer. Por que destinaram em oito meses menos de R$ 100 mil à instituição cujo "valor para nossa história não se pode mensurar"? Gerido no âmbito do Ministério da Educação, o museu zelava por herança cultural valiosíssima. O presidente rebaixou o Ministério da Cultura a secretaria, antes de recuar. Supondo que poupava o chefe, o ministro Carlos Marun o interpretou: "Está aparecendo muita viúva apaixonada, mas na verdade essas viúvas não amavam tanto assim o museu."

O paleontólogo Alexander Kellner, atual diretor, tentou ser recebido por Temer para reiterar o plano de retirar do palacete a administração e outros setores. O professor contou que persistiu na busca por audiência com o presidente, mas não logrou passar "do cara do cafezinho". Os Ministérios da Educação e da Cultura anunciaram apoio à reconstrução, com aporte de R$ 10 milhões. Se agora prometem socorro, por que não se empenharam antes na preservação? O museu sucumbiu no governo Michel Temer.

A respeito do "trágico incidente", Marcelo Crivella qualificou como "dever nacional" "recompor cada detalhe eternizado em pinturas e fotos". Como, se quase tudo, com exceção das paredes, virou pó? Falava dos afrescos de Pompeia, que escaparam da fúria do vulcão Vesúvio, mas não da incúria no Brasil? Mais tarde, o prefeito afirmou que se referia à edificação.

O governador Luiz Fernando Pezão pranteou "tamanha perda de construção e acervo de valores inestimáveis". O combate às labaredas atrasou no mínimo meia hora porque os hidrantes próximos estavam sem água, informou o Corpo de Bombeiros. Empresa do estado do Rio encarregada do equipamento, a Cedae negou ter ocorrido o problema notório.

O farisaísmo não se restringe aos governantes. Uma emenda constitucional impôs teto a gastos que atinge saúde, educação, ciência e cultura. Como aplaudi-la e, em seguida, surpreender-se com os destroços? Em regra, os ricos brasileiros, dos mais avarentos do mundo, em nada ou pouco ajudaram o museu na era republicana. Só cederam alguns mil-réis para a criação do Masp por se acovardarem com os achaques do mecenas Assis Chateaubriand. A elite desprezava o Museu Nacional. Em 2017, comparou a BBC, mais brasileiros visitaram o Louvre, na França, do que os tesouros da Quinta da Boa Vista. Jair Bolsonaro se lixou: "Já está feito, já pegou fogo, quer que faça o quê?"

Ao dilacerar a memória, o Brasil castiga o presente e ensombrece o futuro. Um novo museu tem de surgir, mas não será, não tem como ser, o que foi. A bravura dos servidores desafiando a fumaça ao ingressar no prédio, para resgatar preciosidades, permanecerá como retrato comovente na desolação. A nossa tragédia também tem os seus heróis.

Em fevereiro, a Imperatriz Leopoldinense celebrou o Museu Nacional como seu enredo. Valeu, mas não tem jeito. Aprisionaram o Brasil numa permanente Quarta-Feira de Cinzas.

28. A FACADA

12 DE SETEMBRO, QUARTA-FEIRA

As menos de 44 horas transcorridas entre as imagens de Jair Bolsonaro esfaqueado num calçadão e, na UTI hospitalar, encenando atirar com arma de fogo contam um drama e uma fábula. O drama é o torpe atentado contra o capitão de artilharia reformado, que cinco dias antes empunhara um tripé, fingira disparar e fanfarronara, para gozo da multidão: "Vamos fuzilar a petralhada aqui do Acre!" A fábula é a do sapo e do escorpião.

A narrativa tem variações nos acabamentos, mas a alvenaria é a mesma. Um escorpião pede para atravessar um lago nas costas de um sapo. O sapo se recusa a dar carona por recear uma picada assassina. O escorpião alega não saber nadar; argumenta que não envenenaria o anfíbio, porque afundaria junto com ele. O sapo coaxa: "Então, tá." No meio da travessia, o escorpião o atraiçoa. Agonizando, o sapo pergunta sobre o motivo do gesto suicida. O escorpião esclarece, antes de se afogar: "Porque é da minha natureza."

A FACADA

Candidato a senador no Rio, o deputado estadual Flávio Bolsonaro tuitou na sexta-feira, 7 de setembro, um dia depois de seu pai ser ferido em Juiz de Fora: "Jair Bolsonaro está mais forte do que nunca e pronto para ser eleito presidente do Brasil no primeiro turno!"

Na noite do feriado, o general Mourão disse em entrevista à GloboNews que conversara por telefone com o cabeça da chapa. O candidato a presidente lhe recomendou "moderar o tom", para "não exacerbar essa questão que está ocorrendo". Sincera ou pragmática, a atitude talvez rendesse votos: a vítima apelaria por serenidade e tolerância, repeliria a violência.

No sábado, a ilusão ruiu, com o Zero Um voltando ao Twitter para publicar uma fotografia do pai sentado numa poltrona do hospital Albert Einstein. O paciente simulou tirotear. A cena colidiu com o recado transmitido pelo vice. Na verve de Ciro Gomes, "ele foi ferido na barriga, mas não mudou nada na cabeça".

A facada desferida contra Bolsonaro mereceu solidariedade e compaixão, mas não comoção em larga escala. O Datafolha ouviu 2.804 eleitores anteontem e constatou que, desde 21 de agosto, o representante da extrema direita oscilou de 22% para 24% da preferência, sem romper a margem de erro de dois pontos. Sua rejeição passou de 39% para 43%, muito além do índice de Marina Silva, que vem atrás com 29%. Há empate quádruplo no segundo lugar da intenção de votos: Ciro Gomes, 13% (cresceu 3 pontos); Marina, 11% (despencou 5); Geraldo Alckmin, 10% (oscilou 1 para cima); e Fernando Haddad, 9% (mais 5).

Dos cinco líderes, quem mais avançou foi o ex-prefeito de São Paulo, 125%. E isso que somente ontem, 11 de setembro, ele foi inscrito como candidato oficial à Presidência. Sob a bênção de Lula, barrado pela Justiça, é provável que diminua a distância para Bolsonaro. A vigorosa campanha de Ciro possivelmente sofrerá com a descoberta, por muitos eleitores, de que ele não é o predileto do ex-presidente.

12 DE SETEMBRO, QUARTA-FEIRA

À facada em Bolsonaro sobreveio o jogo duro de dois dos mais influentes oficiais do Exército. O general Mourão, na reserva remunerada, e o comandante da Força, general Eduardo Villas Bôas, no serviço ativo. Na GloboNews, com a naturalidade de quem avisa não querer cebola na pizza de calabresa, o candidato a vice tratou como razoável o que ele reconheceu como "autogolpe" de um governante: "O presidente da República pode decidir empregar as Forças Armadas"; "é um autogolpe, você pode dizer isso". "É uma hipótese", adoçou, e não receita salgada para consumo imediato.

Mourão não tem mais nem um pelotão para instruir ordem unida, ao contrário de seu conterrâneo gaúcho Villas Bôas. Em entrevista ao jornal *O Estado de S. Paulo*, o chefe do Exército associou a tentativa de homicídio contra Bolsonaro à legitimidade do próximo governante: "O atentado confirma que estamos construindo dificuldade para que o novo governo tenha uma estabilidade, para a sua governabilidade, e podendo até mesmo ter sua legitimidade questionada. Por exemplo, com relação a Bolsonaro, ele não sendo eleito, ele pode dizer que prejudicaram a campanha dele. E, ele sendo eleito, provavelmente será dito que ele foi beneficiado pelo atentado, porque gerou comoção."

O comandante opinou sobre a determinação do Conselho de Direitos Humanos da ONU para o ex-presidente ter o direito de ser opção nas urnas: "É uma tentativa de invasão da soberania nacional. Depende de nós permitir que ela se confirme ou não. Isso é algo que nos preocupa, porque pode comprometer nossa estabilidade, as condições de governabilidade e de legitimidade do próximo governo."

Villas Bôas assegurou que "não há hipótese de o Exército provocar uma quebra de ordem institucional". Na contramão, como se fosse um magistrado, incursionou em campo minado, estranho às suas atribuições legais: "O pior cenário é termos alguém *sub judice*, afrontando tanto a Constituição quanto a Lei da Ficha Limpa, tirando a legitimidade, dificultando a estabilidade e a governabilidade do futuro governo e dividindo ainda mais a sociedade brasileira."

A soberania nacional é fundamento constitucional da República. Sua "invasão" imaginada ofereceria pretexto para viradas de mesa golpistas, com ou sem estripulias fardadas. Não cabe ao comandante da mais poderosa das três Forças tutelar as regras eleitorais. Ao se pronunciar sobre a postulação de Lula e "o pior cenário", Villas Bôas endurece: se elegerem o petista, um correligionário dele ou outro candidato de desagrado da caserna, a escolha pode ser interditada como ilegítima. Ao contrário do que o general acredita, a divisão social se aprofunda com a violação da soberania da vontade popular, e não com a submissão a ela.

Com seus devaneios sobre "intervenção militar" e "autogolpe", o general Mourão tem composto com seu camarada Villas Bôas um jogral intimidador. Nostálgicos da ditadura se excitam e sonham com o futuro repetindo o passado. Bolsonarismo e golpismo consolidam seu amálgama. Todo figurão bolsonarista é golpista, embora nem todo golpista seja bolsonarista.

Tolice pensar que a pregação da violência política justifica atos violentos contra o pregador. Não os autoriza, porém não suprime a história. Convencido das vantagens eleitorais de sua trêfega alusão a armas, Bolsonaro havia ensinado em julho uma menina a imitar um revólver ou uma pistola com o polegar e o indicador da mão direita. Em agosto, ele perguntou a um menino, uniformizado com réplica de farda da Polícia Militar, que segurava no colo: "Sabe dar tiro? Atira. Policial tem que atirar."

Pouco depois das 15h30 da quinta-feira, Bolsonaro teve a barriga perfurada pela lâmina de 20 centímetros de uma faca de cozinha quando um apoiador o carregava nos ombros em Juiz de Fora, na Zona da Mata mineira. Deu sorte, ali na esquina das ruas Halfeld e Batista de Oliveira: o agressor não portava arma de fogo, cuja posse generalizada o candidato idealiza. Logo se soube que o criminoso era um homem perturbado, de 40 anos, identificado como Adélio Bispo de Oliveira. Havia sido filiado ao PSOL de 2007 a 2014, mas dissolvera o vínculo com o partido.

12 DE SETEMBRO, QUARTA-FEIRA

"Quem mandou foi Deus", disse o esfaqueador, cujas birras mais percebíveis são com a maçonaria e Bolsonaro. Para ilustres partidários do deputado, o inimigo era outro. "Agora é guerra", declarou Gustavo Bebianno; o presidente do PSL não informou contra quem. "Se querem usar a violência, os profissionais da violência somos nós", atemorizou o general Mourão. Ele sentenciou, em versão falsa, que o postulante à Presidência fora "covardemente atacado por um militante do Partido dos Trabalhadores".

O pastor Silas Malafaia espalhou, noutra inverdade, que o aparente lobo solitário "assessora a campanha de Dilma ao Senado em Minas". O senador Magno Malta compartilhou foto fraudada digitalmente para inserir Adélio perto de Lula numa manifestação. À falta de argumento original, o general da reserva Augusto Heleno Ribeiro Pereira descreveu o celerado que feriu Bolsonaro como "um radical irresponsável, fiel a seus ideais marxistas".

Aos 63 anos, Jair Messias Bolsonaro tangenciou a morte. Como o país assistiu em imagens em movimento, ao ser esfaqueado o candidato em campanha vestia uma camiseta amarela com a inscrição em verde "MEU PARTIDO É O BRASIL". Sangrou pouco por fora, mas a lâmina lesionou uma veia que irriga o abdômen e, em quatro cortes, o intestino. A hemorragia interna consumiu 2,5 litros de sangue, cerca de 40% do volume que circula no corpo. Derrubou sua pressão para 8 por 4.

Bolsonaro chegou à Santa Casa de Misericórdia de Juiz de Fora "em choque" e em "situação gravíssima", de acordo com os médicos que o socorreram. Uma cirurgia de duas horas salvou-o. Pelo trabalho, o Sistema Único de Saúde pagará R$ 367,06 ao cirurgião vascular Paulo Gonçalves de Oliveira Junior. O doutor dividirá a remuneração com os colegas que atenderam Bolsonaro, relatou a repórter Consuelo Dieguez.

Na sexta-feira, deitado em seu leito, o candidato gravou um depoimento. Agradeceu a Deus, médicos e enfermeiros. Abatido, relembrou a investida: "Parecia apenas uma pancada na boca do estômago [...]. A dor era insuportável, e parecia que tinha algo mais grave acontecendo." Lamentou se ausentar do desfile militar do 7 de Setembro. E falou: "Nunca fiz mal a ninguém." Na manhã de sábado o transferiram para São Paulo, onde Bolsonaro posou para a foto cuja legenda bem poderia ser "Porque é da minha natureza."

29. A PORRADA DO NEONAZISTA

19 DE SETEMBRO, QUARTA-FEIRA

Em novembro de 1940, o democrata Franklin D. Roosevelt venceu o republicano Wendell Willkie com uma diferença de 5 milhões de votos e conquistou o terceiro mandato consecutivo na Casa Branca. O presidente viria a ser um dos condutores dos Aliados contra o nazifascismo. Isso é o que conta a história, porque no romance *Complô contra a América* Roosevelt foi abatido nas urnas de 1940 pelo aviador Charles Lindbergh.

O livro de Philip Roth lançado em 2004 narra as agruras, o medo e a resistência de famílias norte-americanas de origem judaica sob o imaginário governo do pioneiro da travessia aérea sem escalas do Atlântico. Na vida real, Lindbergh voava alinhado com esquadrilhas antissemitas e fascistoides. Havia sido condecorado pelo Terceiro Reich, congraçava com figurões alemães e defendia, para gáudio de Berlim, os Estados Unidos à margem da guerra que varria a Europa.

Na ficção, sua administração perseguiu e acossou os judeus. O personagem repugnante bolado por Roth não ousou sugerir que se pesassem seres humanos em arrobas. Pareceria inverossímil, tamanha a perversidade, apesar do racismo do protagonista. *Complô contra a América* não me sai da cabeça. Não ao fabular um passado distópico, mas ao matutar sobre o porvir. Próximo, não distante. Do Brasil, e não da "América".

Duas semanas atrás, 26.791 dias depois da morte de Adolf Hitler, a embaixada da República Federal da Alemanha em Brasília publicou no Facebook um vídeo de 67 segundos sobre o nazismo. Virou alvo da artilharia dos negacionistas do Holocausto da Segunda Guerra, os mesmos que em nossos trópicos negam ter vigorado uma ditadura a partir de 1964. "Farsa", zurrou um mentecapto com nome iniciado com agá. Tal cretinice recebeu 944 curtidas.

Um certo *L.* repudiou a caracterização do hitlerismo como de direita. Ignorância faz mal. Arrogância, também. Misturadas, resultam em indigência intelectual diabólica. *H.* e *L.* empenham-se, constata-se em seus perfis, na campanha presidencial de Jair Bolsonaro. Nem todo bolsonarista apregoa a inexistência do genocídio ou pinta como esquerdista o regime nazista. Mas é entre bolsonaristas que tais sandices germinam.

"Nunca tinha visto na Alemanha essa discussão sobre o nazismo ser de esquerda", disse à Deutsche Welle o cientista político Kai Michael Kenkel. "Lá é muito simples: trata-se de extrema direita e pronto. Essa discussão sobre ser de esquerda ou direita parece existir só no Brasil. Se você perguntar para um neonazista na Alemanha se ele é de esquerda, vai levar uma porrada."

Em meados do mês, completou meio ano a impunidade dos assassinos de Marielle Franco e Anderson Gomes. Em reação à cobrança sobre quem os matou e quem mandou matá-la, *W.* relinchou no Twitter: "Pergunta lá na Maré, o tiro veio do traficante revoltado com a piranhagem dela, ciúme puro." "Já foi tarde", sibilou *L.* Talvez, ululou *A.*, "uma fechada no trânsito pode ter causado a morte" da vereadora e do motorista.

19 DE SETEMBRO, QUARTA-FEIRA

Um dos três animais hidrófobos é robô, mas expressa a alma de um ser humano. O pior robô é o existencial. Adivinhe quem é o candidato preferido de *W., L.* e *A.* Ele mesmo, o indivíduo chamado de "Coiso" ou "Mito", a depender da cabeça e do coração de cada um. *L.* reverenciou ontem o vice de Bolsonaro: "Parabéns, general! Família tem que ter pai (macho), mãe (fêmea) e filhos!!!! É a base de uma sociedade harmônica e estável!"

Hamilton Mourão experimentara, na véspera, o estropício filosófico. Sua doutrina pressupõe que famílias "sem pai e avô, mas com mãe e avó" são "fábricas de desajustados", fornecedoras de mão de obra para o tráfico de drogas. O general se referia a famílias pobres. Em 2007, Sérgio Cabral afirmara que a Rocinha é uma "fábrica de produzir marginais". O pensador militar acentuou, com o componente de gênero, o preconceito de classe do governador gatuno.

As mulheres, incluindo mães e avós, chefiam 40% dos lares brasileiros. São 11 milhões os lares formados somente por mulheres e seus filhos. O capitão, o general e suas tropas se incomodam com o mulherio. Com mais de 1 milhão de participantes, o grupo Mulheres Unidas Contra Bolsonaro foi retirado do ar no fim de semana, depois de um ataque cibernético no Facebook. Mourão declarou que o grupo era *fake*. Não era.

Também encrencam com a orientação sexual alheia, empolgando hordas desatinadas. No domingo, no clássico mineiro, um grupo de torcedores do Atlético entoou: "Ô, cruzeirense! Toma cuidado! O Bolsonaro vai matar veado!" O clube alvinegro rechaçou as "manifestações homofóbicas", os "gestos de preconceito" e a "incitação à violência".

Um vídeo com entrevista de Bolsonaro em 2010 documenta uma das mais desapiedadas abordagens de políticas públicas para cuidar de pessoas que vivem com o vírus HIV e a aids. O deputado condenou "dinheiro do povo para tratar essa gente depois que contrai a doença com esses atos". Associou a contaminação à "vida mundana".

A PORRADA DO NEONAZISTA

A entrevistadora Monica Iozzi ironizou: "Então dinheiro público vai para quem tem câncer, para quem tem tuberculose. Para quem tem aids, a pessoa que foi culpada por pegar, ela que se vire..." O atual candidato a presidente emendou: "Concordo contigo." Monica esclareceu: "Eu não acho isso." Bolsonaro: "Se for na sacanagem..." Monica: "Se não se cuidou..." Bolsonaro: "Problema deles." Monica: "Que morra..." Bolsonaro: "Problema deles!"

Quem veiculou a entrevista no YouTube não foi um detrator, mas Carlos Bolsonaro, orgulhoso do pai. O vereador aplaudiu: "Os hipócritas dizem que quando o vagabundo faz besteira cabe ao Estado zelar por sua irresponsabilidade. O deputado federal Bolsonaro diz a verdade e dispara: 'O Estado deve tratar de doentes *infortúnios* e não de vagabundos que se drogam ou adquirem aids por vadiagem.' Muitos não vão gostar, mas concordo."

Em alguns círculos, o jornalismo que o diga, a banalização das crueldades bolsonaristas persistiu enquanto o deputado e seus partidários serviram a propósitos como o cerco a Dilma Rousseff. Regrediu, porém ressurge na desonestidade de igualar Bolsonaro a adversários que rejeitam selvagerias.

Autores de não ficção costumam ser questionados sobre o motivo de não escrever histórias ficcionais. Respondem que, diante de matéria-prima cotidiana tão rica, para que inventar? A criatividade e a arte se expressam na maneira de contar. A ameaça Bolsonaro é mais aterrorizante do que o país lindberghiano devaneado por Philip Roth. Embora nos Estados Unidos o fascista tivesse virado presidente, e no Brasil a eleição seja futuro. Mas lá o espectro era ficção; aqui, é real.

Internado na unidade semi-intensiva do Hospital Israelita Albert Einstein, Bolsonaro fez uma transmissão ao vivo pela internet. Sem provas, disse que "o PT descobriu o caminho para o poder, o voto eletrônico". Programas poderiam inserir na moita quarenta votos por urna, de acordo com o concorrente do PSL. O general Mourão propôs

19 DE SETEMBRO, QUARTA-FEIRA

uma nova Constituição, mas não elaborada por constituintes escolhidos por sufrágio universal. E sim obra de um conselho de notáveis. Depois a Carta seria submetida a plebiscito.

Uma vez golpistas, sempre golpistas.

30. "PROJETINHO DE HITLER TROPICAL"

26 DE SETEMBRO, QUARTA-FEIRA

Na tarde de uma quarta-feira de 2017, Jair Bolsonaro desembarcou no aeroporto João Suassuna, na cidade paraibana de Campina Grande. Do lado de fora, discursou para centenas de fiéis que ansiavam por ele. "Como somos um país cristão, Deus acima de tudo!", gritou. "Não tem mais essa historinha de Estado laico, não! É Estado cristão!" Pronunciou seu voto de fé: "Vamos fazer um Brasil para as maiorias! As minorias têm que se curvar às maiorias! A lei deve existir para defender as maiorias! As minorias se adéquam ou simplesmente desapareçam!"

Foi zombaria da história o sol implacável que cegava os anfitriões do capitão. Para mirá-lo na contraluz, eles levavam as mãos à testa, em forma de aba de boné, proporcionando sombra aos olhos. O homem encolerizado ao microfone, naquele 8 de fevereiro, encarnava personagens sombrios. Ao preconizar o desaparecimento de minorias, evocou Ióssif Stálin trucidando oposições à esquerda e à direita. E o extermínio engendrado por Adolf Hitler.

A ameaça de eliminação das minorias conecta o bolsonarismo a ideias estimadas pelo nazifascismo. Ciro Gomes desdenhara Bolsonaro

"PROJETINHO DE HITLER TROPICAL"

como "um projetinho de Hitler tropical". Na sexta-feira, em cima de um caminhão de som, o candidato do PDT se referiu ao adversário do PSL como "nazista filho da puta".

Depois de uma sessão da peça *Meus 200 filhos*, ambientada em cenário do Holocausto, um espectador berrou, no teatro do Centro Cultural Justiça Federal, no Rio: "Abaixo o nazismo! Veja em quem você vai votar!" Numa charge para comentar pesquisa do Ibope, Benett cruzou linhas evolutivas de votação e rejeição do deputado. Elas desenharam a suástica. O grupo Judeus Contra Bolsonaro anunciou: "Não aceitamos que um fascista possa ser presidente do Brasil."

O manifesto "Democracia Sim", cujos signatários se inclinam por candidatos diversos, reconhece em Bolsonaro uma "ameaça franca ao nosso patrimônio civilizatório primordial". E lembra: "Líderes fascistas, nazistas e de diversos outros regimes autocráticos na história e no presente foram originalmente eleitos, com a promessa de resgatar a autoestima e a credibilidade de suas nações, antes de subordiná-las aos mais variados desmandos autoritários."

A Gaviões da Fiel reviveu a têmpera da democracia corintiana e rechaçou o candidato "que homenageia publicamente torturadores". Trocou passes com a Torcida Jovem do Santos, que se entrincheirou: "A opressão jamais irá vencer a nossa luta por liberdade dentro e fora dos estádios!"

O parentesco do ideário bolsonarista com o arsenal ideológico nazi é percebido até por pascácios da direita mais ouriçada. Em 2011, o movimento neonazista White Pride World Wide juntou-se à convocação de um "ato cívico" pró-Bolsonaro em São Paulo. O nome do grupo quer dizer, no idioma que ele despreza, "orgulho branco no mundo inteiro". Skinheads apreciam o deputado. Essa gente é sádica como o garoto de olhos azuis Bobby, um dos clones de Hitler no filme *Os meninos do Brasil*. Bobby manda seus cães dobermann atacar e matar — um deles morde uma veia jugular e se lambuza de sangue humano.

26 DE SETEMBRO, QUARTA-FEIRA

Talvez tenha sido um clone de Carlos Alberto Brilhante Ustra quem, na campanha pelo impeachment, pendurou num viaduto bonecos de Dilma e Lula enforcados.

Bolsonaro teve oportunidade, mas não deplorou a memória do *Führer*. Em 2012, no programa *CQC*, indagaram se ele "gostava" de Hitler. "Não", respondeu, antes de render-se: "O que você tem que entender é o seguinte: guerra é guerra. Ele foi um grande estrategista. Quando você tem um general, aqui no Brasil, em qualquer exército do mundo, aquele general tem que estar pronto para aniquilar o outro país, destruir o outro país, para defender o seu povo." Bolsonaro não falou de episódios como a invasão da Polônia e a ignomínia do gueto de Varsóvia. Nem explicou como a expansão nazista teria "defendido" o povo alemão.

Na mesma entrevista, perguntaram: "O senhor já deu um sopapozinho em alguma mulher?" "Já", disse o capitão. "Eu era garoto, ainda em Eldorado [SP], e uma menina, que forçou a barra para cima de mim..." E gargalhou, acompanhado dos entrevistadores.

Com estímulos dessa natureza, não surpreende a letra que bolsonaristas adaptaram ao funk "Baile de favela". Na Marcha da Família com Bolsonaro, no Recife, os manifestantes cantaram: "Dou pra CUT pão com mortadela/ E pras feministas, ração na tigela./ As minas de direita são as tops, mais belas/ Enquanto as de esquerda têm mais pelos que as cadelas."

A paródia não espanta, mas perturba. *O ovo da serpente* se passa na Berlim de 1923, dez anos antes de Hitler ser alçado a chanceler da Alemanha. Visita a gênese do nazismo. O protagonista do filme de Ingmar Bergman é o trapezista judeu Abel Rosenberg. O desalento e o medo o abatem, depois de ele testemunhar policiais surrando um homem: "Acordei de um pesadelo e descobri que a vida real é pior do que o sonho."

No Brasil, misoginia, homofobia e racismo se revolvem num coquetel de boçalidade e ódio. Em 2014, Bolsonaro disse ao jornal espanhol *El País* que "a imensa maioria [dos gays] vem por comportamento.

"PROJETINHO DE HITLER TROPICAL"

É amizade, é consumo de drogas. Apenas uma minoria nasce com defeito de fábrica." O nazismo também se apascentava da ojeriza por homossexuais. Nos campos de concentração, um triângulo rosa era costurado em seus uniformes. A peça *Bent*, de Martin Sherman, coloca em cena dois prisioneiros com triângulo rosado.

É possível que Joseph Goebbels, o ministro do Terceiro Reich para a Propaganda, jamais tenha enunciado o axioma, a ele atribuído, de que uma mentira repetida mil vezes vira verdade. Foi, todavia, praticante compulsivo dela. Adeptos de Bolsonaro têm compartilhado informações que seviciam os fatos. Circula no WhatsApp a patacoada de um "plano de dominação comunista do PT". A montagem repousa na prateleira do mercado de invencionices. É herdeira de uma armação nazistoide ocorrida em 1937. Enamorado pela Alemanha hitlerista, o presidente Getúlio Vargas pretextou um certo Plano Cohen para perpetrar o golpe de Estado que impôs a ditadura do Estado Novo.

O tal plano arquitetava um assalto ao poder pelos comunistas. Era falso. Quem o datilografou foi um quadro da Ação Integralista Brasileira. Capitão do Exército, chamava-se Olímpio Mourão Filho. Quando general, daria a largada no golpe de 1964 – um Mourão golpista é notícia caduca. O sobrenome Cohen foi escolhido para vincular o Partido Comunista à comunidade judaica.

Mentira no atacado, mentira no varejo. Eduardo Bolsonaro veiculou um vídeo de propaganda do pai. Uma narradora fala em off enquanto se vê o que aparenta ser o rosto da dona da voz: "Sou mulher, negra e vinda de família pobre. [...] Há muito me libertei do vitimismo. [...] Meu voto é pelo Brasil. Meu voto é Bolsonaro." Desmascararam a farsa. A moça na tela é uma canadense executiva financeira de multinacional. Era atriz em 2011, ao gravar filmes para um banco de imagens, do qual saiu a "brasileira" pseudo-bolsonarista. "Somente a verdade nos liberta", pregou o Zero Três ao publicar o vídeo no Twitter.

26 DE SETEMBRO, QUARTA-FEIRA

Uma *fake news* obrigou Fátima Bernardes a gravar esclarecimento. Espalharam que ela doara R$ 350 mil, mais a reforma de uma casa, à família do esfaqueador de Bolsonaro. A apresentadora teria sido motivada pela condição de Adélio Bispo de Oliveira como "vítima do sistema; da sociedade capitalista, preconceituosa, odiosa e sem amor; e porque era intimidado com os discursos de ódio de Bolsonaro". É difícil identificar as digitais na mentira?

Tentaram atingir Ciro Gomes, plantando o boato segundo o qual ele agredira sua ex-companheira Patricia Pillar. Obra de quem? No Twitter, um tal Renato mantém um perfil com mais de mil seguidores. Diz-se "de direita" e sufraga Bolsonaro. No dia 23 de setembro, ele tuitou: "Ciro agrediu a Patricia Pillar, a vítima ainda o defende." Renato não maquinou o boato; foi um dos que o disseminaram. A atriz foi às redes e depôs: "Nunca sofri nenhum tipo de violência da parte de ninguém." E anunciou voto em Ciro.

A despeito das credenciais de Bolsonaro e seu séquito, irrompe no ecossistema do poder um raciocínio extravagante: o de que o segundo colocado nas pesquisas, Fernando Haddad, padeceria do mesmo mal do capitão, o "extremismo". Nivelam quem é diferente. De caso pensado ou não, ajudam o único candidato extremista (o cabo bombeiro Daciolo, com seu bordão "Glória a *Deux*!" com sotaque acariocado, é *hors-concours*).

Haddad militou contra a ditadura; Bolsonaro afirmou seis anos atrás que apoiaria um novo regime "nos moldes [do] de 64". O PT governou por 14 anos e não mudou o número de membros do STF; Bolsonaro pretende aumentá-lo, para controlar a corte. Haddad batalha pelos direitos humanos; Bolsonaro advoga a tortura. Equivalem-se?

Os dois pertencem a "campos antidemocráticos", analisou o jornalista Merval Pereira. Bolsonaro e Haddad emitem sinais que "representam ameaça à democracia", diagnosticaram os cientistas políticos José Álvaro

Moisés e Rubens Figueiredo. Para o economista e empresário Roberto Giannetti da Fonseca, um segundo turno com a dupla poderia gerar "grave risco institucional". Geraldo Alckmin apontou os líderes das pesquisas como "dois lados da mesma moeda, a do radicalismo". FHC escrevinhou uma carta considerando que o capitão e o ex-ministro de Lula "apostam em soluções extremas" – omitiu que janta com Haddad, ao passo que Bolsonaro sugeriu matar o tucano ex-presidente. Viveríamos "A hora dos extremos", titulou a *Veja*.

O PT alegadamente extremista é o partido em cujas administrações os banqueiros faturaram às pencas. O "confronto de extremos" constitui charlatanismo intelectual, sobretudo quando delineado com as letras afetadas do pedantismo. Quem iguala desiguais relativiza o perigo bolsonarista e banaliza seus delírios intolerantes. Ficar em cima do muro significa consentir com a plataforma, esta sim, extremista de Bolsonaro. É adotar a teoria dos dois demônios, que ao rememorar refregas da ditadura não difere torturadores de torturados.

O Ibope informou no começo da semana que, entre as mulheres, Bolsonaro e Haddad têm 21%. Muitas delas convocam para o sábado, 29 de setembro, protestos contra o deputado. Mobilizam com a hashtag #EleNão. Um sem-número de movimentos se associou à iniciativa. "Dia 29 faremos história!", escreveu a feminista e roteirista Antonia Pellegrino: "Não podemos aceitar que o antipetismo se volte contra nós mesmas, se transforme em voto a favor de Bolsonaro. Entendo que haja mulheres que repudiam com todas as forças o Partido dos Trabalhadores. Porém, o PT nunca deixou o campo da democracia e sempre respeitou as decisões judiciais. O ódio ao PT não pode se transformar no ódio à democracia."

31. PARTIDO DA JUSTIÇA

3 DE OUTUBRO, QUARTA-FEIRA

Quem sabe, sabe; conhece bem. Na quinta-feira, o jornalista Janio de Freitas advertiu: "Comparados os anos recentes de militares e do sistema judicial, não é na caserna que se encontram motivos maiores de temer pelo Estado democrático de direito. Os avanços sobre poderes do Legislativo e do Executivo, os abusos de poder contrários aos direitos civis, ilegalidades variadas contra os direitos humanos – a transgressão da ordem institucional, portanto – estão reconhecidos nas práticas do Judiciário e da Procuradoria da República." Cantou a pedra: "Em tais condições, seria pouco mais do que corriqueiro o surgimento, nos dez dias que nos separam das eleições, de um petardo proveniente de juiz ou procurador para perturbar a disputa eleitoral, na hierarquia a que chegou."

No dia seguinte à publicação da coluna de Janio, soube-se que o juiz Eduardo Luiz Rocha Cubas pretendia, de acordo com apuração da Advocacia Geral da União, mandar o Exército recolher urnas eletrônicas em sua circunscrição. O magistrado do Juizado Especial Federal Cível do município goiano de Formosa foi afastado pelo Conselho Nacional de Justiça. Rocha Cubas gravara com Eduardo Bolsonaro um vídeo duvidando da segurança das urnas.

Na manhã da mesma sexta-feira, o ministro Ricardo Lewandowski autorizou a repórter Mônica Bergamo, da *Folha de S.Paulo*, a entrevistar Lula no cárcere de Curitiba. A procuradora-geral da República, Raquel Dodge, disse que não recorreria, "em respeito à liberdade de imprensa". À noite, outro ministro do STF, Luiz Fux, revogou a permissão. E proibiu a divulgação de qualquer entrevista com o ex-presidente, "sob pena da configuração de crime de desobediência".

Advogado do jornal, Luís Francisco Carvalho Filho reagiu: "A decisão do ministro Fux é o mais grave ato de censura desde o regime militar. É uma bofetada na democracia brasileira." Quem pediu o veto, logo a censura, foi o partido Novo. A agremiação engalana-se como liberal. O novo presidente do Supremo, Dias Toffoli, respaldou a censura prévia determinada por Fux.

Anteontem, Toffoli afirmou que se recusa a chamar o golpe de 1964 pelo devido nome. Para ele, é "movimento de 1964". O general da reserva Aléssio Ribeiro Souto declarara ao repórter Leandro Prazeres que "os livros de história que não tragam a verdade sobre 64 precisam ser eliminados". Não especificou se triturados ou na fogueira. O oficial colabora na formulação do programa presidencial de Bolsonaro.

Fux cogitou a anulação das eleições, na hipótese de *fake news* influenciarem o resultado. A Justiça Eleitoral poderia invalidar a escolha popular. Na semana passada, quem influenciou o pleito foi o Supremo, ao cancelar o título de 3,4 milhões de eleitores. A maioria é do Nordeste e, tudo leva a crer, pobre. Perderam o direito de votar por não terem feito o recadastramento biométrico. Teriam de fato sido alertados sobre a obrigatoriedade do procedimento? Na região onde Lula nasceu, Fernando Haddad lidera com léguas de distância a intenção de voto, mais ainda nas famílias com menor renda.

3 DE OUTUBRO, QUARTA-FEIRA

O mais novo lance do Judiciário era previsível, em conteúdo e autoria. O jornalista Elio Gaspari assoprara, em 9 de setembro: "Pelo cheiro da brilhantina, muita gente espera que o texto da colaboração do ex-ministro Antonio Palocci venha a ser conhecido durante a campanha eleitoral. Será golpe baixo." Na segunda-feira, a seis dias da votação, o juiz Sergio Moro liberou o acesso a parte da "delação premiada" do antigo timoneiro da Fazenda. Os maiores alvos são Lula e Dilma.

O despacho de Moro contradiz argumento dele próprio, que em agosto postergou de setembro para novembro um interrogatório de Lula. O juiz alegou que mudara a data "a fim de evitar a exploração eleitoral dos interrogatórios, seja qual for a perspectiva". Às vésperas do primeiro turno, ele interfere na campanha, com presumível "exploração eleitoral". Qual é o seu critério?

O cheiro da brilhantina também foi sentido em São Paulo. Desde que se inscreveu na chapa presidencial, de início como vice, Haddad foi denunciado três vezes pelo MP estadual. A corregedoria do Conselho Nacional do Ministério Público quer saber se essas e outras acusações coincidiram com o calendário eleitoral por acaso ou não. Elucidar crimes e punir criminosos é dever de promotores e juízes. Mas a simultaneidade das ações com datas-chave da folhinha política permite indagar se o que buscam é justiça. O procurador Carlos Fernando Santos Lima, figurão da Lava Jato insuspeito de petismo, dissera que Palocci não tinha provas. Por isso rechaçou o acordo com ele. A delação, celebrada com a Polícia Federal, municiou o petardo de Sergio Moro.

Em caso de ser bem-sucedido, Bolsonaro terá muitos sócios na vitória.

No hospital, ele avisou, em entrevista ao apresentador José Luiz Datena: "Pelo que eu vejo nas ruas, não aceito o resultado das eleições diferente da minha eleição." Reiterou seus termos ao falar à repórter Graziela Azevedo, no voo em que viajou no sábado de São Paulo para o Rio, depois de receber alta: "Eu vejo aí [nas pesquisas] um absurdo, o PT crescer. Não existe isso. O que eu sinto nas ruas, o que eu vejo em manifestações é o sinal claro de que o povo está do nosso lado. E, da forma como isso é demonstrado, não dá para a gente aceitar passivamente na fraude, na possível fraude, a eleição do outro lado."

Em 2014, mal concluída a eleição, Aécio Neves e o PSDB insurgiram-se contra o placar e intoxicaram o país. Quatro anos depois, o candidato do PSL nem esperou ligarem as urnas. No domingo, Carlos Bolsonaro reproduziu o cacoete golpista do pai: "A narrativa de fraude nas urnas vem sendo mostrada a cada dia."

O vereador postara no Instagram uma foto com simulação de um homem sendo asfixiado com um saco plástico. No peito do torturado escreveram "#EleNão", identificando-o como opositor de Bolsonaro. Sobre a imagem, colaram um título associado à homofobia: "Sobre pais [de homossexuais] que choram no chuveiro!" O Zero Dois disse que não pretendia estimular a tortura.

A truculência se alastra. Na manifestação dominical a favor de seu pai, na avenida Paulista, Eduardo Bolsonaro bodejou em discurso: "As mulheres de direita são mais bonitas que as de esquerda"; "elas não mostram os peitos e nem defecam nas ruas. As mulheres de direita têm mais higiene".

Dias antes, uma das administradoras do grupo do Facebook Mulheres Unidas Contra Bolsonaro, filiada ao PSOL, havia sido agredida por três homens armados quando chegava em casa, no bairro carioca da Ilha do Governador. Nem seu celular nem sua bolsa foram levados. Em Goiânia, um ginecologista se nega a atender pacientes que não sufraguem o capitão. Um vídeo mostra uma funcionária de hospital transmitindo a informação.

A repórter Marina Dias sofreu um ataque virtual de bolsonaristas depois de revelar com o colega Rubens Valente um documento do Itamaraty contando que, em 2011, uma ex-mulher de Jair Bolsonaro denunciara ter sido ameaçada de morte por ele. Além da Marina coautora da matéria, uma jornalista homônima foi alvo da sanha fascistoide — "Você vai ter o que merece", intimidaram-na no Twitter.

3 DE OUTUBRO, QUARTA-FEIRA

Candidata a deputada federal pelo partido de Bolsonaro, a jornalista Joice Hasselmann desfechou ataques em série contra a repórter Amanda Audi, do *Intercept Brasil*. Apoiadores de Hasselmann ameaçaram de morte a repórter. O bombardeio se originou de um post de Amanda. Ela relembrou a conclusão de um conselho paranaense de ética jornalística que responsabilizou a hoje candidata "por plágio em 65 reportagens, escritas por 42 profissionais diferentes".

Partidários do capitão investiram contra a página Judeus Contra Bolsonaro. A perversidade se expressou em comentários como: "Estou sem gás para discutir com judeu"; "Judeus sempre se metendo onde não são chamados"; "Acho que vocês precisam de um espaço seguro" (abaixo, o nazista traduziu "espaço seguro" para o inglês *safe space*, com os esses grafados com a tipologia do emblema da SS, tropa de choque do Terceiro Reich).

As mulheres se levantam em defesa da democracia e contra o fascismo. As manifestações de sábado contra Bolsonaro, convocadas pelas Dandaras, Marias Quitérias e Joanas Angélicas do século XXI, mobilizaram multidões da Cinelândia ao largo da Batata, do mercado público pelotense à praia de Iracema. Desfilaram pelas ruas cartazes, camisetas e bótons com caricaturas do rosto do capitão com bigodinho à Hitler.

O total de participantes somou várias Passeatas dos Cem Mil, protesto que em 1968 desafiou a ditadura. Cinquenta anos atrás, a comissão indicada na passeata para negociar com o governo reunia cinco homens e uma mulher, representante das mães. Agora, as mulheres organizam e comandam o movimento. Foi o ato mais pujante da campanha eleitoral – talvez, numa só jornada, de todas as campanhas eleitorais da história nacional. No dia seguinte, não mereceu manchete dos jornais mais influentes.

Para prevalecer, as Mulheres Unidas Contra Bolsonaro terão de jogar o segundo turno. O capitão estará nele, prenunciam as pesquisas, contra o oponente petista. O 29 de setembro agrupou eleitoras e eleitores de candidatos diversos. Sem um frentão ecumênico em modelo semelhante, será maior o risco de o extremista da direita triunfar.

O #EleNão é a melhor inspiração para derrotar Bolsonaro. Para vencê-lo, recomenda-se aprender com o passado. Lula errou ao repelir apoios na rodada final da eleição de 1989, e perdeu para Fernando Collor. A divisão suicida entre sociais-democratas e comunistas na Alemanha de 1932 e 1933 favoreceu a ascensão do nazismo.

Em contraste, a Frente Ampla juntou no Brasil adversários que por décadas haviam guerreado em trincheiras opostas. Durou de 1966 a 1968, quando a ditadura a baniu. Uma Frente Ampla em 2018 deveria acolher tanto quem combateu o golpe de Estado de 2016 quanto quem chancelou a derrubada de Dilma. Seu candidato, quase com certeza Fernando Haddad, abriria mão de algumas propostas que estreitassem a frente única – por exemplo, uma nova Constituinte. O mínimo, e quase máximo, denominador comum seria a defesa da democracia e o repúdio ao autoritarismo passadista. O candidato é de esquerda moderada; a frente seria mais moderada ainda.

Seriam inegociáveis, para não desnaturar a candidatura, bandeiras nucleares de proteção dos trabalhadores, como manutenção do 13º salário. Bem como a revogação da reforma trabalhista e da "lei do teto de gastos", que abrevia os recursos para o desenvolvimento social. Esse terreno é próspero para desgastar o bolsonarismo.

Quem teria lugar na Frente Ampla? Quem quisesse, sobretudo Ciro Gomes, Marina Silva, Guilherme Boulos (mas haverá quem se escore na vigarice política de igualar Haddad e o deputado). No limite, a grande coalizão se forjaria nas ruas. A necessidade de um frentão não sectário decorre também do poderio de Bolsonaro, que rompeu os limites eleitorais da ultradireita. Dispensar a Frente Ampla equivaleria a subestimar o estrago que o capitão pode provocar à democracia. E facilitaria a aventura dele rumo ao Planalto.

32. TSUNAMI ELEITORAL

10 DE OUTUBRO, QUARTA-FEIRA

A votação no primeiro turno terminou às 17h de 7 de outubro em quase todo o Brasil. Mas a pesquisa de boca de urna e a apuração parcial dos votos presidenciais só tiveram autorização para ser divulgadas às 19h, no horário de Brasília, equivalente a duas horas mais cedo em Rio Branco. Em algum momento desse intervalo, Ricardo Noblat publicou no Twitter uma notícia incandescente como a vinheta, "Urgente", que a anunciava. O "furo" do jornalista: "A pesquisa Ibope de boca de urna deverá confirmar a eleição de Bolsonaro em primeiro turno."

Às 19h, a TV Globo informou os números da boca de urna e serenou ou frustrou corações aflitos. Fernando Haddad cravara 28% dos votos válidos. Jair Bolsonaro, 45%, desempenho aquém da sua meta de 50% dos sufrágios mais um. Logo os batimentos cardíacos se apressaram de novo: com metade das urnas escrutinadas, o capitão ascendeu a 49%. Ao final, somou 46,0%; Haddad, 29,3%; Ciro Gomes, 12,5%. Noblat não tergiversou: "Eu errei!" Seu filho e colega de ofício Guga escreveu: "Nunca comemorei tanto um erro do meu pai."

O triunfo numa só rodada se descortinou como risco ou chance no Ibope de seis dias antes, segunda-feira. Em cinco dias, Bolsonaro avançara quatro pontos, e Haddad estacionara. Em votos válidos, vantagem de 38% a 25%. A rejeição ao petista disparara de 27% para 38%, enquanto a do deputado estancara em 44%. Ainda não se percebera que abalos sísmicos nas profundezas da sociedade brasileira tinham deflagrado um tsunami, o fenômeno natural que viraria lugar-comum na crônica sobre a eleição.

A primeira onda foi a antecipação da conversão massiva de denominações pentecostais e neopentecostais prevista para depois do primeiro turno. Como outros contendores do PT não decolaram, os líderes evangélicos os trocaram pelas asas de Bolsonaro. O bispo Edir Macedo, da Igreja Universal do Reino de Deus, declarou pelo Facebook o embarque – controlado pela Iurd, o Partido Republicano Brasileiro integrava a coligação de Geraldo Alckmin. Seu cunhado Romildo Ribeiro Soares repetiu o gesto. Conhecido como missionário R. R. Soares, ele comanda a Igreja Internacional da Graça de Deus.

"De todos os candidatos, o único que fala o idioma evangélico é Bolsonaro", abençoou o pastor José Wellington Bezerra da Costa, presidente emérito das Assembleias de Deus no Brasil. A Igreja Renascer em Cristo expulsou um pastor desgarrado que se recusou a pregar pelo concorrente do PSL. O candidato encantou evangélicos conservadores com disparates colecionados em sua trajetória, como "prefiro que um filho meu morra num acidente do que apareça com um bigodudo por aí".

Na quinta-feira, dia 4, a Frente Parlamentar Evangélica sacramentou a adesão a Bolsonaro. A bancada congrega 75 deputados (15% da Câmara) e quatro senadores. Estima-se que três em cada dez eleitores sejam evangélicos. Entre eles, no Datafolha seguinte ao primeiro turno, Bolsonaro sobrou na intenção de voto, 60% a 25%. Houve mais equilíbrio entre os católicos, 46% a 40%, com Haddad atrás, porém encostado.

10 DE OUTUBRO, QUARTA-FEIRA

Ensaiou-se a interpretação de que o crescimento de Bolsonaro teria decorrido do protesto #EleNão de 29 de setembro. As pecadoras de esquerda teriam chocado o pudico rebanho evangélico com blasfêmias comportamentais. Enganam-se. Os chefes político-religiosos se bandearam para a campanha extremista por pragmatismo, a sociedade com o poder iminente, e não melindrados com heresias feministas.

O amém de Edir Macedo presenteou Bolsonaro com uma onda mais vigorosa do que a impulsionada pela multidão bíblica da Universal (7 milhões de fiéis, número badalado pela igreja, ou 1,9 milhão, conforme o Censo de 2010): sua adoção pela TV Record, propriedade do bispo. A três dias da eleição, Bolsonaro escudou-se em recomendação médica para faltar ao debate da TV Globo. Deu de ombros à cobrança de sua partidária Janaina Paschoal. A professora da USP não ignorava as consequências olfativas do ferimento no intestino: "Gases não podem parar um chefe de Estado!", conclamou.

Enquanto sete candidatos se digladiavam durante 153 minutos, a emissora de Macedo exibiu por 26 minutos uma dócil conversa com Bolsonaro. O entrevistado não teve de responder a perguntas incômodas e contestar argumentos divergentes. Cortou as bolas que o entrevistador levantou. A média de audiência do debate, com os candidatos batendo e levando, foi de 22 pontos (4,4 milhões de espectadores somente na Grande São Paulo). A da entrevista camarada, de 11 (2,2 milhões).

Na semana anterior, entrevistas de Bolsonaro ocuparam 46 minutos, na Band, e 24 minutos, na RedeTV!. Esta foi dada a Boris Casoy, apresentador que num telejornal se referiu ao deputado como "o nosso capitão". O candidato também falou sozinho à rádio Jovem Pan.

A lei eleitoral estipula que, "encerrado o prazo para a realização das convenções no ano das eleições, é vedado às emissoras de rádio e televisão, em sua programação normal e em seu noticiário, dar tratamento privilegiado a candidato". As que, sob o pretexto de interesse jornalístico, ofereceram palanque a Bolsonaro não entrevistaram seus concorrentes. Coligações reclamaram ao TSE, que não identificou privilégio.

O #EleNão deve ter sido o ato mais numeroso da história das nossas campanhas eleitorais. O *Jornal Nacional* dedicou-lhe 4 minutos e 13 segundos. Para o noticiário sobre Bolsonaro na mesma edição, incluindo entrevistas com o candidato e uma ex-mulher cumulando-o de louvações, reservaram 9 minutos e 50 segundos. Naquele sábado, ele deixara o hospital, 23 dias depois da facada. Ainda assim, o tempo pareceu desproporcional. A cobertura generosa coincidiu com sua arrancada.

Em queixume ingrato, Bolsonaro se ressente da imprensa nacional. Publicações e emissoras estrangeiras de colorações variadas, como *The New York Times*, *Le Figaro*, *Financial Times*, Al Jazeera, *The Guardian*, BBC, *El País* e *The Independent*, tratam-no como "candidato de extrema direita". A *Folha de S.Paulo* proibiu tal qualificação em texto noticioso. Obrigou os repórteres a escrever "de direita", e não "extrema direita", pois o capitão não pertenceria a "facção que pratica ou prega a violência como método político". Bolsonaristas chamam o jornal paulista de "Foice de S. Paulo".

"Vamos fuzilar a petralhada aqui do Acre!", discursou em setembro Bolsonaro, prosélito da tortura como castigo e método de interrogatório. Seus seguidores captaram o recado. Espancaram em Teresina um homem que trajava camisa vermelha. Em Natal, um pai de aluno ameaçou ir à escola armado para tirar satisfações com o professor que citara a Lei Rouanet, de financiamento da cultura.

Um estudante da Universidade Federal do Amazonas arremessou uma mesa contra um professor cuja aula abordara *en passant* o fascismo. A pedido de pais, o colégio carioca Santo Agostinho baniu um livro de ficção cujo enredo se desenrola em torno de uma família exilada na ditadura. *Meninos sem pátria*, de Luiz Puntel, era indicado para crianças de 11 anos. Lançado em 1981, só 33 anos depois do fim dos governos militares foi demonizado por conter, ao juízo macarthista, "ideologia comunista". Na Universidade de Brasília, rasgaram na biblioteca livros sobre direitos humanos.

Em Petrópolis, bastião integralista na década de 1930, candidatos vinculados a Bolsonaro quebraram num comício uma placa de rua com o nome simbólico de Marielle Franco. Nem o cachorro batizado como Marley escapou: um homem que participava de uma carreata bolsonarista na cidade baiana de Muniz Ferreira se enfureceu com os latidos do cão, desceu do automóvel e matou-o com três tiros.

No domingo, num bate-boca entre brasileiros em Lisboa, um jovem bolsonarista apresentou credenciais: "Isso mesmo, sou fascista! Sou italiano, sou branco e sou hétero!" Ao menos três eleitores digitaram na urna o número 17 de Bolsonaro com o cano de revólveres, gravaram com o celular e postaram o vídeo.

Bolsonaristas haviam oferecido, numa carreata, capim a eleitores de Haddad. Em retaliação à dianteira do petista no Nordeste, sobrevieram postagens xenófobas como "Nordestino, raça desgraçada que tem que morrer" e "Se o nordestino tivesse a cabeça redonda, pensaria melhor". O publicitário José Boralli, diretor da unidade de negócios da agência África, escreveu no Instagram: "Nordeste vota em peso no PT. Depois vem pro Sul e Sudeste procurar emprego!" O patrão dele é um baiano radicado em São Paulo.

Os patrões descartaram precocemente Alckmin, e o tucano pereceu sem glória, com 4,8% dos votos. Na quarta-feira da última semana da campanha do primeiro turno, a Confederação das Associações Comerciais e Empresariais do Brasil se manifestou a favor de Bolsonaro. A Frente Parlamentar da Agropecuária tomara a atitude na véspera.

Dono da Havan, rede de lojas com 15 mil empregados, Luciano Hang lhes perguntou se, em caso de derrota de Bolsonaro, estariam "preparados para sair" da empresa. Um juiz do Trabalho considerou a "conduta flagrantemente amedrontadora" e comparou-a ao "voto de cabresto". Em mensagem aos funcionários, um dirigente do Sesc e do Senac do Rio de Janeiro pediu voto para o deputado. Empresários prometeram folga na segunda-feira, churrasco e chope grátis se ele ganhasse. De 1º a 4 de outubro, o Ministério Público do Trabalho recebeu 121 denúncias de coação patronal contra os trabalhadores.

Outra onda do tsunami, formada perto da rebentação no domingo, era mais esperada que tubarão na praia de Boa Viagem. Na quinta-feira, procuradores da Lava Jato protocolaram as alegações finais em mais uma denúncia contra Lula. Eles acusam o ex-presidente de corrupção passiva vinculada à aquisição de um terreno para a construção de nova sede do Instituto Lula (o terreno não foi comprado, e a sede não mudou de lugar). O juiz Marcelo Bretas curtiu posts de Bolsonaro nas redes. Deu parabéns efusivos aos senadores eleitos pelo estado do Rio, ambos com o apoio do capitão: o filho Flávio e, veterano da Academia Militar das Agulhas Negras, o deputado Arolde de Oliveira.

Muitos candidatos navegaram, na reta final, na correnteza Bolsonaro. No Rio, o ex-juiz federal Wilson Witzel passou na frente para o segundo turno – ele estava no palanque onde quebraram a placa da "rua Marielle Franco". Idem, em Minas, o antes semianônimo Romeu Zema; o empresário endossou o deputado, abandonando seu correligionário João Amoêdo, do Novo. O centrão, bloco mais fisiológico do Congresso, renegou Alckmin e se bandeou para a extrema direita. A senadora Ana Amélia Lemos, vice do tucano, negou-se a participar do raide propagandístico do companheiro de chapa contra Bolsonaro. No Rio, bicheiros aderiram. A candidata a deputada federal Danielle Cunha e seu pai encarcerado, Eduardo Cunha, apelaram por votos para o capitão.

Talvez pesquisadores do comportamento, do poder e da mente jamais cheguem a uma conclusão comum sobre que mal se abateu sobre nós, para tanta gente acreditar que o prefeito Haddad distribuíra às creches mamadeiras com o bico em forma de órgão sexual masculino. Ou que legalizaria a pedofilia. Nunca mentiras influenciaram tanto uma eleição no Brasil.

As ditas "notícias falsas" não são praga recente, embora o rótulo *fake news* bafeje a novidade. Em 1989, a campanha de Fernando Collor plantou que, se o adversário Lula vencesse, a classe média teria de dividir o lar com famílias sem-terra. Em 1921, haviam forjado cartas falsas, atribuindo-as a Arthur Bernardes. A intriga não o impediu de no ano seguinte se eleger presidente.

O confronto eleitoral entre Hillary Clinton e Donald Trump, em 2016, foi uma arena em que a engrenagem das *fake news* revelou-se daninha à democracia. O arquiteto da comunicação da campanha de Trump foi Steve Bannon. Em agosto, o ex-marqueteiro do presidente dos Estados Unidos se encontrou com Eduardo Bolsonaro. O deputado disse ao repórter Eduardo Bresciani que o norte-americano "se colocou à disposição para ajudar. [...] O suporte é dica de internet, de repente uma análise, interpretar dados, essas coisas". Os dois conversaram sobre "marxismo cultural" e "doutrinação ideológica nas escolas".

A Cambridge Analytica, que tivera Bannon entre seus fundadores, montou em 2017 uma sucursal aqui. A empresa britânica atuara em 2016 nas campanhas vitoriosas de Trump e do Brexit, a decisão do Reino Unido de sair da União Europeia. Com base em dados de consumidores e eleitores, formulava "comunicação estratégica" direcionada a eles. Em 2018, uma investigação nos EUA concluiu que a companhia violou informações particulares de 87 milhões de usuários do Facebook (443 mil brasileiros). Faliu em maio.

Quase todos os candidatos foram vítimas de informações difamatórias. Uma delas: as Casas Bahia passariam a recusar crediário aos eleitores de Ciro Gomes. Nenhum foi tão alvejado quanto Haddad.

O professor teria decidido que, "ao completar 5 anos de idade, a criança passa a ser propriedade do Estado! Cabe a nós decidir se menino será menina e vice-versa". Viralizou a montagem digital em que a inscrição "Rebele-se", estampada numa camiseta de Manuela D'Ávila, virou "Jesus é travesti". A candidata a vice teria falado "nós somos mais populares do que Jesus", pastiche de frase original de John Lennon. Não falou. Teria recebido telefonemas do esfaqueador de Bolsonaro. Não recebeu.

O arsenal de cascatas anti-Haddad nada deveu ao que soprou o furacão Trump. O vale-tudo digital decidiu muito mais que o tempo de TV. Espalharam que a Justiça Eleitoral remetera os códigos das urnas eletrônicas para uma firma venezuelana – o petista seria favorecido; que a Natura e a Coca-Cola imitariam a Havan e, em eventual êxito da esquerda, demitiriam aos magotes; seguranças cubanos protegiam Haddad. Tudo enganação, mas, numa realidade delirante, pegou.

A agência de checagem de informações *Lupa* contabilizou até a véspera da votação 865 mil compartilhamentos, nas sete semanas oficiais de campanha, de dez notícias falsas no Facebook. Noutro estudo, a *Lupa* analisou as cinquenta fotos mais replicadas em 347 grupos públicos de discussão política no WhatsApp no período de 16 de agosto a 7 de outubro. Só quatro eram seguramente autênticas.

A Diretoria de Análises de Políticas Públicas da FGV estima que "contas automatizadas motivam até 20% de debates em apoio a políticos no Twitter". O site *Congresso em Foco* criou o projeto Trending Botics, para monitorar a atividade de robôs no Twitter. O projeto descobriu que "o provável bot mais ativo" é "seguido por 2.055 usuários, tem mais de 65 mil tuítes, numa média de 163 por dia, é apoiador de Bolsonaro".

Antes de deixar a presidência do Tribunal Superior Eleitoral, o ministro Luiz Fux se comprometera com o combate implacável às mentiras. O *Intercept Brasil* resumiu, na antevéspera do primeiro turno: "O compromisso do TSE contra *fake news* é a maior *fake news* desta eleição." Haddad propôs a Bolsonaro uma carta-compromisso contra as falsidades. O capitão alegou que o oponente mentia sobre ele e o xingou: "É um canalha!"

O Facebook, o Instagram, o Twitter e demais redes foram instrumentos de disseminação de caraminholas, mas mesmo juntos não tiveram o alcance do WhatsApp. O aplicativo de comunicação privada já era usado por 120 milhões de brasileiros em 2017. De cada cem eleitores de Bolsonaro, 61 têm o hábito de se informar sobre política e eleições pelo WhatsApp, constatou o Datafolha. De Haddad, são 38. A diferença se repete entre os que compartilham noticiário eleitoral no WhatsApp: 40% a 22%. Os eleitores do capitão com conta em redes são 81%. Do professor, 59%.

O WhatsApp restringe controles sobre o seu tráfego. Preserva o anonimato, obsta o rastreamento de boatos e armações. Dificulta a difusão de informações pelo jornalismo profissional. Grupos de "Zap" persuadem e fazem cabeças. Neles, é mais fácil uma mentira enredar mais incautos. O WhatsApp pertence ao Facebook, mas as precárias iniciativas desta rede contra mentiras não se estenderam ao aplicativo de mensagens.

Embora a campanha eleitoral de Trump tenha sido fornida de exemplos de manipulação da opinião pública, os principais concorrentes de Bolsonaro não aprenderam as lições. "Subestimamos o WhatsApp", reconheceu a senadora Gleisi Hoffmann. Só depois de quase perder em 7 de outubro, Haddad requereu uma investigação sobre financiamento do que um advogado de sua campanha denominou "usina de *fake news*": "Quem está botando dinheiro nisso?", questionou o candidato.

O TSE retirou do ar sessenta mentiras contra o petista. Mas autorizou informações falsas, como a de que Manuela D'Ávila previra o fim do cristianismo, a circular sem restrições em correntes de WhatsApp. O ministro Luis Felipe Salomão argumentou que a "comunicação é de natureza privada".

No dia da votação, a plataforma de verificação de notícias *Aos Fatos* desmascarou 12 boatos que, no Facebook, ultrapassaram 1 milhão de compartilhamentos. Fabricaram de manhã o mais propalado, retransmitido 732 mil vezes. Passeou intrépido pelo WhatsApp. Flávio Bolsonaro propagou-o. Um vídeo pretendeu mostrar, com a gravação – ilegal – do voto na cabine, que depois de apertar a tecla 1 aparecia a fotografia de Haddad, sem clicar o 3. A urna estaria programada para turbinar o petista. "Está acontecendo diante de nossos olhos", choramingou o primogênito do capitão.

O observador atento notara que a imagem ocultava o dígito 3 no teclado. Perícia da Justiça Eleitoral desvendou o ardil: antes de Haddad surgir na tela ouve-se um ruído compatível com a digitação de uma tecla – logicamente, a 3. Tarde demais: o conteúdo já proliferava.

Uma semana antes, soubera-se que 69% dos cidadãos dizem aprovar o regime democrático como forma de governo. Apenas 12% preferem a ditadura (são quase o dobro entre os eleitores de Bolsonaro). Quando o tsunami inundou as urnas, o candidato saudosista da ditadura alcançou 49.276.990 sufrágios, quase 18 milhões a mais que Haddad. Não combinou com a pesquisa do Datafolha em que a democracia predominara.

Bolsonaro e quem se promoveu com increpações antipolítica e anti-establishment foram os principais beneficiários eleitorais do impeachment. Outros sócios na deposição de Dilma Rousseff, como PSDB, MDB e PTB, sucumbiram. Eduardo Bolsonaro, com 1,81 milhão de votos, tornou-se o candidato a deputado federal mais sufragado em todos os tempos. Pela primeira vez, um concorrente ao Legislativo rompeu a barreira dos 2 milhões de eleitores: a futura deputada estadual Janaina Paschoal, nêmesis de Dilma.

O PSL da advogada e do clã Bolsonaro pulou das atuais oito para 52 cadeiras na Câmara (21 vagas são de militares e policiais). A agremiação era nanica, comparada ao Partido Republicano com que Trump se projetou para a Casa Branca. A maior bancada eleita é a do PT, 56 deputados (tem 61). Outras quedas foram maiores, como a do pp, 37 (50 hoje) e do MDB, 34 (51). O PSDB despencou de 49, a quarta bancada, para 29, a nona.

Paulo Skaf, presidente da Fiesp que instalou patos na avenida Paulista contra Dilma, foi eliminado no primeiro turno da disputa pelo governo estadual. Elegeram-se deputados os ultradireitistas Joice Hasselmann, Kim Kataguiri e Alexandre Frota. Malograram os senadores Romero Jucá, Eunício Oliveira, Cristovam Buarque e, ainda que concorrendo a deputado, José Agripino Maia.

No estado do Rio, os dois candidatos bolsonaristas ao Senado derrotaram o ex-prefeito Cesar Maia – pai do presidente da Câmara –, o senador petista Lindbergh Farias e o deputado Chico Alencar, do PSOL. O prefeito Marcelo Crivella não conseguiu eleger o filho homônimo para a Câmara. A Lava Jato foi determinante, de Norte a Sul: as urnas reprovaram filhos dos presidiários Sérgio Cabral, Jorge Picciani e – de nada valeu colar em Bolsonaro – Eduardo Cunha.

Em São Paulo, o deputado Major Olímpio, aliado do capitão, sagrou-se o senador mais votado do Brasil – o petista Eduardo Suplicy fracassou na tentativa de regressar ao Congresso. Também do PT, o senador acreano Jorge Viana não se reelegeu. Nem, no Paraná, Roberto Requião, raro emedebista que não conspirou contra Dilma. A ex-presidente, depois de liderar a campanha para o Senado em Minas, terminou em quarto lugar.

Dos 35 partidos, 14 não superaram a cláusula de barreira (1,5% do total de votos para a Câmara, com pelo menos 1% em nove estados). Entre eles, a Rede, de Marina Silva, candidata que obteve esquálido 1% da votação (tinham sido 21,3% em 2014). Perderão prerrogativas como acesso ao fundo partidário.

Cientistas políticos falaram em terra arrasada, extinção de uma era, fim das relações políticas estabelecidas em 1988. Na Itália, a operação anticorrupção Mãos Limpas resultou no ocaso dos partidos tradicionais e na eleição do populista de direita Silvio Berlusconi. No Brasil, vai confluindo para Bolsonaro, um extremista diante do qual Berlusconi figura como um estadista à altura de Winston Churchill. O deputado não está isolado: ele voa no ciclone de extrema direita que avilta democracias pelo mundo.

Seu sucesso decorre de rejeição antipetista, mas não só. É salpicado de moralismo comportamental, fundamentalismo religioso, reacionarismo atávico. Sobretudo, do impacto de crise econômica, corrupção deslavada, violência incontrolada, desemprego irrefreável. O fascismo, a história ensina, viceja no medo e no desespero. E quando se debilita a democracia liberal. Mais importante, Bolsonaro é a derradeira aposta de quem manda no Brasil há cinco séculos. Ele encarnou o "contra tudo o que está aí" das Jornadas de Junho de 2013, que pretendiam mais democracia, e não menos.

A facada permitiu ao capitão se ausentar dos debates televisivos, e assim não se submeter ao crivo público. Falou sozinho. Ele ainda não apresentou um programa de governo digno do nome. Por duas vezes demagogos, Jânio Quadros e Fernando Collor, conquistaram o Planalto vituperando contra a corrupção. Nenhum terminou o mandato – o que adotou a vassoura como símbolo renunciou, numa tentativa de golpe; o "caçador de marajás", acusado de falcatruas, sofreu impeachment.

Ninguém era tão forte para nocautear Bolsonaro quanto Lula, comprovavam todas as pesquisas. Segmentos populares que votariam no ex-presidente o substituíram por Bolsonaro. A conversão foi mais evidente no Rio de Janeiro. O povo brasileiro não é fascista. Mas, até agora, exausto de tanto retrocesso, vai escolhendo um portador de ideias fascistas.

Bolsonaro sugeriu que uma fraude frustrou seu plano de vitória no primeiro turno. Numa transmissão ao vivo pela internet no domingo à noite, denunciou sem provas urnas viciadas e se lamuriou: "Se esse problema não tivesse ocorrido, se tivesse confiança no sistema eletrônico, já teríamos o nome do novo presidente."

10 DE OUTUBRO, QUARTA-FEIRA

Lula garantiu três em cada dez votos para Haddad. Portanto, não transferiu todo seu capital eleitoral. Sem um petista na urna, é provável que nem houvesse segundo turno. Na cadeia, o ex-presidente tratou como "tragédia" um possível triunfo de Bolsonaro no dia 28, relatou a repórter Mônica Bergamo. Mas alertou os visitantes: a história não termina em uma eleição; "o tsunami vai e volta".

33. SANGUE NAS RUAS

17 DE OUTUBRO, QUARTA-FEIRA

Nas ruas do Rio, vê-se cada vez menos gente com adesivos com mensagens eleitorais colados em roupas, bolsas e mochilas. Os adesivos sumiram por causa do medo sentido por quem os exibia até a votação do primeiro turno. Medo da violência contra quem pensa diferente. Além do medo político com os rumos do Brasil, alastra-se o medo físico.

Não é paranoia dos que se recolheram à discrição. A violência não aguardou, para rebentar, o sol da manhã seguinte ao tsunami bolsonarista. Na madrugada de 8 de outubro, o mestre capoeirista, compositor, fundador do Afoxé Badauê e militante negro Moa do Katendê foi morto a sangue-frio em Salvador. O barbeiro Paulo Sérgio Ferreira de Santana desferiu-lhe 12 facadas. Moa tinha 63 anos. Paulo Sérgio tem 36. Num bar, o autor de "Baudauê", música gravada por Caetano Veloso no disco *Cinema transcendental*, reivindicara seu voto em Haddad. Eleitor de Bolsonaro, o barbeiro bateu boca, saiu, buscou a faca e atraiçoou Moa pelas costas. Enterraram o capoeirista ao som de berimbaus. No Pelourinho, centenas de vozes entoaram o "Canto das três raças" em sua memória.

No Recife, surraram a funcionária pública Paula Guerra na noite do domingo da eleição, depois de ela criticar ideias do capitão. Seu rosto ficou desfigurado, o corpo cobriu-se de escoriações, e diagnosticou-se fratura de osso em um dos braços. Paula estava com um adesivo de Ciro Gomes. Mais cedo, também na capital pernambucana, cortaram uma jornalista no braço e no queixo com um instrumento de metal. Ela se encontrava no lugar onde votou. Os dois homens que a feriram a ameaçaram de estupro. Um deles vestia camiseta com estampa de Bolsonaro. O deputado é coautor de um projeto de lei que revoga o atendimento obrigatório, pela rede pública de saúde, das vítimas de violência sexual.

No mesmo fim de semana, em Nova Iguaçu, agrediram a cantora transexual Jullyana Barbosa. Homens a xingaram com palavrões homofóbicos. Um deles, ela não esquece, berrou: "Tomara que o Bolsonaro ganhe para matar esse lixo!" Bateram em sua cabeça com uma barra de ferro, e Jullyana sangrou. Dez pontos suturaram o ferimento.

Em Curitiba, um estudante da Universidade Federal do Paraná com boné do MST levou chutes e garrafadas de um grupo que gritava, conforme testemunhas: "Aqui é Bolsonaro!" A cozinheira e doula Luísa Alencar contou que em São Paulo pintava num muro, com estêncil, a mensagem "Ele não". Ela disse que um policial lhe deu uma rasteira, derrubando-a no chão. E falou: "Só tiro você daí se você falar 'ele sim'." Arrastada para uma delegacia – narrou Luísa –, só pôde partir depois de pronunciar as duas palavras exigidas. Antes, um dos policiais a ofendeu: "Vagabunda!"

A professora Sabine B. Righetti passeava com sua cachorra e se recusou a receber um panfleto pró-Bolsonaro. O homem que distribuía a propaganda chamou-a de "vagabunda, comunista, prostituta". A jornalista Cynara Menezes ironizou os bolsonaristas: "Eles não são machistas; só chamam a mulher de vagabunda em qualquer discussão."

17 DE OUTUBRO, QUARTA-FEIRA

"Vagabunda!", esbravejou Jair Bolsonaro para a deputada Maria do Rosário, em 2010. Muitos eleitores dele resolveram combinar violência verbal com violência física. De 30 de setembro a 10 de outubro, apoiadores do candidato do PSL foram autores de ao menos cinquenta agressões, inventariou a Agência Pública. São "casos isolados", minimizou Bolsonaro, que denominou "excesso" os atos criminosos. Lamentou-os. E lavou as mãos: "O que eu tenho a ver com isso?" Ele recorreu ao atentado sofrido em Juiz de Fora para sustentar que é vítima, e não promotor, da violência. Mas nenhum contendor de Bolsonaro mantém discurso beligerante. Aparentemente sem querer, o candidato referendou na quinta-feira a impressão inescapável: "Sou vítima daquilo que prego."

Os gays têm sido alvo particular de cólera. Ecoa o reconhecimento do capitão: "Sou homofóbico, sim, com muito orgulho." Sua pedagogia: "Se o filho começa a ficar assim meio gayzinho, leva um couro, ele muda o comportamento dele." Bolsonaro descreve homossexual como "o cara que faz sexo com seu órgão excretor".

As suásticas voltaram. Na cidade gaúcha de Pelotas, picharam uma na estátua do escritor João Simões Lopes Neto. Vandalizaram um prédio do Instituto de Linguagens da Universidade Federal do Mato Grosso, com a cruz nazista acompanhada do número 17, o do PSL. Num banheiro da Faculdade de Direito de São Bernardo do Campo, leu-se: "Bolsonaro vai limpar essa faculdade de preto e viado."

No Rio, no Colégio Franco-Brasileiro, grafitaram: "Sapatas vão morrer." Alunos de uma escola estadual de São Paulo miraram uma professora negra de sociologia, Odara Dèlé, e escreveram: "Preta galinha do caralho." Completaram a investida com uma suástica, cujo conteúdo Odara lhes havia ensinado em aula. Uma semana antes, quatro alunos brancos tinham gritado "Viva o Bolsonaro!"

O parentesco de ideias bolsonaristas com o nazifascismo não tem sido percebido apenas por quem no Brasil as rejeita e difunde as hashtags

#Bolsonazi e #BOLHONARO. O site da revista norte-americana *Foreign Policy* publicou um artigo intitulado "O modelo de Jair Bolsonaro não é Berlusconi. É Goebbels". O ideário do capitão seduz. O historiador norte-americano David Duke, veterano do grupo racista Ku Klux Klan e negacionista do Holocausto, afiançou: Bolsonaro "soa como nós. E também é um candidato muito forte. É um nacionalista".

O jornalista e escritor Juremir Machado da Silva tuitou uma boa sacada: os próprios bolsonaristas se perfilam à direita do nazismo: "Façanha. À direita de Hitler. O bolsonarismo radical é tão de extrema direita que, por ignorância, extremismo e ideologia considera o nazismo de esquerda."

Ouviu-se uma voz rechaçando semelhanças entre bolsonarismo e nazismo: Guilherme de Pádua. O assassino da atriz Daniella Perez se disse (mal) "impressionado" com quem acredita "que o Bolsonaro vai perseguir os negros e os gays como Hitler perseguiu os judeus".

Na primeira pesquisa do segundo turno, o Datafolha constatou vantagem contundente de Bolsonaro, 58% a 42%. Entre os entrevistados de "cor preta", no entanto, Haddad liderou (45% a 37% do total). E olha que ainda se ignorava que o general Aléssio Ribeiro Souto, assessor do capitão em política educacional, opõe-se às cotas raciais e sociais no ensino.

O deputado já defendeu que "desapareçam" as minorias que não se "adéquem" às maiorias. Depois do primeiro turno, prometeu "botar um ponto final em todos os ativismos". "Desaparecimento" e "ponto final" são conceitos associados a aniquilamento e extermínio. Com o êxito de Bolsonaro no mata-mata de 7 de outubro, alguns dos seus adeptos perderam o pudor para barbarizar. Acertam contas, no lombo alheio, com seus recalques e frustrações.

O escritor Olavo de Carvalho, entusiasta de Bolsonaro, previu que uma derrota "dos representantes do atual esquema de poder" será "a sua total destruição enquanto grupos, enquanto organizações e até enquanto indivíduos". Carvalho eliminou dúvidas sobre a expressão "até enquanto indivíduos": "Eles não estão lutando pelo poder nem para vencer uma eleição, estão lutando pela sua sobrevivência política, social, econômica e até física."

Caetano Veloso respondeu-lhe na *Folha*, com o artigo "Olavo faz incitação à violência; convoco meus concidadãos a repudiá-lo". Na interpretação do compositor, o arrazoado do autor radicado nos Estados Unidos "é anúncio de autoritarismo matador". Outro dia Bolsonaro desdenhou dos mais de quatrocentos mortos e "desaparecidos" políticos durante a ditadura: "Hoje morre isso no Carnaval, e não se fala nada."

Sua impiedade é recorrente. No ano passado, Fernando Henrique Cardoso admitiu o receio de ser morto por Bolsonaro, que nos anos 1990 o ameaçara de morte: "Hoje eu tenho medo, porque agora ele tem poder, ainda não, ele tem a possibilidade de poder."

Registraram-se raros episódios de agressões a bolsonaristas. Tão evidente é a flâmula ultradireitista de quem conduz o surto de violência que mais mentiras são forjadas para confundir. Um falsificador postou no WhatsApp e no Facebook uma fotografia de mulher idosa com o rosto deformado por hematomas. Denunciou: "Esta senhora foi agredida por petistas na rua quando gritou Bolsonaro." A tal senhora é Beatriz Segall, que morreu no dia 5 de setembro, devido a complicações respiratórias. A imagem é de 2013, quando a atriz tropeçou numa calçada e caiu. O *Sensacionalista* mangou: "Vaticano investiga ressurreição de Beatriz Segall em *fake news*."

Em harmonia com o acosso do bolsonarismo a jornalistas, a mentiralhada se impõe, na campanha eleitoral mais mentirosa da história do Brasil. Olavo de Carvalho publicou: "Estou lendo um livrinho do Haddad, onde ele defende a tese encantadora de que para implantar o socialismo é preciso derrubar primeiro o 'tabu do incesto'. Kit gay é fichinha. O homem quer que os meninos comam suas mães." Era fantasia, mas circulou como fato nas correntes de WhatsApp. Carlos Bolsonaro compartilhou. O TSE se negou a proibir a afirmação falsa.

Nem às vésperas do golpe de 1964 houve nas ruas ambiente de perseguição política (hoje também comportamental) tão inquietante. A multiplicação das agressões coincide com a perspectiva crescente de Bolsonaro se eleger. Abordagens intimidadoras do tipo "espera o Bolsonaro ser presidente..." sugerem que a hidrofobia manifestada até agora pode vir a ser moderada, na comparação com eventual selvageria praticada simultaneamente pelos adeptos mais furibundos do bolsonarismo. Alguém duvida que esse dia de horror possa chegar?

Na Alemanha, chegou há oitenta anos. O pretexto foi o assassinato de um diplomata alemão por um jovem judeu. Na virada de 9 para 10 de novembro de 1938, milhares de nazistas incendiaram residências de famílias judaicas, destruíram suas lojas, profanaram sinagogas, espancaram muita gente. Mataram quase uma centena de pessoas. O *pogrom* foi batizado como Noite dos Cristais, por causa dos cacos de vidros das janelas e vitrines quebradas pela turba hitlerista. Cúmplices, os policiais observaram, sem interferir.

O Brasil de 2018, por sorte, não é a Alemanha de 1938. Mas herda do passado o ódio e a intolerância extremistas, aqui impregnados nas franjas fanáticas do bolsonarismo. Elas querem mais violência. Caso venham a se lançar em conjunto a uma caçada aos divergentes, a noite que se divisa será ainda mais dolorosa.

34. ENSAIO DE DITADURA

24 DE OUTUBRO, QUARTA-FEIRA

Nos idos de março de 1964, o horário de verão adotado no dia 1º foi sarcasmo da história. Enquanto os ponteiros dos relógios eram adiantados, o país vivia a iminência de andar para trás. Em 2018, a ironia também é mordaz. No domingo, por erro das operadoras de telefonia, os celulares aceleraram uma hora, sem esperar a data correta, 4 de novembro. Pareciam caçoar de uma declaração de Bolsonaro. O candidato dissera que o objetivo de seu governo seria modelar "o Brasil semelhante àquele que tínhamos há quarenta, cinquenta anos".

O repórter Piero Locatelli comparou realidades separadas por meio século. Da década de 1960 até agora, a mortalidade infantil despencou de 124 para 14 bebês (antes de completar um ano, em cada mil nascidos vivos). O analfabetismo regrediu de 39,7% para 7% (entre pessoas de 15 anos ou mais). Quando Bolsonaro edulcora o passado, o que mais apavora é o porvir que ele esboça.

Sua catilinária e os atos de seus partidários mais zangados ensaiam uma nova ditadura. O general João Baptista Figueiredo ameaçou com "eu prendo e arrebento" quem se opusesse à abertura política.

Três dias atrás, Bolsonaro, à direita do ditador que preferia cheiro de cavalo ao de gente, sinalizou perseguição: "Esses marginais vermelhos serão banidos de nossa pátria!" E extermínio: "Vamos varrer do mapa esses bandidos vermelhos!" "Brasil: Ame-o ou deixe-o" foi um slogan da ditadura. O capitão condimentou-o: "Ou vão para fora, ou vão para a cadeia!" Prometeu prisão para Haddad, que "apodrecerá" no cárcere com Lula, "o cachaceiro".

Bolsonaro pretende tratar movimentos de sem-terra e sem-teto como terroristas. Prenuncia como "cartão de visita" do produtor rural, contra o MST, "cartucho 762 e fuzil". No ano passado, disparou: "Questionam se eu quero que matem esses vagabundos. Quero, sim!" Em visita ao Bope, o deputado encenou o grito de guerra da tropa: "Caveira!"

Em três dias de outubro, foram assassinados dois indígenas que resistiam à presença de madeireiros em suas terras e um líder camponês. Na terça-feira retrasada, uma travesti foi morta a facadas, no largo paulistano do Arouche. Seus matadores berravam o nome de Bolsonaro. Bolsonaristas agrediram com socos e barra de ferro estudantes da UniRio que panfletavam a favor de Haddad. "Vai morrer!", aterrorizaram.

Destemperos verbais de maiorais se enredam com atos tresloucados de seus seguidores. Multado em 2012 por fiscais do Ibama devido a pesca ilegal em área ecológica, Bolsonaro retaliou o instituto com um projeto de lei maroto. O general Oswaldo Ferreira, formulador do plano do capitão para infraestrutura e meio ambiente, disse ao repórter André Borges que na época em que construía estradas pelo Exército "não tinha nem Ministério Público nem o Ibama. [...] Hoje, o cara, para derrubar uma árvore, vem um punhado de gente para encher o saco".

No sábado, na cidade rondoniana de Buritis, um homem ateou fogo em três viaturas do Ibama. Na véspera, uma equipe do Instituto Chico Mendes de Conservação e da Biodiversidade investigava desmatamento e comércio ilegal de madeira e palmito no município de Trairão, no

24 DE OUTUBRO, QUARTA-FEIRA

Pará. Moradores queimaram uma ponte na única estrada de acesso, impedindo o retorno dos agentes.

Bolsonaro cogita retirar o Brasil do Acordo de Paris, o compromisso para combater os efeitos das mudanças climáticas. "Se fosse papel higiênico, [o acordo] serviria apenas para limpar a bunda", disse o ruralista Luiz Antonio Nabhan Garcia, conselheiro do candidato. O empresário denuncia "muita fantasia, muita lenda" sobre o aquecimento global. O repórter Eduardo Scolese lhe perguntou "se cabe mais desmatamento na Amazônia". "É óbvio", respondeu.

O candidato se referiu à Conferência Nacional dos Bispos do Brasil como "a parte podre" da Igreja. A opinião é compatível com os aloprados que em 2015 invadiram uma reunião de bispos para denunciar infiltração "comunista". "A maior forma de misericórdia é salvar esse país do comunismo", falou uma manifestante. Em 2018, o mote "O Brasil vai virar uma nova Venezuela" – não virou nos governos petistas – reinventa o chilique de 1964 "O Brasil vai virar uma nova Cuba."

A patrulha medieval tentou proibir um professor de música da Universidade Estadual do Ceará de tratar de composições dos festivais dos anos 1960. O general Aléssio Ribeiro Souto idealiza uma escola que iguale darwinismo e criacionismo, ou ciência e embuste. É o mesmo oficial que – informaram os repórteres Edoardo Ghirotto e Gabriel Castro – prescreveu "intervenção militar" para colocar "a democracia nos devidos eixos".

O general Mourão misturou estética, genética e preconceito: associou a beleza de um neto ao "branqueamento da raça". Em Pernambuco, a menina negra Ayanna, de 10 anos, contou ter ouvido de um colega de escola privada: "Aqui não é lugar para você. [...] Não combina com a sua cor. [...] Se seus pais vierem falar merda, a gente mete bala."

A ditadura cassou, aposentando-os, ministros do Supremo Tribunal Federal. O general Eliéser Girão Monteiro Filho, eleito deputado federal pelo partido de Bolsonaro, reclama impeachment e prisão de ministros do STF. "Quero ver alguém reclamar quando estiver num momento de ruptura mais doloroso do que colocar dez ministros a mais na Suprema Corte", disse em julho Eduardo Bolsonaro.

No fim da tarde de anteontem, a expressão mais citada no Twitter, impulsionada por eleitores e robôs de Jair Bolsonaro, era #LimpezaNoSTF. Também em julho, como se soube no fim de semana, o Zero Três especulara: "Se você prender um ministro do STF, você acha que vai ter uma manifestação popular a favor de um ministro do STF?" Ensinou: "O pessoal até brinca lá, cara. Se quiser fechar o STF, sabe o que você faz? Não manda nem um jipe, cara. Manda um soldado e um cabo."

O Supremo continua aberto, com novidades. Antes de ser recrutado como assessor do presidente Dias Toffoli, o general Fernando Azevedo e Silva participara "de uma reunião que traçou estratégias para a candidatura de Bolsonaro", de acordo com os repórteres Carolina Brígido e Vinicius Sassine. A desembargadora Kenarik Boujikian criticou Toffoli: "Um ministro do STF chamar de movimento um golpe [o de 1964] reconhecido historicamente é tripudiar sobre a história brasileira." O corregedor nacional de Justiça, Humberto Martins, abriu procedimento para esclarecer se a desembargadora teve "conduta vedada a magistrados".

O ministro Luís Felipe Salomão, do TSE, negou liminar pedida pela campanha de Haddad para retirar da internet mensagens atribuindo ao candidato a promoção do incesto. A versão é grotescamente falsa. O ministro pretextou "liberdade de expressão" ao permitir a permanência da mentira.

Salomão, entretanto, vetou o programa do petista na TV que exibia imagens de tortura em filme, depoimento de uma militante torturada por verdugos da ditadura e vídeos com Bolsonaro defendendo a tortura e um ídolo torturador. O ministro teorizou: "A distopia simulada na propaganda, considerando o cenário conflituoso de polarização e extremismos observado no momento político atual, pode criar, na opinião pública, estados passionais com potencial para incitar comportamentos violentos."

Abriram uma ofensiva contra o jornalismo depois da revelação da artilharia contra o PT, no WhatsApp, financiada ilicitamente por empresários bolsonaristas. As baterias se voltaram contra a repórter Patrícia Campos Mello. Em discurso transmitido ao vivo para o ato dominical, na avenida Paulista, Bolsonaro afirmou que "a *Folha de S.Paulo* [jornal para o qual Patrícia trabalha] é a maior *fake news* do Brasil". O deputado recorreu à Justiça pela exclusão da reportagem sobre os pacotes ilegais de mensagens mentirosas que influenciam as eleições.

No *Intercept Brasil*, o repórter Leandro Demori veiculou matéria sobre o apoio do portal R7 a Bolsonaro. O portal integra o grupo de comunicação capitaneado pela Rede Record. Em retaliação, o R7 publicou um artigo salpicado de erros contra o *Intercept*, seu fundador Glenn Greenwald e a família dele. Ganhador do Prêmio Pulitzer, Greenwald respondeu escrevendo sobre a iniciativa "do império midiático do bilionário Edir Macedo" de "investigar e tentar intimidar jornalistas".

A rádio Jovem Pan demitiu Marcelo Madureira. Crítico cáustico do PT, o humorista assinara um manifesto contra Bolsonaro. "O que eu posso dizer é que a minha demissão mostra um viés autoritário", disse Madureira ao repórter Mauricio Stycer. A Jovem Pan, repudiou a suspeita de critério político na demissão.

Bolsonaro busca o monopólio da fala. Pela primeira vez, numa campanha presidencial de segundo turno no país, não há debate entre os finalistas. O deputado alega convalescência, mas é um maratonista em boa forma nas entrevistas a jornalistas de confiança. No programa *Bom Dia*, ontem na Rádio Guaíba, o candidato só aceitou responder ao apresentador Rogério Mendelski. Este retribuiu a gentileza com perguntas camaradas. O jornalista Juremir Machado da Silva indagou, no ar: "Nós podemos dizer que o candidato nos censurou?" Juremir abandonou o programa e deixou o estúdio. A emissora é ligada ao grupo da RecordTV.

"Nós estamos com a mão na faixa", gabou-se Bolsonaro há uma semana. Se no domingo ele puser a outra mão, será a maior derrota da democracia desde 1964 (golpe de Estado), 1965 (mais um golpe, com a extinção das eleições diretas para presidente) e 1968 (golpe do AI-5).

A violência estimulada por Bolsonaro ressoa na pregação de um oficial da reserva do Exército Brasileiro. Contrariado com o protesto de PT e PDT contra a manipulação eleitoral promovida por empresários no WhatsApp, o coronel Carlos Alves foi às redes. Insultou Rosa Weber, presidente do TSE: "vaidosa", "salafrária", "corrupta". Disse que a ministra ria "com prazer, com orgasmo quase sexual". Anunciou uma informação breve: "Só a cabecinha, Rosa Weber."

Acusou Haddad de "safado" e o STF de ser composto por "corruptos" e "vagabundos". Se o petista vencer, haverá "pau". "Nós vamos derrubar vocês", caso a denúncia por crime eleitoral de Bolsonaro seja recebida. Engrossou: "Eu não estou sozinho não, pessoal. Tem pica grossa aqui atrás." Exercitando a fixação fálica da extrema direita, delirou: sob um governo Haddad, crianças de 4 anos seriam obrigadas nas creches a segurar o pênis de um adulto.

35. "NINGUÉM SOLTA A MÃO DE NINGUÉM"

31 DE OUTUBRO, QUARTA-FEIRA

Houve um instante em que o cheirinho de reviravolta na eleição alvoroçou uma casa, a do empresário Paulo Marinho, no bairro carioca do Jardim Botânico. Lá, Bolsonaro gravou os programas de TV, e improvisaram na sala de ginástica o *bunker* da campanha. O estudante de direito André Marinho, filho do anfitrião, atuou como tradutor do candidato em conversas telefônicas com interlocutores estrangeiros como Donald Trump. Ele imita o deputado come-letras com talento de comediante profissional. "Depois do atentado, o momento mais tenso foram os dois últimos dias", contou André ao repórter Thiago Bronzatto. "O PT, avaliamos, tinha achado o tom certo para nos desconstruir e provocar uma hemorragia de votos."

Para os petistas e seus aliados, a ilusão da transfusão abundante de sufrágios se configurara no Rio em 23 de outubro. Naquela terça-feira, dezenas de milhares de pessoas encheram de novo a Lapa (multidão semelhante estivera ali no Festival Lula Livre). Foi um dos maiores comícios de Haddad.

"NINGUÉM SOLTA A MÃO DE NINGUÉM"

Viu-se muito manifestante pipoca, sozinho, e não em grupos organizados – sinal de expansão da campanha. Desaguou no antigo *habitat* de Madame Satã a passeata das Torcidas pela Democracia, união de rubro-negros, cruz-maltinos, tricolores e alvinegros. Penduraram um bandeirão com a efígie de Marielle nos aquedutos construídos no século XVIII. Um cartaz pregava "Vem pra luta amada", de amor, e não arma.

"A cada ato de terror a gente responde com amor", discursou o deputado federal eleito Marcelo Freixo. Futura colega de Freixo na bancada do PSOL na Câmara, a professora Talíria Petrone disse ao microfone: "Somos maiores do que o ódio deles." Guilherme Boulos lembrou Marielle Franco e Leonel Brizola e colheu aplausos: "Neutralidade, diante do horror, não é neutralidade. É cumplicidade!"

O desalento injetado pelo compositor Mano Brown – "Acho que já tá decidido" o triunfo de Bolsonaro – foi anestesiado por Caetano Veloso e Chico Buarque. "Eu me oponho à cafajestização do homem brasileiro", desabafou o santo-amarense. O carioca chamou o capitão de "fachista", com a pronúncia ao velho estilo. Parafraseou o verso de "Cálice": "Não queremos mais a força bruta." Manuela D'Ávila anunciou: "Nossa primavera vem para derrotar o inverno da ditadura e da tortura." Quando Haddad falou, uma voz coletiva chacoalhou a noite: "Vai virar! Vai virar! Vai virar!"

Menos de duas horas antes, alcançaram os arcos da Lapa os números fresquinhos do Ibope estimando que a diferença do candidato do PSL para o do PT caíra quatro pontos, de 18 (59% a 41%) para 14 (57% a 43%). Seria uma onda de fôlego curto ou um novo tsunami? A Ana, vestibulanda que preferira ir ao comício a estudar para as provas, murmurou: "Tô com esperança, isso é um perigo." Os alto-falantes irradiavam o jingle da campanha: "Nossa arma não é grito, não; mais vale um livro em sua mão." Quem olhou para o céu deleitou-se com a lua cheia.

Haddad terminou de falar às 22h14, e da Lapa rumou para o apartamento da empresária Paula Lavigne. Numa roda de samba, ele

31 DE OUTUBRO, QUARTA-FEIRA

tocou violão, e a cantora Mart'nália atacou de percussionista. Cantaram "Apesar de você", em companhia do autor, Chico, e de Caetano. Sambaram Manuela D'Ávila e Ana Estela Haddad, especialista em odontopediatria, professora da USP e esposa do candidato. Quem não conhecia aprendeu com o compositor Pretinho da Serrinha seu "Samba do vira voto": "Vira o voto da Maria, voto do João/ Vira o voto do colega, voto do patrão/ Vira o voto do padeiro, do advogado/ Vira o voto do seu *crush*, do seu namorado."

Quando a quarta-feira amanheceu, Bolsonaro comportou-se no horário eleitoral de rádio na retranca, postura inusual. Também se apresentou assim mais tarde, na TV. Tratou do tema "mulheres". Defendia-se dos adversários que exploravam um vídeo – não citado pelo deputado – em que ele expõe sua visão de mundo, referindo-se aos filhos: "Foram quatro homens, a quinta eu dei uma fraquejada, veio uma mulher." Em modo reativo, na quinta-feira o capitão negou ser o candidato de Michel Temer.

Ainda no dia 24, o largo da Batata lotou em São Paulo no ato pró--Haddad. "Soldadinho de araque!", o ex-prefeito fustigou. "Esse país é bem melhor do que você." Na mesma noite, durante uma *live* de Bolsonaro, no segundo em que ele disse a palavra "anticristo" a bandeira do Brasil, colada com fita na parede atrás dele, desabou de um lado. "Sinais, fortes sinais", zombaram os antibolsonaristas, recorrendo ao bordão de José Maria Eymael – no segundo turno, o democrata-cristão fechou com o petista.

Dali a horas, saiu o Datafolha com distância menor, 12 pontos. Haddad subira para 44%, aproximando-se do líder, com 56%. A campanha colhia frutos de propostas como limite do preço do botijão de gás e 20% de aumento do Bolsa Família, contra-ataque à promessa de Bolsonaro de introduzir o 13º pagamento no programa de assistência social que ele costuma achincalhar.

O bloco de Haddad voltou às ruas na sexta. No Rio, tomou a avenida Rio Branco, da avenida Presidente Vargas à Cinelândia. Uma faixa bebia na letra de Guilherme de Brito: "Tire o seu fascismo do caminho, que eu vou eleger um professor."

No sábado, foram montadas banquinhas de eleitores do petista dispostos a conversar com indecisos. Na última hora, jorraram adesões. De insuspeitos de inclinações pela agremiação de Lula, como o ex-ministro do STF Joaquim Barbosa ("Pela primeira vez em 32 anos de exercício do direito do voto um candidato me inspira medo"); Rodrigo Janot, ex-procurador-geral da República ("Não posso deixar passar barato discurso de intolerância"); o apresentador Marcelo Tas, crítico áspero do petismo (pelas "liberdades individuais"); o youtuber Felipe Neto, cultor de "ódio ao PT" ("Pela democracia").

E de artistas como Maria Bethânia (vestiu uma camiseta com os nomes de Haddad e "Manu"); Paulinho da Viola ("Negro não se pesa em arroba, se pesa em batuques, versos, melodias, pinturas e livros, apenas para ficar no mundo das artes"); e Gretchen ("Pela vida do meu filho Thammy"). Em turnê pelo Brasil, o músico britânico Roger Waters pregava #EleNão e "Nem fodendo", contra o candidato que qualificou como "insano". Em setembro, Madonna se posicionara contra Bolsonaro. Alguns fiéis dele denunciaram a cantora por "querer pegar carona" no "Mito".

Eleitores de Haddad combinaram levar no domingo um livro, símbolo contra o obscurantismo, para a votação. A poucas horas da abertura das cabines, entrou no ar um vídeo com Elza Soares repetindo o mantra "Nós acreditamos na virada".

De fato, a esperança é um perigo.

Se não comoveu o eleitorado, o atentado de 6 de setembro proporcionou a Bolsonaro um pretexto para fazer *forfait* nos debates. Antes, o "Cavalão" penara nos encontros *tête-à-tête* com os concorrentes. Silas Malafaia, celebrante do seu casamento com Michelle, foi dos primeiros a entender o trunfo. "A facada foi um divisor de águas", disse o pastor, conforme os repórteres Thiago Prado e Daniela Pinheiro. No hospital,

Malafaia animou o ferido: "Que facada santa é essa que você tomou, meu irmão?" Recordaria, no futuro: "Foi a coisa mais linda do mundo: não precisou ir aos debates [...], nem fazer evento público."

O candidato tinha o inconveniente de carregar a bolsa de colostomia, que disfarçava usando jaqueta. Nada que o impossibilitasse de dar entrevistas – elas continuaram. Haddad se ofereceu para debater até em enfermaria. "Quem conversa com poste é bêbado", retrucou Bolsonaro, sugerindo que o ex-ministro não passava de pau-mandado de Lula.

O general Augusto Heleno, até agora o militar com maior ascendência sobre o capitão, ensaiou desculpa diferente: seu camarada não iria a debate por causa de um plano de "ataque terrorista" tramado por "organização criminosa". "Arregão!", gritou a massa num comício de Haddad. As emissoras de TV, diante da recusa, negaram-se a substituir por entrevista do petista os debates cancelados.

Prosperaram teorias conspiratórias, tal a aparência saudável do convalescente que escapulia do confronto se queixando de fragilidade física. O sangue na camiseta que Bolsonaro trajava em Juiz de Fora foi quase imperceptível. Seria a prova, fabularam, de que a facada não ocorrera. Ela teria sido simulada para permitir um tratamento de câncer e estimular empatia. Cascata: a hemorragia foi interna e intensa, e o esfaqueado por pouco não morreu.

Ao se sentir em xeque, sua campanha retomou a receita bem-sucedida de "turbinar o antipetismo", rememorou André Marinho. Haddad conquistou a simpatia de artistas do naipe de Renata Sorrah, mas Bolsonaro também demonstrou prestígio: Regina Duarte visitou-o. Na música, o ex-prefeito preponderou, contudo o deputado reuniu em suas fileiras Zezé Di Camargo e Gusttavo Lima, cantor sertanejo intérprete da canção, "Apelido carinhoso", mais executada nas rádios em 2018.

Além de roqueiros como Lobão e Roger Moreira. E apresentadores de TV, em destaque Danilo Gentili. Composto pelo venezuelano El Veneco, radicado no Brasil, "O Mito chegou" tornou-se o hit da campanha.

"NINGUÉM SOLTA A MÃO DE NINGUÉM"

Roger Waters ouviu mais apupos do que aplausos ao malhar Bolsonaro no show no Allianz Parque. No Maracanã, deu-se o contrário, no entanto parte do público xingou o ex-Pink Floyd, filho de soldado morto pelos nazistas na guerra.

Mais influentes do que o elenco de celebridades que se empolgaram com o postulante da extrema direita foram as mentiras contra seus antagonistas. Depois de ex-presas políticas deporem no programa televisivo de Haddad sobre a tortura de que foram vítimas, partidários de Bolsonaro inventaram que no passado elas haviam "matado e esquartejado" militares (nem a ditadura ousou inculpá-las por crimes dessa natureza). Na véspera da eleição, circulou em grupos de WhatsApp que o petista era "acusado de estuprar a pequena Vitória, de 11 anos" (mais falsidade).

Quem se fiaria em lorotas tão óbvias? Estudo da organização não governamental Avaaz descobriu que 98,2% dos eleitores de Bolsonaro "foram expostos a uma ou mais notícias falsas" e 89,8% acharam que eram verdadeiras. Mentira comprovada, o "kit gay", que Haddad teria implementado, foi tido como fato por 83,7% dos votantes no capitão; 74% deles acreditaram em fraude nas urnas; e 74,6% confiaram na versão de que "Haddad defende pedofilia e incesto em livro". Entre o eleitorado do professor, a crença em balelas foi muito menor.

A máquina digital esteve azeitada. A *Folha de S.Paulo* transformou-se em alvo preferencial do bolsonarismo ao revelar a ofensiva via WhatsApp contra Haddad. Na chamada para texto sobre outro assunto, o perfil do jornal no Twitter publicou: "Joalheria quer competir com obras de arte pelo bolso dos super-ricos." Robôs pró-capitão interpretaram o substantivo "bolso" como menção a Bolsonaro, e suas contas de fantasia se desmascararam ao disparar: "Cadê as provas, @folha?"; "Tá na hora desse jornaleco ser investigado."

A jornalista Patrícia Campos Mello escreveu a reportagem mais importante da campanha. Rendeu a manchete da *Folha* em 18 de outubro, mesma edição que noticiou o Cruzeiro campeão da Copa do Brasil: "Empresas bancam disparo anti-PT nas redes." O início da matéria:

> Empresas estão comprando pacotes de disparos em massa de mensagens contra o PT no WhatsApp e preparam uma grande operação na semana anterior ao segundo turno. A prática é ilegal, pois se trata de doação de campanha por empresas, vedada pela legislação eleitoral, e não declarada. A *Folha* apurou que cada contrato chega a R$ 12 milhões e, entre as empresas compradoras, está a Havan. Os contratos são para disparos de centenas de milhões de mensagens. As empresas apoiando o candidato Jair Bolsonaro (PSL) compram um serviço chamado "disparo em massa", usando a base de usuários do próprio candidato ou bases vendidas por agências de estratégia digital. Isso também é ilegal, pois a legislação eleitoral proíbe compra de base de terceiros, só permitindo o uso das listas de apoiadores do próprio candidato (números cedidos de forma voluntária).

As ilicitudes seriam três: doação empresarial para campanha, abolida em 2015; gasto não registrado; e relação de destinatários com números não fornecidos pela candidatura. Bolsonaro afirmou que a reportagem era mentirosa e pleiteou à Justiça sua exclusão da internet.

A falta de transparência do WhatsApp e das corporações controladoras das redes antissociais impediram que se medisse com precisão o alcance do artifício. O aplicativo de mensagens, que veta seu emprego com propósitos comerciais, interditou as contas das quatro agências identificadas pela repórter: Quick Mobile, Yacows, Croc Services e SMSMarket. Flávio Bolsonaro chiou por ter sua conta, com "milhares de grupos", banida do WhatsApp.

Resgatou-se um vídeo postado por Jair Bolsonaro em agosto. Nele, o empresário Mário Gazin, da rede de varejo com 243 lojas batizada com seu sobrenome, deu a entender que falava de contribuição (seu nome não aparece entre os doadores da campanha): "Primeiro turno, Bolsonaro. Pra não ter escolha, pra nós não *ter* que gastar mais dinheiro, pra não ficar todo mundo gastando dinheiro com o segundo turno." Gazin acompanhava-se de Luciano Hang, dono da Havan, cujas lojas ostentam diante delas réplicas da estátua da Liberdade. Hang foi multado em setembro pelo TSE por impulsionar propaganda eleitoral no Facebook.

PT e PDT questionaram o direito de Bolsonaro disputar a rodada decisiva da eleição. Para a missão da Organização dos Estados Americanos em visita ao Brasil, o emprego do WhatsApp na propagação de *fake news* é "fenômeno sem precedentes". O serviço de mensagens criptografadas, ao operar com grupos segmentados, é extremamente efetivo no direcionamento de conteúdo.

Hackers invadiram o celular de Patrícia Campos Mello, que foi ameaçada por telefone e nas redes. O Facebook apagou 68 páginas e 43 contas com teor favorável a Bolsonaro. Alegou que elas eram operadas por contas falsas ou duplicadas. Na opinião de Janio de Freitas, "o processo eleitoral deste ano" foi "o mais degenerado desde a Revolução de 1930". Com a campanha intoxicada pelo vale-tudo, a presidente do TSE, Rosa Weber, festejou o combate às *fake news*: "Saímos vencedores."

O mestre da manipulação da campanha de Trump à Casa Branca se manifestara. Steve Bannon sustentou que "o capitão Bolsonaro é um patriota brasileiro, e creio um grande líder para seu país neste momento histórico".

Com o patrocínio ilegal de empresas desnudado, escutou-se em concentrações a favor de Haddad: "Ô, Bolsonaro, cara de pau, tem caixa dois na campanha eleitoral!" "Não estávamos preparados para esse tsunami cibernético", afirmou o candidato.

Logo depois do primeiro turno, ele visitou Lula em Curitiba. O prisioneiro orientou-o a não regressar antes da votação. Para amenizar os efeitos do antipetismo galopante, o vermelho desbotou na campanha,

31 DE OUTUBRO, QUARTA-FEIRA

e o azul, o amarelo e o verde ganharam espaço (o material de Bolsonaro foi sempre verde-amarelo). O ex-presidente sumiu das inserções na TV, depois reapareceu.

Em piscada de olho para o centro, Haddad elogiou Sergio Moro ("ajudou" o Brasil, com "saldo positivo"), mas criticou a condenação de Lula. Errou ao endossar acusação improcedente que atribuía tortura ao general Mourão, porém se corrigiu. Criticou decisões de correligionários, como a desmesurada renúncia fiscal no governo Dilma.

O partido de Haddad escalou um quadro manhoso, o senador eleito Jaques Wagner, para articular uma "frente democrática", herdeira espiritual da Frente Ampla extinta em 1968. Marina Silva não se entusiasmou e anunciou protocolarmente "voto crítico" no ex-colega de ministério. A senadora Kátia Abreu, vice da chapa de Ciro Gomes, esculachou: previu que, se vencedor, o petista faria um "governo Dilma piorado".

Na noite do domingo do primeiro turno, Ciro proclamara "Ele não". Em seguida, viajou e só retornou no dia 26. Ressentido com Lula e o PT, não declarou voto. "O Ciro Gomes, em vez de ir para a barricada, foi para a Europa", ironizou o cronista Luis Fernando Verissimo.

O senador eleito Cid Gomes, irmão de Ciro, contrariou-se por ser o primeiro a discursar em cerimônia pró-Haddad em Fortaleza. No palco, afirmou que o PT "tem que fazer mea-culpa. Tem que pedir desculpas, tem que ter humildade [...] e reconhecer que fizeram muita besteira". Um homem, entre o público, gesticulou com os polegares para baixo, e o ex-governador encarou-o: "Pois tu *vai* perder a eleição, e é bem feito. [...] Porque aparelharam as repartições públicas. Porque acharam que eram donos de um país [...]." Um grupo cantou "olê, olê, olê, olá, Lula, Lula", e Cid encrespou-se: "Lula o quê? Lula tá preso, babaca!" A frase virou meme, e Bolsonaro exibiu o entrevero na TV.

A Justiça reentrou em cena, a três dias do pleito. Em pelo menos duas dezenas de instituições de ensino superior, numa dúzia de estados, fiscais dos tribunais eleitorais apreenderam faixas e panfletos. Os juízes argumentaram que havia propaganda ilícita em dependências públicas. Na Universidade Federal de Campina Grande, recolheram na associação dos docentes cópias do "Manifesto em defesa da democracia e da universidade pública". Na UFF, no prédio da Faculdade de Direito, desafixaram uma bandeira com a inscrição "ANTIFASCISTA". A juíza que ordenou a ação escreveu que a bandeira "possuiria conteúdo de propaganda negativa" contra Bolsonaro.

No sábado, a ministra Cármen Lúcia suspendeu a repressão nas universidades. Ponderou que, "sem liberdade de manifestação, a escolha é inexistente. [...] O processo eleitoral transforma-se em enquadramento eleitoral, próprio das ditaduras". Na véspera, o TSE atendera a pedido de Bolsonaro para remover um vídeo crítico a ele em que crianças reproduzem frases repugnantes ditas pelo candidato.

A intolerância se alastrou em palavras e sangue. Insultos racistas cobriram a jornalista negra Rita Batista, âncora do programa do candidato petista. Na noite de 27 de outubro, o servente de pedreiro Charlione Lessa foi assassinado com três tiros ao participar de uma carreata pró-Haddad no Ceará. "Treze não!", berrou o atirador, de acordo com o testemunho da mãe de Charlione ao repórter Henrique Araújo. Treze é o número do PT. Charlione tinha 23 anos e vestia camisa vermelha.

Enquanto a violência política somava mais uma vítima, o Datafolha divulgou sua pesquisa final. O instituto cravou Bolsonaro com 55% dos votos válidos e Haddad com 45%. O petista só ponteava entre os eleitores com renda familiar mensal de até dois salários mínimos e entre os de escolaridade fundamental. A única região em que prevalecia era o Nordeste. Na faixa etária de jovens de 16 a 24 anos, empatava. Entre as mulheres, outra igualdade em 50%. O capitão dominava os demais segmentos.

Na mosca. Com 55%, excluindo brancos e nulos, o aparente representante da mudança amealhou 57.797.847 votos, 10,8 milhões a mais do que Haddad, com 47.040.906. Levantamento de *O Estado de*

31 DE OUTUBRO, QUARTA-FEIRA

S. Paulo verificou que o deputado prevaleceu em 97% dos municípios mais ricos; Haddad, em 98% dos mais pobres. O professor liderou em 2.810 cidades; o militar reformado, em 2.760.

No discurso da derrota, Haddad disse que "a vida é feita de coragem". Em seu primeiro pronunciamento como eleito, na internet, Bolsonaro afirmou que "não poderíamos mais continuar flertando com o socialismo, com o comunismo e com o populismo e com o extremismo da esquerda".

Ele será o oitavo presidente pós-ditadura. O segundo, eleito diretamente, a ter apoiado o regime de 1964 (o pioneiro foi Collor). O primeiro capitão a governar o país (antes houve marechal, general e, em juntas, almirante e brigadeiro). No meio da multidão que se aglomerou diante do condomínio onde Bolsonaro mora distinguiu-se a bandeira "Ustra vive!"

Um dos balanços mais certeiros sobre o PT foi de Mano Brown, na Lapa. Nove dias antes, numa apresentação, o rapper crescido no bairro paulistano do Capão Redondo maldissera: "Bolsonaro é o caralho!" Quatro dias depois do comício, mandou um "#EleNão". Tinha autoridade para bronquear: "Se não tá conseguindo falar a língua do povo, vai perder mesmo. [...] Se falhou, vai pagar. [...] O que mata a gente é a cegueira e o fanatismo. Deixou de entender o povão, já era. [...] Tem que entender o que o povo quer. Se não sabe, volta pra base e vai procurar saber."

José Dirceu, libertado por habeas corpus em junho, ecoou Mano Brown. No relato da repórter Catia Seabra, o ex-ministro afirmou a partidários que "em 13 anos e meio [de vida institucional] nos afastamos do dia a dia do povo". Outro petista ex-ministro, Gilberto Carvalho, declarou à repórter Mariana Schreiber que o PT deveria "visitar" seus "demônios": "Nossa convivência com a política tradicional, o financiamento empresarial de campanha, junto com isso veio corrupção na forma de arrecadar dinheiro para campanha, até em alguns casos o enriquecimento de algumas pessoas, embora muito poucas."

Bolsonaro disparou entre eleitores cujas famílias possuem renda de dois a cinco salários mínimos. Boa parte desse estrato ascendeu nas administrações de Lula e no primeiro mandato de Dilma. Desiludiu-se com o desastroso segundo governo dela. Vice-presidente da Bolívia, Álvaro García Linera comentou com a repórter Sylvia Colombo que, "quando setores populares sobem, precisam ter garantia de que há estabilidade e continuidade na ascensão. Se isso não ocorre, esses setores podem se acoplar ideologicamente ao sentimento conservador que predomina na classe média".

Mauro Paulino e Alessandro Janoni, executivos do Datafolha, diagnosticaram uma inflexão: "O miolo da classe média passou por um processo de aburguesamento de valores em que o autoritarismo de Bolsonaro promete trazer ordem aos serviços públicos, para que possam alcançar na esfera privada (proteção à família, instituição mais valorizada pelos brasileiros), por méritos próprios (trabalho), o estilo de modelos das classes mais altas a que aspiram."

O Brasil jamais assistira a uma eleição assim. "O sistema político foi destroçado", observou o professor de filosofia Marcos Nobre. Após o primeiro turno, a cientista política Maria Herminia Tavares de Almeida anotara: "Com honrosas exceções, a renovação política que tantos consideravam essencial à democracia chegou pelas mãos da extrema direita, pouco comprometida com os valores, instituições e procedimentos democráticos."

"Certas conjunturas são tão excepcionais que terminam acarretando o imprevisível", analisou o cientista político Antonio Lavareda, que descreveu na *Época* as circunstâncias: "A maior crise econômica da nossa história, forte polarização ideológica, candidaturas fora do mainstream. Mais Lava Jato ceifando cabeças, impeachment de Dilma e duas denúncias para defenestrar Michel Temer."

31 DE OUTUBRO, QUARTA-FEIRA

O antipetismo pesou, mas a torrente arrastou mais gente. Eduardo Paes, do DEM, estancou em 40% dos votos válidos, na disputa pelo Palácio Guanabara com o bolsonarista Wilson Witzel. Nenhum governador do Sul e do Sudeste, de qualquer partido, conseguiu renovar o mandato. Na Câmara, segundo a contagem da *Folha*, os professores deixarão de ser 75; apenas 47 se elegeram.

Bolsonaro esteve longe, com 39,2%, da maioria absoluta dos 147,3 milhões de cidadãos aptos a ir às urnas. Em 2002, Lula atingira 45,8%. Dilma, em 2010, 41,1%. Dos que votaram, 49,9% escolheram o capitão. Bateu-se o recorde de brancos e nulos, 9,6% do total — nas cinco eleições anteriores com segundo turno a taxa foi menor.

Na noite de 28 de outubro, a tatuadora Thereza Nardelli, de Belo Horizonte, republicou no Instagram uma ilustração de autoria dela postada havia um mês. Veem-se duas mãos que se apertam, uma rosa e a frase dita certa vez por sua mãe: "Ninguém solta a mão de ninguém." Desolada com a vitória de Bolsonaro, Thereza escreveu ao lado do desenho: "A resistência só começou."

36. IMPRENSA INTIMIDADA

7 DE NOVEMBRO, QUARTA-FEIRA

Na quinta-feira, *O Estado de S. Paulo* rasgou seda para Jair Bolsonaro. O editorial "Disposição bem-vinda" considerou "reconfortante" o presidente eleito ter "ciência" da necessidade de uma reforma previdenciária. Poucas horas depois de o jornal entrar no ar na internet e ser entregue impresso aos assinantes, o *Estadão* foi barrado na primeira entrevista coletiva do deputado pós-vitória. Também foram vetados repórteres dos jornais *Folha de S.Paulo*, *O Globo* e *Valor Econômico*, da rádio CBN e da Empresa Brasil de Comunicação (à qual se vincula a TV Brasil, que Bolsonaro pretende extinguir ou privatizar).

A uma semana da votação do segundo turno, o então candidato vociferara, em ameaça à *Folha*: "Vocês não terão mais verba publicitária do governo"; "Imprensa vendida, meus pêsames". No dia seguinte à eleição, foi entrevistado pelo *Jornal Nacional* e falou mais sobre a *Folha*: "Por si só esse jornal se acabou. Não tem prestígio mais nenhum."

Um assessor de imprensa de Bolsonaro emulou o chefe. Na noite de 28 de outubro, Carlos Eduardo Guimarães remeteu uma mensagem a um grupo de jornalistas. Abaixo da imagem da pesquisa boca de urna do Ibope antecipando o vencedor, insultou: "ué... Não tava quase empatado? Vocês são o maior engodo do Jornalismo do Brasil!!!! lixo." Mais tarde, desculpou-se. Seguidores do capitão hostilizaram, agrediram ou assediaram ao menos nove repórteres no domingo retrasado, denunciou a Associação Brasileira de Jornalismo Investigativo.

Na sexta-feira, um policial federal obrigou um cinegrafista da tv Globo a apagar imagens de Bolsonaro feitas na visita ao Centro de Adestramento da ilha da Marambaia. A pf não esclareceu o motivo da censura. Na reta final da campanha, contabiliza o repórter Ricardo Balthazar, o candidato atacou a imprensa dez vezes por semana.

Os vitupérios de Bolsonaro não arrefeceram quando a campanha terminou. A virulência oferece indícios de como o candidato triunfante agirá, no Planalto, com o jornalismo profissional. Ignora-se, todavia, como a imprensa se comportará em relação a ele. Para a democracia, não se trata de especulação diletante, mas de aspecto decisivo. Se cabe ao jornalismo fiscalizar o poder, noticiando o que os poderosos conspiram para manter em segredo, a dita "harmonia entre imprensa e poder" é socialmente degradante.

Nos estertores da campanha, Janio de Freitas assinalou: "Para a relação harmoniosa, é necessário silêncio ou complacência da imprensa sobre as falhas do poder – seja o político, o administrativo, o econômico ou privado – e o poder armado. Um certo mal-estar entre imprensa com alguma independência e o poder faz parte da relação entre críticos e criticados, que, aliás, se alternam mutuamente nos dois papéis. Jair Bolsonaro não aceita a relação em tais termos."

Ao abordar as "agressões verbais e ameaças" do capitão, Janio advertiu sobre o "maior perigo": a "reação intimidada da imprensa, pouco menos do que inexistente. Atitude que, na ótica de Bolsonaro e seu círculo, só pode significar o início da domesticação buscada pelo autoritarismo. Aqui e fora, sempre que a imprensa não respondeu com altivez aos ataques autoritários, sua tibieza foi debitada na conta da liberdade".

7 DE NOVEMBRO, QUARTA-FEIRA

Bolsonaro e seus partidários jogam duro. Na quinta-feira, açulados pelo empresário Luciano Hang, ensaiaram uma campanha de boicote ao PagSeguro. A empresa de pagamento online pertence ao UOL, do mesmo grupo que edita a *Folha de S.Paulo*. Bolsonaristas promovem o cancelamento de assinaturas do jornal, que deixou de veicular na primeira página os números de circulação das edições impressa e digital.

Ao incluir a *Folha* no índex da publicidade federal, por desgostar de sua cobertura, Bolsonaro desafia a Constituição. A Carta Cidadã estabelece, no artigo 37, o princípio da impessoalidade na administração pública. (Registro: o dinheiro consumido com publicidade do governo e de estatais é excessivo e, em parte, suspeito.) O ataque de Bolsonaro é típico de inimigos da liberdade de imprensa e da democracia. Exige contestação. Mesmo que a *Folha* se recuse a tratá-lo como político de extrema direita.

O *Jornal Nacional* silenciou sobre a exclusão de veículos jornalísticos da coletiva de Bolsonaro (dois jornais e uma emissora de rádio alvos da restrição integram o Grupo Globo; a equipe da TV Globo foi autorizada a entrar). Poderia reportar que o entrevistado declarou não ter tomado a decisão – ele disse mesmo isso. Mas o JN omitiu o episódio.

Malabarismos retóricos tentam igualar quem não é igual – uma coisa é criticar a imprensa, outra é persegui-la. Ao menos desde a ditadura, um presidente eleito ou na função não fustiga tanto, em público, o jornalismo. Nem assim as coisas são contadas plenamente. Títulos sem evasivas sobre a escalação de Sergio Moro no ministério foram quase exclusivos de veículos estrangeiros. "Jair Bolsonaro promete alto cargo a juiz que prendeu seu rival", titulou o londrino *The Times*. O *El País* manchetou: "O juiz que encarcerou Lula da Silva aceita ser ministro da Justiça de Bolsonaro."

O jornalismo mais influente constituiu um palanque acrítico e propagandístico de Moro nos anos recentes, comemorando a condenação do candidato favorito para derrotar Bolsonaro. Celebrou-se uma tácita sociedade político-editorial. "A imprensa 'comprava' tudo", afirmou Christianne Machiavelli, ex-assessora de imprensa do juiz, à repórter Amanda Audi. A jornalista ligada a Moro quis dizer que o jornalismo reproduziu docilmente as versões oficiais da Operação Lava Jato: "Talvez tenha faltado crítica da imprensa. Era tudo divulgado do jeito como era citado pelos órgãos da operação." Bolsonaro reconheceu o desempenho de Moro: "O trabalho dele [...] me ajudou a crescer, politicamente falando."

Muito mais do que a opinião, farta no mercado para todas as dietas, a informação jornalística perturba Bolsonaro. Como a reportagem de Patrícia Campos Mello sobre a compra ilícita, por empresas camaradas, de pacotes de mensagens de WhatsApp para favorecê-lo. Já tarda uma investigação jornalística indispensável para reconstituir a campanha: em que instante um emissário de Bolsonaro convidou Moro para ministro? O general Mourão revelou que "isso [o convite] já faz tempo, durante a campanha foi feito um contato". Às vésperas do primeiro turno, o juiz tornou pública parte da delação de Palocci associando Lula aos saques na Petrobras. Forneceu matéria-prima para o previsível doping midiático-eleitoral.

Altivez jornalística não equivale a impregnar frases com palavras em caps lock, pontos de exclamação e gritos destemperados, retrucando Bolsonaro no mesmo tom. Implica sobretudo informar, descobrindo e contando o que é relevante e oculto no poder. Para fabricar seu mundo peculiar, arquitetado com invencionices disseminadas digitalmente, o presidente tentará fragilizar, desqualificar e no limite eliminar o jornalismo profissional que se mantiver independente dele. A caça às bruxas já está em curso.

A história ensina que às vezes a ruína sucede à relativização do autoritarismo. O golpe de 1964 foi incitado pelo gigante midiático Diários Associados, cuja decadência se acentuou com a ascensão da

7 DE NOVEMBRO, QUARTA-FEIRA

tv Globo. O *Correio da Manhã* instigou a derrubada de João Goulart e não sobreviveu à ditadura. Talvez o mais golpista dos jornais 54 anos atrás tenha sido *O Estado de S. Paulo*, que logo sofreu com a censura. Bolsonaro pode ser louvado em editorial, mas, se contrariado por notícia, barrará o *Estadão* de entrevista coletiva.

Preservar o espírito crítico onde ele não se apagou será um dos maiores desafios do jornalismo e da democracia daqui por diante. Bem como expandir a pluralidade de vozes. Bolsonaro investirá no medo. A imprensa escolherá a pusilanimidade ou o destemor.

37. TRANSIÇÃO PROSAICA

14 DE NOVEMBRO, QUARTA-FEIRA

O economista Paulo Guedes é um Roberto Campos com menos livros lidos e mais fanatismo pelo cada-um-por-si na economia e na vida social. Campos ganhou dos detratores a alcunha brejeira de "Bob Fields", tamanho o fetiche pelo capital estrangeiro e a devoção pelos Estados Unidos. De 1964 a 1967, o seminarista que desistira do sacerdócio foi o primeiro ministro do Planejamento da ditadura. Era tão brilhante que não se converter à sua lábia hipnotizante constituía exercício intelectual desafiador. No alvorecer da década de 1980, o cardeal brasileiro do liberalismo foi esfaqueado na barriga – pela amante, a história elucidou, e não por um abilolado. Morreu em 2001.

Embora ministro do marechal Castello Branco, cujo governo cassou mandatos de parlamentares e fechou o Congresso, Campos não pronunciava intimidações como "prensa neles!", truculência com que Guedes pretendeu peitar senadores e deputados para votar às carreiras as mudanças na Previdência. A jornalista Cristiana Lobo contou que até a semana passada o futuro ministro da Economia ignorava que o Orçamento de 2019 é elaborado no ano anterior.

TRANSIÇÃO PROSAICA

Numa reportagem da *piauí* de setembro, o banqueiro bem-sucedido – Bob Fields malogrou como dono de banco – se referira a Bolsonaro como indivíduo pertencente a uma fauna indeterminada. A repórter Malu Gaspar narrou: "Guedes fez uma pausa e prosseguiu, parafraseando as críticas ao seu candidato: 'Ah, mas ele xinga isso, xinga aquilo... Amansa o cara!' Pergunto se é possível amansar Bolsonaro. 'Acho que sim, já é outro animal.'"

Se um animal está amansado, o outro escoiceia. Guedes já especulava sobre ser ministro e, surpresa, deixar de ser: "Quer saber de uma coisa? Se não der para fazer o negócio bem-feito, que valha a pena, para que eu vou [para o governo]? Ficar escutando essas merdas que estão falando?" A repórter enticou: "Então posso escrever que você desistiu?" O entrevistado "riu, irônico": "Esse é o sonho de todo mundo, todo mundo quer foder o Bolsonaro. Mas esse prazer eu não dou. Só depois que ele for eleito." Guedes é chamado de "meu Posto Ipiranga" pelo capitão – teria solução para tudo, como no comercial de TV.

Bolsonaro se elegeu, indicou Sergio Moro para o Ministério da Justiça, e na primeira entrevista coletiva após o anúncio o juiz tagarelou sobre sua eventual partida em contexto de divergências acentuadas: "A decisão final é dele [do presidente]. Aí eu vou tomar a minha decisão se, para mim, vamos dizer assim, continuo ou não continuo."

Moro não tratou Bolsonaro como um cavalão, chucro ou domado, mas pareceu inverter a hierarquia de presidente e ministro. Em meio a mesuras, chancelou o eleito, como se fosse necessário: "Pessoalmente, me pareceu ser uma pessoa muito sensata." O costumeiro é o chefe referendar o chefiado, não o contrário. No domingo, o juiz falou à entrevistadora Poliana Abritta sobre possíveis desinteligências: "Se tudo der errado, eu deixo daí também o cargo."

Na prosaica transição em que antes da posse os dois superministros miram as portas de entrada e de saída, o vice de Bolsonaro desdenha em público do deputado que o presidente eleito escolheu para comandar a Casa Civil. O general Mourão desclassificou Onyx Lorenzoni, relataram as repórteres Juliana Dal Piva e Daniela Pinheiro: "Era um parlamentar apagado. Esse é um cargo com outro perfil."

Guedes já havia desferido uma traulitada em Lorenzoni, fazendo pouco caso dele: "É um político falando de coisa de economia. É a mesma coisa que eu sair falando coisa de política. Não dá certo, né?"

Se Paulo Guedes cair, quem o presidente convocaria para seu lugar? Mourão já nomeou o substituto: "Eu assumo." Ao ouvir que "no Brasil os vices costumam virar presidentes", o general não retrucou com um espirituoso "vira essa boca pra lá" ou um recatado "dessa vez será diferente". "Ele fechou a cara e desconversou", leu-se na *Época*.

Em contraste com a limitada deferência por Bolsonaro, expressa por Guedes, Moro e Mourão, o servilismo de burocratas excede. A repórter Mônica Bergamo revelou que os organizadores do ato do Congresso pelos trinta anos da Constituição mudaram o nome artístico do tenor Jean William. Na hora de cantar o hino nacional, apresentaram-no como Jean Silva. Temiam que Bolsonaro, presente, se melindrasse com a identidade similar à de Jean Wyllys, deputado que em 2016, depois de ser ofendido, cuspiu-lhe na cara.

Em Brasília, o capitão se sentiu mais à vontade do que na Barra da Tijuca para se conceder um intervalo na encenação que protagoniza como político anti-establishment. O repórter Guilherme Amado informou que Bolsonaro não se constrangeu diante do totem do poder, José Sarney. Ao se encontrar com o ex-presidente, empertigou-se, prestou continência e reverenciou: "Meu comandante!"

38. O FURICO ALHEIO

28 DE NOVEMBRO, QUARTA-FEIRA

Leitor bissexto de Olavo de Carvalho, eu supunha que o escritor paulista tivesse superado sua obsessão anal. O engano findou quando assisti ao vídeo de sua entrevista ao repórter Fred Melo Paiva, da revista *Carta Capital*. Ao falar da confiança de Bolsonaro em ações policiais virtuosas, Carvalho provocou: "Isso é fascismo? Fascismo é o cu da sua mãe."

Carvalho reencarnou na pele de filósofo, depois da carreira discreta como jornalista e astrólogo. Ministrou cursos online para milhares de alunos e colecionou mais de meio milhão de seguidores no Facebook. Atribui-se a ele a indicação dos nomes ou a inspiração para a escolha de dois ministros pelo presidente eleito, o da Educação e o das Relações Exteriores. Seria o guru ou o ideólogo mais prestigiado pela família Bolsonaro.

"Ideólogo", preferiu numa edição a *Folha de S.Paulo*. Carvalho não gostou: "Atenção, ô chefe da fôia: Ideólogo é o cu da sua mãe."

Louvaminheiros o cultuam como um pensador. Numa nota repetitiva, ele pronuncia com volúpia o substantivo de uma sílaba e duas letras que o *Houaiss* enuncia como "orifício na extremidade inferior do intestino grosso, por onde são expelidos os excrementos".

Carvalho galhofou, certa feita: "Em breve só restarão duas religiões no mundo: maconha e cu." Interpretou o país, do alto da autoproclamada condição de dono de "uma perspectiva geopolítica mais ampla" e "mais profunda" do que a "de Donald Trump" e "seu secretário de Estado": "O cu do mundo é aí [o Brasil]"; "e olha que é um cuzão"; "vocês estão que nem aquele sujeito que estava limpando o cu do elefante, e o elefante decidiu sentar, e o cara ficou lá dentro, atolado".

Negacionista das mudanças climáticas, apelou: "Combustível fóssil é o cu da sua mãe. Não existe combustível fóssil porra nenhuma. Isso é uma farsa, uma palhaçada." Duvida que a Terra gire ao redor Sol. Confrontado com o pensamento divergente, tentou lacrar: "Ora, moleque, vai tomar no olho do seu cu."

Autor de livros "aplaudidos pelas maiores inteligências do mundo", a confiar em sua declaração à repórter Beatriz Bulla, de *O Estado de S. Paulo*, Carvalho especulou no passado sobre palavrões: "Segundo entendo, foram inventados precisamente para as situações em que uma resposta delicada seria cumplicidade com o intolerável." Seria intolerável um urso que o escritor matou numa caçada aparentemente legal nos Estados Unidos, onde se radicou há 13 anos? Ao lado de um animal abatido, ele disparou: "Fui buscar hoje a minha Henry Big Boy [rifle] cal. 45-70. Pau no cu dos ursos."

Trai receio ao se referir a contendores políticos: "Os caras vêm com uma piroca deste tamanho e põem no nosso cu." Uma variante, físico-erótico-estética: "Toda piroca se torna invisível ao entrar no seu cu." Carvalho se embrenhou na dialética do fiofó: "Esquerdistas são pessoas que lutam pelo direito de dar o rabo sem ser discriminadas, ao mesmo tempo que protestam para reclamar que só tomam no cu."

Assim como o sermão sobre "cumplicidade com o intolerável" se desmancha com o exemplo do urso, o ex-astrólogo que se apresenta

28 DE NOVEMBRO, QUARTA-FEIRA

como "escritor de envergadura universal" derrapa na aula de história: "Não se pode vencer uma guerra dando o cu." Do além, guerreiros gregos de outrora gargalham com a ignorância do professor.

A fissura pelo furico alheio não é comportamento merecedor de considerações morais, e sim um mistério de Carvalho. Ela se expressa contra os suspeitos de sempre: "Quando um esquerdista brasileiro chama você de fascista, ele não quer dizer que você defendeu alguma ideia fascista. Ele só quer dizer o seguinte: 'Ai, meu cu.'" E nas dissensões da confraria reaça, como neste tuíte endereçado ao economista Rodrigo Constantino: "Só não digo que seita fechada é o seu cu porque não averiguei o estado das pregas."

É o próprio Olavo de Carvalho, 71, quem associa xingamentos e prazer: "A velhice é uma delícia: você não precisa respeitar mais ninguém, pode mandar todo mundo tomar no cu. É uma libertação."

Esse papo "libertário" já está qualquer coisa? O sábio cultivado por Bolsonaro discorda: "O que essa palavrinha está fazendo aí em cima? Nada de mais. Apenas avisando que só pararei de falar de cus quando pararem de ensinar as criancinhas a dar os seus."

Até para falar de cu Carvalho lança mão de palavras contrárias aos fatos: lições para "criancinhas" darem "os seus" é invencionice.

Hoje convertido ao ultradireitismo, o ex-militante do Partido Comunista Brasileiro proporcionou um discurso mais envernizado a legiões de extremistas de direita semiletrados. Jogada certeira do instrutor com formação autodidata: identificou uma necessidade e saciou-a. Mas não foi mais importante para o desenlace eleitoral do que, num só exemplo, Edir Macedo. O que não significa que influencie menos do que o bispo na escalação do futuro governo – parece ocorrer o contrário.

O "filósofo" que se pavoneia como portador de "consciência da vida intelectual como ninguém mais tem" recorre a pressupostos ilusórios para formular sínteses. Ao ouvir o nome da exposição *Queermuseu*, maldou: "Tava lá a menininha mexendo no pinto do homem."

Isso não aconteceu.

Carvalho chuta: "O empresariado brasileiro está vinculado à esquerda há mais de cinquenta anos." Que o diga a coalizão, também empresarial, que derrubou Dilma Rousseff.

Relata: "As Farc têm o monopólio praticamente da distribuição de cocaína no Brasil." Pobre planeta: foi engambelado, em 2016, pela extinção da anacrônica guerrilha colombiana e sua decisão de depor armas.

Numa de suas satisfações supremas, historiar o jornalismo brasileiro, ensinou: "Durante o governo militar, os esquerdistas já dominavam a mídia inteira. Você não tinha um jornal chefiado por um cara de direita; nenhum." Trata-se de injustiça com Boris Casoy, que chefiou a *Folha*, durante anos, em plena ditadura. E com tantos outros editores de direita.

Em agosto de 2016, o guru de Bolsonaro concluiu, sobre o então presidente dos EUA: "Hoje em dia acredito mesmo que o Obama é um agente russo plantado na política americana." Carvalho é autor do livro *O mínimo que você precisa saber para não ser um idiota*.

Com alicerce de fantasias, fica fácil erguer catedrais fictícias. Seria como alinhavar o balanço futebolístico do Flamengo neste ano considerando-o campeão nacional de 2018. Que tentação, mas o clube mais querido foi o vice, atrás do Palmeiras.

39. A CONTINÊNCIA DO SÍNDICO

5 DE DEZEMBRO, QUARTA-FEIRA

Se ainda integrasse o serviço ativo do Exército, Jair Bolsonaro teria transgredido a norma que estabelece regras para o gesto de continência nas Forças Armadas. Na quinta-feira, o presidente eleito prestou continência ao visitante John Bolton, assessor de Segurança Nacional dos Estados Unidos. Mas o capitão reformado é cidadão civil, deputado há sete mandatos; não tem obrigação de obedecer aos dispositivos castrenses. Seu ato foi mesmo o que pareceu, mais um retrato para o álbum de imagens de submissão diplomática.

O jornalista Merval Pereira escreveu em *O Globo*: "A continência é um tipo de 'saudação' quando um militar encontra qualquer civil ou autoridade, e tem o significado de um 'olá', um bom-dia, representando apenas a cortesia de um cumprimento"; "não representou subserviência".

Não é o que esclarecem as 18.842 palavras, organizadas em 199 artigos, do prolixo decreto presidencial 2.243. Em vigor desde 1997, o documento "dispõe sobre o regulamento de continências, honras, sinais de respeito e cerimonial militar das Forças Armadas". Determina que também "têm direito à continência" de militar as "autoridades civis estrangeiras", como é o caso de Bolton.

Com ressalvas, contudo: nas hipóteses "correspondentes às constantes dos incisos III a VIII deste artigo [15], quando em visita de caráter oficial". Isto é, se o estrangeiro for presidente da República ou vice (ou exercer cargo assemelhado); presidente de Senado, Câmara ou Supremo Tribunal Federal; ministro de Estado ou do Superior Tribunal Militar; governador.

Embaixador dos EUA nas Nações Unidas em 2005 e 2006, John Bolton é assessor de Donald Trump desde abril. Não se enquadra nas condições legais estipuladas pelo decreto assinado 21 anos atrás por Fernando Henrique Cardoso. Ao se deparar com a continência de Bolsonaro, o enviado norte-americano resguardou o protocolo: negou-se a reproduzir o disparate e estendeu a mão direita para o cumprimento cerimonial.

Continência como "tipo de 'saudação'" informal para "qualquer civil" é outra coisa, viu-se domingo na celebração de Bolsonaro com o time do Palmeiras campeão brasileiro. Felipão, o técnico admirador de Augusto Pinochet, recebeu o capitão assim na Allianz Arena. O volante Felipe Melo, idem, e o torcedor ilustre retribuiu o salamaleque do jogador. Essas continências são coreografia de bloco burlesco.

A fanfarronice da continência careceria de significado maior se não expressasse a subordinação, diferente de alinhamento sóbrio, com que o novo governo acena para a Casa Branca. Dois dias antes do encontro do futuro presidente com Bolton, Eduardo Bolsonaro perambulou por Washington. O chanceler *ad hoc* desfilou com um boné de propaganda da candidatura de Trump à reeleição.

Indagado sobre a transferência da embaixada do Brasil em Israel de Tel Aviv para Jerusalém, o recordista de votos para a Câmara respondeu: "A questão não é perguntar se vai; a questão é perguntar quando será."

5 DE DEZEMBRO, QUARTA-FEIRA

O projeto de mudança da representação do Itamaraty plagia Trump. Em maio, os EUA procederam a troca, sob protestos de países árabes e vastos segmentos da comunidade internacional que reconhecem a reivindicação palestina de controle de parte de Jerusalém.

Depois de Bolsonaro manifestar sua intenção, o Egito cancelou uma viagem do ministro do Exterior, Aloysio Nunes Ferreira Filho, e de uma comitiva de empresários. Em 2017, a balança comercial com a Liga Árabe foi favorável ao Brasil em US$ 7,1 bilhões. Macaquear Trump expõe esses negócios a risco.

O presidente de cabeleira ornamental loira anda se bicando com a China. Empreendeu escaramuças para uma guerra comercial, por ora contida. Aqui, na campanha eleitoral, seu papagaio imitador queixou-se: os chineses "estão comprando o Brasil". Bolsonaro encrencou com o nosso maior importador de produtos. Quem se beneficiaria de um conflito artificial com os asiáticos?

No ano passado, Trump retirou os EUA do Acordo de Paris. Quem o acompanhou, ameaçando com a saída brasileira do pacto de combate aos efeitos daninhos das mudanças climáticas? Seu fã mais estrepitoso ao sul do Equador, Jair Bolsonaro. O presidente da França, Emmanuel Macron, reagiu abordando a convenção de livre-comércio que União Europeia e Mercosul costuram: "Não sou a favor de que se assinem acordos comerciais com potências que não respeitem o Acordo de Paris."

Trump revogou ações contra o aquecimento global. "Não acredito nisso", disse, ao menosprezar um relatório alarmante a respeito de perigos ambientais. A subalternidade recusa o armário: Bolsonaro interferiu com sucesso para o Brasil desistir de sediar no ano que vem a COP25, conferência da ONU sobre alterações no clima.

Ministro das Relações Exteriores anunciado por Bolsonaro, Ernesto Araújo postou em seu blog que a "causa ambiental" foi "pervertida" pela esquerda, que a transformou em "ideologia da mudança climática". Seria um "dogma". Araújo é um trumpista embeiçado. "Somente um Deus poderia ainda salvar o Ocidente, um Deus operando pela nação – inclusive e talvez principalmente a nação americana", especulou em artigo na publicação *Cadernos de Política Exterior*. Insinuou, pronunciando o juízo em boca alheia: "Somente Trump pode ainda salvar o Ocidente."

Com acusações de "hipocrisia" e "viés anti-Israel", os EUA abandonaram o Conselho de Direitos Humanos da ONU. Bolsonaro copiou Trump e falou em afastar o Brasil não somente do conselho, mas das Nações Unidas. O embaixador Araújo é fervoroso: "No idioma da ONU é impossível traduzir palavras como 'amor', 'fé' e 'patriotismo'."

Yuri Sousa grafitou num muro de Maracanaú, na região metropolitana de Fortaleza, um beijo na boca entre Trump e Bolsonaro. Teve gente que se incomodou com a obra do artista conhecido como Bad Boy Preto: apagaram-na, pintando em cima.

Servilismo na relação com a Casa Branca é comportamento reincidente. "O que é bom para os Estados Unidos é bom para o Brasil", declarou em 1964 Juracy Magalhães, primeiro embaixador da ditadura em Washington.

(Coincidências: o mote de Trump é "América em primeiro lugar". O de Bolsonaro, "Brasil acima de tudo", seguido de "Deus acima de todos". Os nazistas se apropriaram do lema "Alemanha acima de tudo".)

Em 1947, a administração do marechal Eurico Gaspar Dutra rompeu relações com a União Soviética, atitude ensandecida que nem os EUA tiveram. Na Guerra Fria, o Brasil foi mais realista do que o rei. Ex-simpatizante da Alemanha nazi, o presidente Dutra se tornou um entusiasta incondicional do governo norte-americano.

A bajulação ganhou uma fotografia em 8 de agosto de 1946. Naquela quinta-feira, Dwight Eisenhower visitou no Rio a Assembleia Constituinte. O general texano havia sido o comandante supremo das forças aliadas na Europa durante a Segunda Guerra (mais tarde presidiria

5 DE DEZEMBRO, QUARTA-FEIRA

seu país). No Palácio Tiradentes, o vice-presidente da Constituinte, Otávio Mangabeira, homenageou o viajante: "[...] Direi, ao encerrar este discurso, que, se me fosse lícito, preferiria fazê-lo por meio de uma simples reverência, mais eloquente que quaisquer palavras, inclinando-me, respeitoso, diante do general comandante-chefe dos exércitos que esmagaram a tirania, e beijando, em silêncio, a mão que conduziu à vitória as forças da liberdade!"

A menção ao beija-mão já era humilhante, porém Mangabeira quis mais. Dirigiu-se até Eisenhower e, numa cena imortalizada pelo jovem repórter fotográfico Ibrahim Sued, beijou a mão do general.

Assim caminha o Brasil, maltratado por sabujices mais apropriadas a síndicos de republiquetas: do ridículo do beija-mão ao despropósito da continência.

40. OS OVOS DOS GALINHAS-VERDES

19 DE DEZEMBRO, QUARTA-FEIRA

Depois de incubar no Brasil o ovo da serpente, ou do fascismo, o ano partiu para o esculacho. Chocou os ovos de uma espécie que, em sua versão com violência além das palavras, a história catalogava como extinta: a dos galinhas-verdes. Na virada de novembro para dezembro, militantes assumidos como integralistas afanaram e queimaram bandeiras antifascistas. Regozijaram-se com a aventura que propagandearam como "ação revolucionária".

No dia 10 de dezembro, começou a circular um vídeo que mostra 11 homens, aparentemente brancos, encapuzados. Eles se apresentam com o nome Comando de Insurgência Popular Nacionalista, componente de uma certa "grande família integralista brasileira". Ufanam-se de surrupiar três bandeiras com mensagens contra o fascismo afixadas na fachada do casarão centenário onde funciona o Centro de Ciências Jurídicas e Políticas da UniRio.

Pisam as bandeiras "Antifascismo", do curso de administração pública, e "Não ao fascismo", do direito. Um porta-voz lê manifesto com a denúncia de que "nossa juventude é ensinada a se insurgir contra a pátria". A consequência das alegadas lições seriam "drogados", "homossexuais militantes", "ateus materialistas", "pedófilos", "comunistas" e "escravos do banqueirismo internacional". Na parede do local da gravação, coabitam uma bandeira do Brasil e uma com o sigma, letra do alfabeto grego que foi símbolo da Ação Integralista Brasileira. O vídeo se encerra com o "ritual de queima das bandeiras", num simulacro de cultos da Ku Klux Klan.

Os direitistas fanáticos se inspiram na AIB, organização de massas que na década de 1930 mobilizou 400 mil militantes, em 1.123 núcleos. Seus simpatizantes somavam milhões. Fascinada com o nazifascismo europeu, arremedava-o em ideias, alegorias e adereços. Em vez da suástica, desenhou o sigma. Os extremistas alemães gritavam "*Heil, Hitler!*"; os integralistas adotaram o tupi "Anauê!" Os fascistas italianos trajavam camisas pretas, como um afamado magistrado-político brasileiro faria no século seguinte; os da AIB escolheram outra cor, por isso eram conhecidos como "camisas-verdes" – seus inimigos os esculhambavam como "galinhas-verdes".

Depois de uma batalha travada a pólvora e pancada entre sigmoides e uma frente antifascista, em outubro de 1934, o humorista Barão de Itararé tripudiou: "Um integralista não corre; voa." Os ladrões das bandeiras repetiram no vídeo a velha saudação, com o braço estendido para o alto e para a frente. É cópia quase idêntica da saudação romana, horizontal, dos adeptos de Mussolini.

Os grupelhos integralistas em atividade no Brasil apoiaram Jair Bolsonaro contra Fernando Haddad. Na manifestação de 21 de outubro na avenida Paulista, o líder de uma tal Frente Integralista Brasileira ecoou a antiga divisa "Deus, Pátria e Família". Em seu discurso, Victor Emanuel Vilela Barbuy disse que o integralismo "não se confunde com o fascismo italiano". Deve ser por isso que seus correligionários ideológicos queimaram bandeiras anti... fascistas. Ao elogiar a indicação do professor Ricardo Vélez Rodríguez para o Ministério da Educação do próximo governo, Olavo de Carvalho derreteu-se: "Se você falar de integralismo brasileiro, ele sabe tudo."

Avessos ao liberalismo econômico, os integralistas desde sempre se alinham aos liberais no essencial: a defesa da propriedade privada dos meios de produção (o caráter da propriedade já foi questão cara à esquerda). A racista AIB cultivava o antissemitismo, sobretudo o escritor Gustavo Barroso. Também o dirigente número um, Plínio Salgado.

Pouco depois da batalha da praça da Sé, que provocou ao menos seis mortes em 1934, Plínio demonizou, no jornal *A Offensiva*: "Declarei solenemente a guerra contra o judaísmo organizado. É o judeu o autor de tudo. [...] Fomos agora atacados, dentro de São Paulo, por uma horda de assassinos, manobrados por intelectuais covardes e judeus. Lituanos, polacos, russos, todos semitas, estão contra nós."

A crise do liberalismo político estimulou a multiplicação dessa gente oito, nove décadas atrás. A AIB forneceu a Getúlio Vargas um subterfúgio, o falso Plano Cohen, para o presidente golpear em 1937 e sacramentar sua condição de ditador. Foram integralistas personagens de destaque da República que mais tarde romperiam com seus valores e rumariam para o centro e a esquerda, como o bispo dom Helder Camara, o jurista Goffredo da Silva Telles Junior e o estadista San Tiago Dantas.

Em reedição histórica, os flagelos econômicos do final da primeira década do século XXI propulsionaram movimentos aparentados com o fascismo em vários recantos do mundo. A eleição de Bolsonaro sucedeu nesse cenário.

As bandeiras foram levadas da UniRio, no bairro carioca de Botafogo, em 30 de novembro. Haviam sido expostas em outubro, como protesto contra decisões judiciais que proibiram iniciativas semelhantes em outras instituições. Depois do vídeo com a incineração, a comunidade universitária abriu uma nova faixa antifascista.

41. O CLÃ

29 DE DEZEMBRO, SÁBADO

Um tesouro histórico em dois volumes saiu da gráfica em agosto. *Volta ao poder* reúne pela primeira vez em livro a correspondência trocada de 1946 a 1950 entre o ex-ditador Getúlio Vargas e sua filha Alzira Vargas do Amaral Peixoto. As 912 páginas principiam com a fossa pela deposição em 1945 e se estendem até o júbilo pela vitória na eleição presidencial com voto popular. Oferecem uma aula de matreirice política. Nem Roseana Sarney influenciou tanto o pai presidente quanto Alzira.

Discreta como convém a uma operadora de bastidores, a filha de Getúlio era o avesso do Zero Um, do Zero Dois e do Zero Três. Ela provavelmente teria sucesso, mas rejeitou se candidatar a cargo eletivo. Os rebentos de Bolsonaro prosperaram ocupando posições em Câmara Municipal, Assembleia Legislativa e Câmara dos Deputados. Não será surpresa se o senador eleito Flávio, o vereador Carlos e o deputado federal reeleito Eduardo concentrarem mais poder do que Alzira da década de 1930 à de 1950.

A carreira política talvez não tenha proporcionado, mas foi simultânea à acumulação de patrimônio pela família. Os repórteres Ranier

Bragon, Camila Mattoso e Italo Nogueira se empenharam num pente-fino na Justiça Eleitoral e em cartórios. Concluíram, como publicado em janeiro, que Jair Bolsonaro e os filhos parlamentares são donos de 13 imóveis com valor de mercado de no mínimo R$ 15 milhões.

Contabilizando automóveis, aplicações financeiras e outros ativos, o presidente eleito possui mais R$ 1,7 milhão. Dez anos antes, os quatro declaravam aos tribunais eleitorais bens somados em torno de R$ 1 milhão. Em reação à reportagem, o pai afirmou ser "vítima de calúnia", mas não explicou a ciclópica evolução patrimonial.

Depois de exercer por dois anos o mandato de vereador e se tornar deputado, ele lançou a mulher para substituí-lo na Gaiola de Ouro, como os cariocas das antigas denominavam a Câmara Municipal. Rogéria Nantes Nunes Braga, então Bolsonaro, é a mãe dos três herdeiros políticos. Foi bem-sucedida em 1992 e 1996. Até sobrevir a rumorosa separação do casal.

Bolsonaro negou apoio a Rogéria em 2000. Para concorrer com ela, apresentou Carlos como postulante à vereança. Com 17 anos, o estudante menor de idade foi emancipado para se candidatar. Topou enfrentar a própria mãe e ganhou. Ela deixou a Câmara, onde o filho adolescente ingressou em 2001 e permanece até hoje. Na campanha, Rogéria acusou o ex-marido de ter ordenado o espancamento de um assessor dela. "Nunca bati [em Rogéria], mas já tive vontade de fuzilá-la várias vezes", disse o deputado 18 anos atrás à revista *IstoÉ Gente*.

Carlos, de 36 anos, pegou carona na ascensão de Bolsonaro. Em 2016, liderou a votação para vereador na cidade. É tido como o mais agressivo dos irmãos. Tatuou o rosto do pai no braço direito. Em 2009, recusou-se a se submeter ao teste do bafômetro em *blitz* da Operação Lei Seca. "Para além do gosto pelo álcool, costuma tomar remédios para dormir", escreveu o repórter Bruno Abbud.

Administrador das ações de Bolsonaro nas redes, Carlos foi considerado pelo presidente eleito como possível chefe da Secretaria de

29 DE DEZEMBRO, SÁBADO

Comunicação Social do novo governo. "O cara é *um* fera nas mídias sociais", decantou o orgulhoso pai ao site *O Antagonista*. "[...] Tem tudo para dar certo. [...] O cara é um pit bull. [...] Tem sangue na boca." A nomeação nepotística não se confirmou.

No Twitter, Carlos age mesmo como um cão de guarda paterno. Um "marqueteiro digital" que atuara na campanha antecipou a *O Globo* que seria "conselheiro" do próximo governo. Carlos avacalhou-o – "Todo mundo querendo se dar bem de algum jeito!" –, e rifaram o publicitário. Um balão de ensaio experimentou o nome da atriz Maitê Proença como ministra do Meio Ambiente. O Zero Dois fulminou-a: "Gostaria de saber de onde surgiu o convite [...]! Meu Deus!" Desafeto de Gustavo Bebianno, indicado ministro-chefe da Secretaria-Geral da Presidência, intercedeu com êxito para esvaziar os poderes da pasta.

Nenhum latido do "pit bull" foi mais ruidoso do que um de 29 de novembro cujo alvo era, na percepção generalizada, o general Mourão: "A morte de Jair Bolsonaro não interessa somente aos inimigos declarados, mas também aos que estão muito perto. Principalmente após *de* sua posse! É fácil mapear uma pessoa transparente e voluntariosa. Sempre fiz minha parte exaustivamente. Pensem e entendam todo o enredo diário!" É esse o clima no QG bolsonarista.

O segundo filho mais barulhento foi o terceiro a nascer. Bodyboarder e surfista no Rio, Eduardo Bolsonaro elegeu-se deputado federal por São Paulo em 2014. Trabalhara como escrivão da Polícia Federal. Em outubro, quando se soube que ele especulara fechar o STF na marra, o pai contou: "Já adverti o garoto." O "garoto" Eduardo tem 34 anos. Jair Bolsonaro defende a redução da maioridade penal, hoje de 18 anos.

No mandato inteiro, o Zero Três não aprovou projeto. Apareceu mais por um diálogo ríspido com o pai no ano passado. O filho estava no exterior no dia da eleição para presidente da Câmara, posto que Bolsonaro disputava. O candidato trocou mensagens no plenário da

Casa, local público, com a tela do celular exposta. O fotógrafo Lula Marques documentou a conversa, e a imprensa noticiou.

Bolsonaro: "Papel de filho da puta que você está fazendo comigo. [...] Irresponsável! Mais ainda, compre merdas por aí. Não vou te visitar na Papuda. [...] Se a imprensa te descobrir aí, e o que está fazendo, vão comer seu fígado e o meu." Eduardo: "Quer me dar esporro tudo bem. Vacilo foi meu. Achei que a eleição só fosse semana que vem." Mais tarde, o pai divulgou que a compra do filho, não consumada, seria de um fuzil.

Raquel Dodge denunciou Eduardo em março pelo crime de ameaça. De acordo com a procuradora-geral, são autênticos os prints feitos por uma jornalista que o deputado dissera ter namorado. Nas mensagens de aplicativo, aparecem coações e xingamentos como "Sua otária"; "Depois reclama/ Que *apanho*"/ "*Vc* merece mesmo"; "Tinha que ter apanhado mais"/ "Pra aprender a ficar calada"/ "Mais uma palavra e eu acabo com você"/ "Acabo mais ainda com a sua vida"; "Puta"; "Vc vai se arrepender de ter nascido". Eduardo proclama inocência. Até meados de dezembro não protocolara sua defesa no Supremo.

Mal se reelegeu, ele entrou em confronto com a deputada federal eleita Joice Hasselmann. Num grupo de WhatsApp do PSL, informou a repórter Renata Mariz, Eduardo escreveu que a correligionária assumiria "com fama ainda maior de louca". Joice não se intimidou: "Não admito nem te dou liberdade para falar assim comigo." E insinuou distinção de méritos: "Você [...] fez votação estrondosa com o sobrenome que tem. Eu também fiz, sem sobrenome."

O Brasil dos sonhos de Eduardo teria pena de morte em situações hoje não previstas pela Constituição, que a admite apenas em caso de guerra. Criminalizaria o "comunismo", podendo levar à ilegalidade o PCB e o PC do B, como na Guerra Fria. "Com esse tipo de oposição", o melhor "é tratorar", ele receitou.

29 DE DEZEMBRO, SÁBADO

Certas passagens do cotidiano do clã Bolsonaro diriam respeito exclusivamente à esfera privada se os protagonistas não fossem, por decisão voluntária, personagens da vida pública e das pugnas pelo poder. Os repórteres Rubens Valente e Marina Dias revelaram em setembro um telegrama de 2011 do Itamaraty. Conforme o documento, uma ex-mulher de Jair Bolsonaro relatou a um oficial de chancelaria ter abandonado o Brasil ao ser ameaçada de morte pelo ex-marido. Ana Cristina Siqueira Valle se casou com o deputado depois da ruptura entre ele e Rogéria. É mãe de Renan, o quarto filho do novo presidente. Pai e mãe reivindicavam sua guarda.

Também em setembro, os repórteres Hugo Marques, Nonato Viegas e Thiago Bronzatto desvendaram o conteúdo do processo de separação litigiosa entre Ana Cristina e Bolsonaro. A ex-mulher lhe atribuiu o furto, em 2007, de R$ 800 mil (em dinheiro vivo e joias) e US$ 30 mil de um cofre que ela mantinha numa agência do Banco do Brasil. Disse que ele ocultava da Justiça Eleitoral patrimônio de milhões de reais. Que a renda do capitão era de R$ 100 mil por mês, o triplo dos vencimentos como parlamentar e militar, graças a "outros proventos". Descreveu "desmedida agressividade" do cônjuge.

Sua versão mudou em 2018. Afirmou que, "quando você está magoado, fala coisas que não deveria". Bolsonaro não se pronunciou. Ana Cristina foi candidata neste ano a deputada federal pelo Podemos. Adotou o nome Cristina Bolsonaro e apoiou o ex-marido para presidente. Cobriu-o de elogios. Não se elegeu.

Em março de 2013, o agora presidente eleito se casou com sua ex-assessora de gabinete Michelle de Paula Firmo Reinaldo Bolsonaro. Naquele mês, ele festejava 59 anos; ela, 32. Os dois arianos eram unidos civilmente desde a década anterior. A filha do casal, Laura, tinha 2 anos.

Na celebração do terceiro casamento do deputado, presenciada pelo repórter Raphael Gomide, o pastor Silas Malafaia disse que "o primeiro princípio é que Deus fez macho e fêmea". A noiva era evangélica; o noivo, católico. Bolsonaro chorou. Derramou-se: "Não vou dizer que te amo porque seria um pleonasmo. Você é um pedaço de mim."

Michelle se tornaria mais conhecida na campanha presidencial, depois do atentado contra o marido. Ela domina Libras, a língua brasileira de sinais. Distanciara-se de Malafaia e passou a frequentar a Igreja Batista Atitude, na zona oeste do Rio.

O líder da Igreja, pastor Josué Valandro Jr., afirmou à repórter Anna Virginia Balloussier duvidar "das estatísticas de que negro morre mais". Elucubrou: "Quase não vou a enterro de negro. Já em enterro de branco vou a toda hora."

Durante algum tempo pareceu que o primogênito, Flávio, era o membro da prole de Bolsonaro menos propenso a quizilas. Eleito para a Assembleia fluminense em 2002 com a bênção do sobrenome, foi o único da família a expressar pesar pela morte de Marielle Franco. Pressionado por sua turma, retirou do ar as condolências.

Flávio passou mal em debate de candidatos a prefeito em 2016. Ao tontear no púlpito, amparou-o a concorrente Jandira Feghali, do PC do B. Jair Bolsonaro impediu que a deputada médica socorresse o filho. Improperou-a como "médica de araque" disposta a ministrar estricnina para o deputado estadual, que teve de se retirar. O pai consolou-o: "Tranquilo, Zero Um. Paga umas flexões aí." Em nota, Flávio agradeceu a Jandira.

Ele insinuou num tuíte que a Netflix "poderia estar interessada em fazer uma série sobre [Jair] Bolsonaro". O serviço de streaming lacrou ao descartar a ideia: "Você está louca, querida."

Os modos mais cordatos do que os dos irmãos não se estendem ao ideário político. Eles também se identificam no pragmatismo. Autodeclarado "reacionário", Flávio apoiou Sérgio Cabral e Luiz Fernando Pezão para governador. Votou em Jorge Picciani, como a

29 DE DEZEMBRO, SÁBADO

bancada do PT, para presidir a Alerj. E em Domingos Brazão para conselheiro do Tribunal de Contas do estado. Os quatro emedebistas acabaram em cana.

A suposição de que Flávio, de 37 anos, seria o último dos filhos a causar danos a Bolsonaro ruiu no dia 6 de dezembro, com um furo jornalístico do repórter Fábio Serapião. Segundo a reportagem de *O Estado de S. Paulo*, um relatório do Conselho de Controle de Atividades Financeiras verificou transações atípicas na conta de um ex-assessor parlamentar do deputado estadual. De janeiro de 2016 a janeiro de 2017, o policial militar Fabrício José Carlos de Queiroz movimentou R$ 1,2 milhão. Ele era motorista e segurança do Zero Um. O Coaf estranhou os valores "incompatíveis" com a "capacidade financeira" do correntista. E a preferência por dinheiro vivo.

Queiroz depositou um cheque de R$ 24 mil em conta bancária de Michelle Bolsonaro. É amigo há 34 anos, parceiro de churrasco e pescaria, do próximo titular do Planalto. Jornalistas notaram a coincidência de transferências com a data de recebimento de funcionários do gabinete de Flávio; eles abasteciam a conta do assessor. O deputado empregou duas filhas e uma enteada de Queiroz, além do ex-marido da atual mulher do PM. Espraiou-se a suspeita de que os servidores entregassem parte do salário para Flávio. A prática, ilegal, é corriqueira nos partidos.

Os dados sobre Queiroz constam de um relatório anexado ao inquérito da Operação Furna da Onça, que em novembro levou à prisão dez deputados estaduais. O Coaf flagrou 75 assessores e ex-assessores da Alerj com movimentações fora do padrão.

Uma das filhas de Fabrício Queiroz foi lotada também no gabinete de Jair Bolsonaro em Brasília. Na mesma época, exercia atividades profissionais como personal trainer no Rio. Indagado, o presidente eleito destemperou-se: "Pelo amor de Deus, pergunta para o chefe de gabinete! Eu tenho 15 funcionários no gabinete!" Bolsonaro esclareceu que, ao todo, Queiroz depositara R$ 40 mil para Michelle, em pagamento de empréstimos feitos pelo deputado. Sobre as transações entre funcionários do filho mais velho, pretextou: "É normal entre os funcionários um ajudar o outro."

Flávio alardeou ter "a consciência tranquila". Queiroz não compareceu aos depoimentos marcados pelos promotores. A defesa justificou a ausência com problemas de saúde. O ex-assessor não se encontrou com os investigadores, mas respondeu a perguntas do SBT – Bolsonaro visitara o empresário Silvio Santos, proprietário da emissora. Contou que parte dos seus ganhos provém do comércio de automóveis: "Eu sou um cara de negócios, eu faço dinheiro, compro, revendo, compro, revendo, compro carro, vendo carro. [...] Não sou laranja, sou homem trabalhador." Afirmou ter câncer no intestino.

Dos muitos mistérios que o Coafgate suscita está a data de exoneração do "cara de negócios", do gabinete de Flávio, e de sua filha Nathalia Queiroz, do de Bolsonaro. Ambas ocorreram em 15 de outubro, em meio à refrega do segundo turno. O candidato teria sido alertado sobre as descobertas? Se foi, tal aviso não representaria vantagem indevida sobre Fernando Haddad, que ignorava o relatório oficial?

No rastro do PM Queiroz, lembraram que Flávio havia se oposto à instalação da CPI das Milícias, presidida em 2008 pelo deputado Marcelo Freixo e coordenada por uma servidora chamada Marielle Franco. Advogara a legalização das milícias, deu o jornal *O Dia* em 2007. Seu argumento: "O Estado não tem capacidade para estar nas quase mil favelas do Rio. Dizem que as milícias cobram tarifas, mas eu conheço comunidades em que os trabalhadores fazem questão de pagar R$ 15 para não ter traficantes."

O cheiro é desagradável, mas, afora as estripulias de Queiroz, ainda não se sabe de quê.

42. COAUTORES

30 DE DEZEMBRO, DOMINGO

Na origem, Bolsonaro chutou que montaria um ministério com dez ou 12 pastas, no lugar das 29 de hoje. Em outubro, prometeu 15. Depois de idas e vindas, fechou em 22. Não negociou indicações com partidos, mas com bancadas parlamentares temáticas, como a ruralista e a da bala, mancomunada com a indústria de armas. Anunciou mais da metade dos nomes no Twitter.

O DEM emplacou três ministros; o infatigável MDB, um; o PRTB, agremiação do general Mourão e única sigla a se coligar ao PSL de Bolsonaro, zero. O Nordeste e o Norte não terão representante. Só haverá duas mulheres. Não havia nenhuma entre os 28 presentes na primeira reunião do gabinete de transição, que contou com um membro que fora preso com base na Lei Maria da Penha.

Quatro pelotões ergueram suas casamatas no território do governo: os militares, os economistas ultraliberais recrutados por Paulo Guedes, os policiais organizados em torno de Sergio Moro, os fundamentalistas religiosos reverentes a Deus e a Donald Trump. O presidente eleito resumiu suas intenções sociais com a extinção de um ministério com 88 anos de existência, o do Trabalho.

Seis ministros são provenientes do Exército, um da Marinha e um da Aeronáutica. Desde o fim da ditadura não era tão alta a proporção de ministérios encabeçados por dirigentes de extração militar (e nem entram na conta o presidente, o vice e os comandantes das três Forças). Oficiais que participaram da intervenção no Haiti desde 2004 se reencontrarão na administração Bolsonaro. O general Augusto Heleno Ribeiro Pereira será o ministro do Gabinete de Segurança Institucional. Despachará no quarto andar do Palácio do Planalto (o gabinete presidencial fica no terceiro).

Novo mandachuva da espionagem, o general Heleno crê que "o intuito da mídia não é transmitir a realidade, e sim espalhar boatos e ganhar dinheiro". É adepto da formulação "direitos humanos para humanos direitos" – os "não direitos" perderiam o amparo das garantias civilizatórias? O ministro da Defesa será o general Fernando Azevedo e Silva, que era assessor do presidente do STF, Dias Toffoli. O tenente-coronel da FAB Marcos Pontes, cosmonauta que em 2006 entrou em órbita a bordo da nave russa *Soyuz*, assumirá Ciência e Tecnologia.

Bolsonaro tomará posse jurando se submeter à Constituição de 1988. Seus mais poderosos ministros oriundos da caserna são saudosistas da ditadura, mas nada assegura que, se quiserem, consigam implantar um regime autoritário como o de antigamente. Eles têm ascensão sobre as tropas, mas não as comandam. A história não se escreve de véspera. A novidade, essa acima de dúvida, é que os militares estão de volta ao poder. Vem aí um governo militarizado.

Antes mesmo de se mudar para o Palácio da Alvorada, Bolsonaro tenta isolar o futuro inquilino do Palácio do Jaburu. O general Mourão, entretanto, advertiu que não será vice decorativo. Antes dele, estiveram cotados para compor a chapa eleitoral o general Heleno, o senador Magno

30 DE DEZEMBRO, DOMINGO

Malta, a advogada Janaina Paschoal e até um Orleans e Bragança, tetraneto de Dom Pedro II. Mourão seria, na temerária opinião de alguns fiéis bolsonaristas, vacina contra um impeachment do presidente – o general é tão linha-dura que não topariam substituir o capitão.

Mourão fez pouco de Bolsonaro em novembro. Ao jornal britânico *Financial Times*, referiu-se à "retórica [do deputado] que não combina com a realidade". Sobre caixa dois em campanha do próximo chefe da Casa Civil, Onyx Lorenzoni, afirmou que, se confirmada a ilicitude, o ministro "terá que se retirar do governo". Desmoralizou uma historieta difundida por Carlos Bolsonaro sobre venezuelanos fraudando urnas eletrônicas brasileiras: "Isso aí é *fake news*!"

Em Mourão, de 65 anos, conteúdo e forma batem cabeça. O general cultua a memória do torturador Ustra e eructa verrinas golpistas. Em contraste, num governo que se prenuncia carrancudo, borbulha bom humor. Ao repórter Fabio Victor, enumerou as "regras sagradas para os homens com mais de 60 anos": "Jamais despreze o banheiro; nunca desperdice uma ereção; em hipótese alguma confie num peido."

Ao nomear Zélia Cardoso de Mello ministra da Economia, Fernando Collor fundiu em 1990 numa só pasta Fazenda, Indústria, Comércio Exterior e Planejamento. É o que fará Bolsonaro, porém seu superministro Paulo Guedes deterá mais poder do que a ex-professora da USP. O furor ultraliberal do novo condutor da economia talvez se espelhe mais, entre os governos da República, no do marechal Castello Branco. Na era de criptomoedas, o banqueiro Guedes reencarnará Otávio Gouveia de Bulhões (Fazenda) e Roberto Campos (Planejamento), ministros na arrancada da ditadura.

O presidente do Banco Central será Roberto Campos Neto, descendente de quem o nome esclarece e ex-executivo do Banco Santander. Umas das sete secretarias especiais a serem criadas é a de Desestatização e Desinvestimento. Um empresário a chefiará. A Caixa Econômica

Federal terá à frente um especialista em privatizações. Escolhido para a presidência da Petrobras, Roberto Castello Branco defendeu em junho, na *Folha de S.Paulo*, ser "urgente a necessidade de privatizar não só a Petrobras, mas outras estatais".

Castello Branco é um dos "Chicago old boys" da equipe, como Paulo Guedes. Outro com formação na Universidade de Chicago é o próximo presidente do BNDES, Joaquim Levy. Ministro da Fazenda de Dilma Rousseff, Levy tem mais a ver com Bolsonaro. Ele retratou o estelionato eleitoral do governo da presidente deposta: eleita com um programa econômico, ela implementou o do candidato derrotado.

Em seu período de "Chicago boy", Paulo Guedes trabalhou na Universidade do Chile dominada pela ditadura Pinochet. À *piauí*, o economista rememorou: "Eu sabia zero do regime político. Eu sabia que tinha uma ditadura, mas para mim isso era irrelevante do ponto de vista intelectual." Ele é um radical do liberalismo somente na economia.

Um dos principais objetivos dos falcões liberais será impor uma reforma previdenciária impopular.

Nem um dramaturgo carente de imaginação se renderia ao desenlace vulgar que a realidade guardou para a trajetória de Sergio Fernando Moro na magistratura. Depois de condenar e prender o candidato com mais chances de superar Bolsonaro nas urnas, aceitou ser ministro do beneficiado por suas decisões.

O iminente superministro da Justiça e Segurança Pública parece ter abduzido o sentenciador severo. Indagado sobre o caixa dois reconhecido por Onyx Lorenzoni, Moro deixou por menos: "Ele mesmo admitiu os seus erros e pediu desculpas, e tomou as providências para repará-los"; "Tem a minha confiança pessoal". A conduta indulgente igualou-se à do deputado, que decretou seu próprio perdão: "Já me resolvi com Deus."

Em 2017, o discurso do juiz era distinto: "Caixa dois nas eleições é trapaça, é um crime contra a democracia. [...] Corrupção para financiamento de campanha é pior que para o enriquecimento ilícito." Ele afirmou em julho que o Brasil precisa "do exemplo de lideranças honestas". Em novembro e dezembro, uniu-se aos ministros de Bolsonaro. Para a Saúde, irá o deputado Luiz Henrique Mandetta, investigado por caixa dois, tráfico de influência e fraude em licitação em Campo Grande (MS).

Ministra da Agricultura a partir de janeiro, Tereza Cristina Corrêa da Costa Dias deu à JBS incentivos fiscais quando dirigia a secretaria do Mato Grosso do Sul responsável pelo agronegócio. Ao mesmo tempo, mantinha relações comerciais privadas com a empresa de Joesley Batista. Como deputada, ela se aplicou na defesa do projeto de lei que flexibiliza o uso e a fiscalização de agrotóxicos – o "PL do Veneno", segundo os críticos.

A Polícia Federal abriu inquérito para apurar se Paulo Guedes cometeu fraude em transações com fundos de pensão de estatais. O novo ministro do Meio Ambiente, Ricardo de Aquino Salles, foi condenado pela Justiça paulista por improbidade administrativa na época em que era secretário estadual. É acusado de irregularidades em um plano de manejo de área de proteção ambiental do rio Tietê.

Salles preside o Movimento Endireita Brasil. Candidato malsucedido a deputado federal, pelo Novo, adotou o número de um calibre de projétil e sugeriu tiro "contra a esquerda e o MST". Bolsonaro recuou da ideia de acabar com o Ministério do Meio Ambiente, mas talvez não fizesse diferença: para Salles, o aquecimento global não passa de "discussão inócua". Ele nunca visitou a Amazônia.

É esse o elenco com que Sergio Moro compartilhará o governo. Ele se mostrou compatível com Bolsonaro e o abonou, ao afirmar que não vê no expoente da extrema direita "nenhum traço de autoritarismo". Perguntado sobre o escândalo no gabinete de Flávio Bolsonaro, dispensou a peroração corretiva que o notabilizara: "Não cabe a mim dar explicações sobre isso."

Reiteradas vezes Moro descartara deixar a vida de magistrado. À repórter Thaís Oyama, assegurou em novembro de 2017: "Não seria apropriado da minha parte postular qualquer espécie de cargo político porque isso poderia, vamos dizer assim, colocar em dúvida a integridade do trabalho que eu fiz até o presente momento." Ao alterar a rota, alegou que ministro não equivale a político. Mas se traiu: "Não sou um político que minto", vangloriou-se no *Fantástico*.

Saído do armário político, Moro leva a Lava Jato para Brasília. A operação influenciou a eleição, agora a República de Curitiba chega ao Ministério da Justiça. O Departamento de Recuperação de Ativos e Cooperação Jurídica Internacional ficará a cargo de Erika Marena. A delegada da PF atuou na Lava Jato e na Operação Ouvidos Moucos, que prendeu o reitor Luiz Carlos Cancellier de Olivo, da UFSC.

Bolsonaro disse na TV, em 1999: "Eu sonego tudo o que for possível."

Em 2013, uma assessora parlamentar e pastora declarou: "A Igreja evangélica perdeu espaço na história. Nós perdemos o espaço na ciência quando nós deixamos a teoria da evolução entrar nas escolas. Quando nós não questionamos."

Foi Damares Alves quem enunciou tal raciocínio. Daqui a poucos dias ela será a ministra da Mulher, da Família e dos Direitos Humanos. Lutas e conquistas das mulheres marcaram o ano. O Código Penal foi alterado, tipificando os crimes de "importunação sexual e de divulgação de cena de estupro". Dezenas de milhares de pessoas se mobilizaram na campanha da escritora negra Conceição Evaristo por uma vaga na Academia Brasileira de Letras, bastião branco e masculino (ela teve um voto).

Depois de discutir com uma juíza numa audiência em Duque de Caxias, a advogada Valéria Lúcia dos Santos foi presa, algemada e arrastada por policiais. "É meu direito como mulher, como negra,

30 DE DEZEMBRO, DOMINGO

é trabalhar; eu quero trabalhar!", ela protestou. O vídeo com a cena viralizou. Em novembro, a advogada recebeu em São Paulo o Troféu Raça Negra, em cerimônia que homenageou a memória de Marielle. "Nunca achei que um pequeno gesto de resistência ia tocar tanta gente nesse país", disse Valéria Lúcia.

"Eu não entraria em um avião pilotado por um cotista, nem aceitaria ser operado por um médico cotista", disse Bolsonaro, inimigo das políticas afirmativas. Sua ministra Damares alardeou, em 2016: "É o momento de a Igreja governar." No tempo em que mulheres falam em empoderamento e avançam, ela predica uma "contrarrevolução cultural", para meninas serem tratadas como princesas e meninos como príncipes. Ao debater o vínculo mais adequado para a Funai, argumentou: "Nós entendemos que é o Ministério dos Direitos Humanos porque índio é gente."

Damares Alves narrou à repórter Camila Brandalise uma história pungente, sobre estupros que sofreu dos 6 aos 8 anos de um pastor pedófilo. Aos 10, subiu no alto de uma goiabeira para se matar, e o que a salvou foi ter "visto Jesus". Preocupada com críticas dos movimentos feministas, ela apelou a deputados evangélicos: "Me defendam, pastores, me defendam na tribuna."

Não é de Damares este pensamento, sobre direito ao aborto: "Eles querem uma sociedade onde ninguém nasça, nenhum bebê, muito menos o menino Jesus. Pergunto inclusive se o sadismo abortista da esquerda não provém de uma pretensão niilista de, em cada bebê, estar matando o Cristo antes de nascer."

O autor é o próximo ministro das Relações Exteriores. Ernesto Araújo comunga em seu fundamentalismo duas devoções: uma cristã, outra trumpista. A despeito da sólida formação do Instituto Rio Branco, que educa os diplomatas brasileiros, ele sustenta que o nazismo era ideologia de esquerda. Avisou que o Brasil abandonará o Pacto Global para a Migração, recém-aprovado pela Assembleia Geral da ONU.

Araújo se assemelha ao que há poucos anos seria uma caricatura de reacionário. O embaixador enxerga uma "China maoista que dominará o mundo" (nem os governantes chineses se supõem maoistas). Expõe ressentimento contra a elite liberal típico da década de 1930. E se oferece em sacrifício: "Quero ajudar o Brasil e o mundo a se libertarem da ideologia globalista. Globalismo é a globalização econômica que passou a ser pilotada pelo marxismo cultural. É um sistema anti-humano e anticristão."

Chanceler do governo Lula, Celso Amorim diagnosticou: "Não é retrocesso. É retorno à Idade Média." Araújo não se ofendeu: "Não entendi se é crítica ou elogio." Prometeu o que alguns diplomatas interpretaram como caça às bruxas, "um exame minucioso da 'política externa ativa e altiva' em busca de possíveis falcatruas".

Uma inquisição devastará o ensino, se prosperar uma proposta do novo ministro da Educação, o colombiano naturalizado brasileiro Ricardo Vélez Rodríguez. Ele recomendou "conselhos de ética que zelassem pela reta moral dos alunos". Não à toa se encanta com o Escola Sem Partido.

Como lidar com divergências com a esquerda na universidade? "A melhor forma de lutar contra esses calhordas é partindo para o ataque dando chute na canela", assanhou-se o professor de filosofia com formação também em teologia. Vélez Rodríguez classifica o golpe de 1964 como "data para lembrar e comemorar". Em tom místico, criticou o que seria "doutrinação de índole cientificista".

Na noite da vitória, em 28 de outubro, o pastor e senador Magno Malta deu as mãos para Jair Bolsonaro e Onyx Lorenzoni numa roda de oração. O cantor gospel vestia camiseta mamãe-sou-forte. Na introdução, falou grosso: "Os tentáculos da esquerda jamais seriam arrancados sem a mão de Deus."

Magno havia fracassado ao tentar se reeleger, mas não se abatera. Cinco dias depois do segundo turno, asseverou à repórter Jussara Soares:

30 DE DEZEMBRO, DOMINGO

"Vou ser ministro, sim. [...] Onde eu estiver, eu estarei perto dele [do presidente]. Ele vai anunciar." Motivo para otimismo não faltava. Bolsonaro o afagara, em maio, como "o vice dos sonhos".

Em dezembro, deu-se o desfecho. O capitão deixou o pastor ao relento e ditou seu epitáfio: "Infelizmente, o perfil dele não se encaixou."

43. SEQUELAS

31 DE DEZEMBRO, SEGUNDA-FEIRA

A brutalidade e a ignorância, que estrearam no ano na caça a macacos e na satanização da vacina contra a febre amarela, reviveram na perseguição a refugiados venezuelanos. Em meados de agosto, ao menos 2 mil imigrantes amontoados em tendas e barracas nas ruas de Pacaraima foram atacados por roraimenses com socos, telhas, chutes, paus e pedras. Os agressores queimaram os abrigos, arrancaram os poucos alimentos das famílias desesperadas e ergueram fogueiras com pneus. O estopim do surto de ódio foi o assalto a um comerciante, espancado por quatro ladrões que ele identificou como venezuelanos.

As vítimas mais vulneráveis do colapso da Venezuela não foram linchadas porque soldados brasileiros as salvaram antes de a turba enxotá-las para o outro lado da fronteira. Moradores locais, narrou o repórter Avener Prado, cantaram o Hino Nacional enquanto acossavam os estrangeiros sem fortuna. "Nos expulsaram como se fôssemos cachorro", contou ao jornalista a venezuelana Yineth Manzol, mãe de três filhos, a caçula um bebê de 10 meses.

O *El País* despachou uma repórter para Pacaraima, município fronteiriço com a Venezuela, para cobrir a aparição do "monstro da xenofobia". Lá vivem pouco mais de 12 mil almas. Um venezuelano foi linchado por brasileiros em Boa Vista. Mataram outro, também na capital de Roraima, a pedradas e pauladas depois de uma briga de bar.

No fim de agosto, as Nações Unidas calcularam em 2,3 milhões de pessoas o êxodo do país governado por Nicolás Maduro, ou quase 8% da população. Teriam ingressado no Brasil 120 mil. Mais tarde, metade partiu. O governo de Roraima pretendeu fechar a fronteira, e um juiz proibiu a entrada dos vizinhos. A medida vigorou por pelo menos 15 horas, até um órgão colegiado de Justiça revogá-la.

Maduro disse em setembro que "usam uma crise humanitária para justificar sanções contra a Venezuela; fabricaram uma crise migratória". Agravava-se a escassez de comida e remédios, combinada com hiperinflação anual prevista pelo FMI em 2.500.000% (dois milhões e quinhentos mil por cento), e o presidente posava em Istambul como um potentado, banqueteando-se em restaurante de cozinheiro badalado. Só em novembro aceitou socorro humanitário da ONU. No cenário em que é difícil encontrar mocinhos, o *New York Times* deu que agentes de Donald Trump se reuniram secretamente com militares venezuelanos golpistas.

No mês em que a ira irrompeu em Roraima, centenas de ultradireitistas desfilaram pelas ruas da cidade alemã de Chemnitz no ato que promoveram como "caçada a imigrantes". Um alemão havia sido morto, e uma ordem de prisão foi emitida contra um sírio e um iraquiano. "Fora, estrangeiros!", gritaram os manifestantes, neonazistas entre eles.

O governo da Itália impediu que atracasse um navio com 629 migrantes resgatados no mar. A ONU contabilizou 2.262 mortes ou desaparecimentos em 2018 na tentativa de cruzar o Mediterrâneo rumo à Europa. Os EUA separaram milhares de crianças, incluindo brasileiras, dos pais quando as famílias atravessaram ilegalmente a fronteira com o México. Morreram uma menina e um menino guatemaltecos sob custódia das autoridades. Pressionado, Trump acabou com o afastamento de pais e filhos.

Uma caravana com milhares de hondurenhos e outros deserdados centro-americanos chegou à cidade mexicana de Tijuana. Eles fogem de violência e fome. Querem ser aceitos do lado de lá da cerca – até Trump impor o muro de sua tara – e tentar a sorte nos EUA. Habitantes de Tijuana protestaram contra os peregrinos: "Fora! Fora!"

No auge da tensão em Roraima, Michel Temer afirmou que o governo cogitava introduzir senhas para limitar o ingresso de venezuelanos. Não lhe deram muita pelota durante o ano. No comecinho da campanha eleitoral, ele indicara seu candidato: "Parece que é o Alckmin, né?", insinuou, embora o correligionário fosse Henrique Meirelles. Revelou o voto em Bolsonaro no segundo turno. Despede-se com 7% de aprovação no Datafolha, o índice mais baixo pós-ditadura. "Vou sentir muita falta do 'Fora, Temer!'", brincou.

No SBT, ele depôs sobre a presidente contra quem conspirara: "Tenho a impressão de que [Dilma Rousseff] é uma senhora correta e honesta." Doze dias atrás, a Procuradoria-Geral da República denunciou-o por corrupção passiva e lavagem de dinheiro. Acusam-no de favorecer empresas como o Grupo Rodrimar, que opera no porto de Santos. Se Temer se tornar réu, o processo correrá na primeira instância da Justiça, porque amanhã o vice de Dilma perderá o foro privilegiado. Em seu governo, foi denunciado três vezes pelo Ministério Público.

Temer lega o Brasil com fraturas sociais. Em 2017, 170 mil universitários largaram a graduação, informou o repórter Douglas Gavras. As faculdades privadas tiveram, no primeiro semestre de 2018, 80 mil matrículas a menos que em idêntico período do ano passado. Pesquisa em 35 países, tabulando vários quesitos, verificou que o Brasil é onde menos valorizam os professores. Não por acaso meros 2,4% dos alunos de 15 anos contemplam a carreira docente.

O sarampo, dado como extinto, reapareceu este ano. O desmatamento da Amazônia disparou. A União depauperou a fiscalização contra o trabalho escravo. A organização Global Witness divulgou em julho que 57 ativistas da luta pela terra e pelo meio ambiente foram mortos aqui em 2017. A Organização das Nações Unidas para Alimentação e Agricultura anunciou que 5,2 milhões de brasileiros passam fome – o número parou de cair.

Relatório de novembro da organização não governamental Oxfam demonstrou que o Brasil, dono de uma das dez maiores economias, passou em 2017 a nono país mais desigual em renda no mundo (era o décimo). É a segunda nação com maior concentração de renda, 28% dela apropriados por 1% dos residentes (no Qatar são 29%). O estudo sustenta que a emenda constitucional 95, a do "teto de gastos", em vigor desde 2016, "impactou [negativamente] diversos programas sociais".

A regressão é voraz. Numa estatística elaborada a partir de 2012, nunca houve tão poucos trabalhadores com carteira assinada (são 32,9 milhões, quase 4 milhões a menos do que em 2014). Em novembro, em mais um recorde, 43% dos trabalhadores ocupados eram informais, sem os direitos que a carteira de trabalho assegura.

O Ministério do Planejamento previu em fevereiro crescimento de 3% do PIB em 2018. Em dezembro, técnicos estimavam taxa anual de 1,3%. Há quem tenha motivos para celebrar: no terceiro trimestre, os quatro maiores bancos lucraram R$ 17,47 bilhões, incremento de 28,6% em relação à mesma época do ano passado, sem considerar a inflação. Esse ganho trimestral financiaria o Bolsa Família por mais de seis meses.

A intervenção político-militar de Temer na segurança pública do Rio de Janeiro se encerra hoje sem glória, como previu quem não esquecera

31 DE DEZEMBRO, SEGUNDA-FEIRA

a Operação Rio de 1994. Os números de março a novembro expõem a queda dos registros de roubos de rua de 105.728, em 2017, para 99.519. Mas as mortes violentas se estabilizaram (de 4.980 para 5.025).

No ano inteiro, no mínimo 170 escolas e creches públicas da capital do estado foram afetadas por disparos com arma de fogo a menos de 100 metros, alta anual de 204% – o monitoramento é do Fogo Cruzado, laboratório de dados sobre violência armada. "Cumprimos nossa missão", festejou o interventor, general Braga Netto.

Em fevereiro, quando o oficial assumiu, o governador era Luiz Fernando Pezão. Desde novembro Pezão está preso, acusado de corrupção, lavagem de dinheiro e organização criminosa. O prefeito Marcelo Crivella recomendou em julho a pastores evangélicos: "Vamos aproveitar esse tempo em que nós estamos na prefeitura para arrumar nossas igrejas." Ensinou-os a driblar as filas da saúde pública: "Se os irmãos tiverem alguém na igreja com problema de catarata, se os irmãos conhecerem alguém, por favor falem com a Márcia." Os memes da tal Márcia bombaram.

Em São Paulo, o prefeito João Doria desistiu do cargo e se candidatou com sucesso ao governo do estado. Foi protagonista de um episódio picante – não uma conversa com religiosos, mas um vídeo em que ele, alguém parecido com ele ou um homem com seu rosto enxertado digitalmente está deitado nu em uma cama com mulheres peladas. O então candidato desclassificou o vídeo da suruba como "montagem".

Não foi montagem ou encenação a decisão do Senado de aprovar aumento de 16,38% para os salários dos ministros do Supremo. Em cascata, beneficiando outras categorias de servidores, seu impacto em 12 meses será de R$ 4 bilhões. Ato contínuo, o ministro Luiz Fux revogou liminares que autorizavam o auxílio-moradia, mas abriu brecha para o seu retorno em larga escala, ao não o julgar inconstitucional.

No mesmo 7 de dezembro em que o Senado acudiu os ministros do Judiciário, o programa *Conversa com Bial* exibiu depoimentos de mulheres relatando abusos sexuais do médium João Teixeira de Faria. Mais de trezentas mulheres vieram a denunciar violações de João de Deus, como o médium é conhecido no Brasil, ou John of God, no exterior. Ele foi para o xilindró.

No último mês do ano, uma boa notícia. O surfista brasileiro Gabriel Medina foi campeão mundial pela segunda vez. Outra boa-nova havia sido a eleição da primeira mulher indígena para a Câmara, Joenia Wapichana.

O país tivera o privilégio de sediar em agosto o Congresso Internacional de Matemáticos. No evento, o iraniano de origem curda Caucher Birkar recebeu a Medalha Fields, cujo prestígio equivale ao de um "Nobel da matemática". Deu ladrão: em um auditório do Riocentro, furtaram a pasta onde o professor guardara a medalha, fundida em ouro e avaliada em US$ 4,1 mil. A polícia do Rio, sob intervenção, até hoje procura a medalha e os larápios que a levaram.

Antes de Bolsonaro envergar a faixa presidencial, sua língua já prejudicou os mais pobres. Opositor do programa Mais Médicos, ele praguejou: "Vamos expulsar com o Revalida [exame para revalidação de diploma estrangeiro] os cubanos do Brasil"; "Dou uma canetada mandando 14 mil médicos lá para Cuba." O governo cubano antecipou-se e ordenou em novembro o regresso dos seus 8.332 médicos participantes do programa. Estão ameaçados de perder a assistência 24 milhões de brasileiros.

O presidente que toma posse daqui a algumas horas planeja "rasgar e jogar na latrina" o Estatuto da Criança e do Adolescente. Projeta uma nova "carteira de trabalho verde e amarela", destituída de direitos trabalhistas tradicionais. Fala em adoção de "medidas amargas" pelo Congresso. Admite que a Petrobras possa ser privatizada, "em partes".

O ministro Paulo Guedes tenciona reduzir as reservas internacionais, acumuladas em US$ 381 bilhões, para abater a dívida pública (as reservas alcançavam US$ 38 bilhões em 2002). Temer consultou

31 DE DEZEMBRO, SEGUNDA-FEIRA

o futuro governo, e lhe deram sinal verde para a recente liberação de 100% de capital estrangeiro na propriedade de empresas aéreas. Os brasileiros mais abastados exultam. O Ibovespa fechou o último pregão subindo 2,8% – no ano, cresceu 15%, enquanto a Bolsa de Santiago, no Chile, tombou 8%.

Nenhuma ação ordinária se valorizou tanto na Bolsa de Valores de São Paulo quanto a da Forjas Taurus, fabricante de armas e munições. O valor ascendeu 180%, conforme a consultoria Economatica (a inflação se conteve em 4%). A retórica belicista de Bolsonaro municiou a disparada. Anteontem, ele reiterou: "Por decreto, pretendemos garantir a posse de arma de fogo para o cidadão sem antecedentes criminais." O Brasil foi o país com mais mortes por armas de fogo em 2016, mostrou um artigo na publicação científica *Journal of the American Medical Association*. Vinte dias atrás, um homem invadiu a Catedral de Campinas, matou quatro pessoas a tiros de pistola e se suicidou.

Bolsonaro advoga a ampliação dos "excludentes de ilicitude", tornando mais complicado punir policiais que atirem e matem sem justificativa – quem diverge da iniciativa a batiza como "licença para matar". Aliado do presidente, o novo governador do Rio, Wilson Witzel, advertiu que, ao avistar suspeitos com fuzis, a polícia, mesmo sem ser atacada, "vai mirar na cabecinha e... fogo!" Em setembro, o vigia de bar Rodrigo Alexandre da Silva Serrano desceu o morro do Chapéu Mangueira com um guarda-chuva e foi morto a bala; moradores disseram que os autores dos disparos foram policiais militares que confundiram guarda-chuva com fuzil.

Tempos novos, causas caducas. No ano passado, Bolsonaro afirmou que em sua gestão "não vai ter um centímetro demarcado para reserva indígena ou para quilombola". Há um mês, deu a entender que comunidades ficam aprisionadas em reservas, quando na verdade o espaço as protege da voragem alheia: "Por que no Brasil devemos mantê-los reclusos em reservas como se fossem animais em zoológicos?"

Esse tipo de tontice se reproduz na chiadeira do capitão sobre "marxismo no Enem", Exame Nacional do Ensino Médio, e no Ministério da Educação ("Há um marxismo lá dentro que trava o Brasil"). A eloquência contagia seus seguidores. Uma deputada estadual eleita em Santa Catarina incitou os estudantes a delatar professores que apresentem "queixas político-partidárias em virtude da vitória do presidente Bolsonaro". "Filme ou grave", orientou.

Um estudante de direito vestindo camisa preta contou vantagem em um vídeo gravado em São Paulo: "[Vou] estar armado com faca, pistola, o diabo, louco para ver um vagabundo com camisa vermelha para matar logo"; "Essa negraiada vai morrer".

O humorista Marcelo Adnet, cujas imitações de candidatos na eleição somaram 36 milhões de visualizações, declarou voto em Haddad na véspera do segundo turno. Na semana seguinte, foi intimidado pessoalmente, como descreveu: "Parei em um mercadinho na Barra para fazer umas compras. Quando estava carregando o carro com sacolas vejo um senhor fazer gesto de armas com as mãos e gritar 'vaza', 'vai embora', 'tá olhando o quê?'. Até eu entrar no carro alguém se juntou gritando 'vaza, vagabundo, vagabundo!'"

O governo estadual do Rio e a Casa França-Brasil censuraram neste mês um áudio com a voz de Bolsonaro que compunha uma instalação de arte. O próximo presidente tem aversão a artistas; ensaia liquidar ou esvaziar a Lei Rouanet, mecanismo de fomento à cultura. À sua maneira, ele censura o trabalho jornalístico: transmite pelo Twitter decisões de interesse público, mas bloqueia repórteres, inabilitando-os para a leitura.

Na prática, seu tempo já começou. O novo governo "desconvidou" para a posse Cuba, Nicarágua e Venezuela. Não há restrições à Arábia Saudita, cujo príncipe herdeiro aparentemente ordenou a morte de um jornalista crítico. A execução ocorreu em outubro, em Istambul.

Em seguida à vitória de Bolsonaro, a Justiça do Distrito Federal deliberou que a ponte Honestino Guimarães, nome de "desaparecido"

31 DE DEZEMBRO, SEGUNDA-FEIRA

assassinado pela ditadura, voltará a se chamar Costa e Silva, o ditador que impôs o AI-5. Também no mês passado, foi ao ar uma campanha do SBT ressuscitando slogans governistas da década de 1970, como "Pra frente, Brasil" e "Brasil: Ame-o ou deixe-o".

O ano que flertou com o apocalipse deixará sequelas demais.

AGRADECIMENTOS

É imensa a minha gratidão por quem ajudou a contar o ano que não foi fácil viver. A dívida maior é com os repórteres que, em circunstâncias adversas dentro e fora das redações, empenharam-se em informar. O nome de muitos deles está citado nestas páginas. O reconhecimento se estende a todos que, mesmo anônimos, deixaram registros imediatos da história. O repórter é a alma do jornalismo.

Agradeço ao Grupo Editorial Record pela confiança no livro e pela coragem de publicá-lo. Sou grato especialmente a Livia Vianna, minha editora. Graças ao seu talento e ao seu profissionalismo, chega aos leitores uma publicação melhor do que os originais que entreguei a ela. Livia, Letícia Féres e Cristiane Pacanowski zelaram para eliminar erros factuais, impropriedades estilísticas e passagens nebulosas – equívocos sobreviventes são de responsabilidade exclusiva minha. Letícia coordenou a seleção de imagens. Leonardo Iaccarino criou a capa. Também integraram a brava equipe editorial Fábio Martins, Laiane Flores, Juliana Brandt, Celina Gomes e Carolina Torres.

Rodrigo de Almeida, meu interlocutor pioneiro sobre uma biografia de 2018, manteve-se um entusiasta incondicional do projeto.

Os primeiros leitores de numerosos capítulos aqui reproduzidos foram os editores das minhas colunas no *Intercept Brasil*: Sílvia Lisboa,

AGRADECIMENTOS

Anna Carolina Cardoso, Juliana Gonçalves, Alexandre de Santi, Ruben Berta e Maurício Brum. Obrigado, Leandro Demori, pelo convite para eu colaborar com o site.

Daniel Louzada foi um incentivador permanente. Seu espírito crítico é um antídoto contra o conformismo.

Rubens Valente, cuja generosidade o tempo não esmorece, apresentou-me ao processo a que Jair Bolsonaro foi submetido no Superior Tribunal Militar.

Sérgio Rangel, Carla da Escóssia, Luiz Fernando Vianna, Italo Nogueira, Chico Otavio e Fabio Victor contribuíram com informações, dicas e esclarecimentos.

Sem a boa vontade de Monica Benicio para compartilhar suas memórias, não teria sido possível reconstituir o último Réveillon de Marielle Franco.

A Fernanda da Escóssia devo conselhos e correções de rumo. Devo muito mais: 25 anos de amor. O título *Sobre lutas e lágrimas* é ideia dela.

Maria, Ana e Daniel viveram intensamente 2018. Não sabiam, mas eram – e continuam a ser – minha maior esperança de dias melhores. Este livro, escrito com a cabeça e o coração, é para as minhas filhas e o meu filho.

A primeira edição deste livro foi concluída em abril de 2019, mês em que um grupo de militares do Exército Brasileiro fuzilou o músico Evaldo dos Santos Rosa, cidadão negro de 51 anos. Acompanhado de parentes, inclusive o filho de 7 anos, Evaldo passava de carro por Guadalupe, bairro do subúrbio carioca. O catador de latinhas Luciano Macedo, 27, tentou socorrer a família e também foi morto por tiros dos militares.

Policiais disseram suspeitar que a patrulha confundiu o automóvel da família com um veículo ocupado por bandidos. Mais de sessenta disparos atingiram o carro. O primeiro comentário do governador do Rio de Janeiro, Wilson Witzel, foi "Não me cabe fazer juízo de valor". Por cinco dias, o presidente Jair Bolsonaro silenciou sobre o episódio. Então, falou: "O Exército não matou ninguém, não. O Exército é do povo, e não pode acusar o povo de ser assassino, não."

O texto foi composto em Garamond, corpo 12/16. A impressão se deu sobre papel off-white pelo Sistema Cameron da Divisão Gráfica da Distribuidora Record.